미적분,
초등도
풀 만큼
〉쉽게〈
가르쳐주마

미적분, 초등도 풀 만큼 쉽게 가르쳐주마

조안호 지음

동양북스

개념의 징검다리를 놓으면
미적분도 어렵지 않다

 2만 원에 3만 원을 더하면 얼마니?

5만 원요.

 왜 5만 원인데?

2 더하기 3이 5니까요.

 그런데 2와 3은 더하고, 만 원과 만 원은 안 더해?
'만 원 더하기 만 원'은 뭐야?

2만 원요.

 그러니까 '2만 원 더하기 3만 원'이
'5만 원'인 이유가 뭐야?

그렇게 물어보니 모르겠어요.

수학의 개념은 책에서 배우거나 누군가가 알려주지 않으면 끝

까지 모른다. 이 질문을 초등학생뿐 아니라 중·고등학생들에게 해
도 대부분 이유를 모른다고 한다. 기껏 한다는 대답이 '2와 3은 더하
고 만 원은 단위이니 그냥 붙여준다'이다. 이렇게 알고 있는 아이는
'2cm + 3cm'의 답이 '5cm'가 되는 이유도 모른다.

　모르는 것은 문제를 계속 풀거나 시간이 지난다고 해서 깨칠 수
있는 게 아니다. 그러다가 '2만 원 × 3만 원'을 '6억 원'이 아니라 단
위를 갖다 붙여 '6만 원'으로, '2cm × 3cm'를 '6cm^2'가 아닌 '6cm'로
써서 틀린다. 그리고 실수했다고 하거나 깜박했다고 말한다. 잊었다
는 말은 문제 자체를 외우는 잘못된 방법으로 공부하고 있다는 증거
다. 처음부터 '2만 원 + 3만 원'에서 '2만 원은 만 원짜리가 2개이고
3만 원은 만 원짜리가 3개이니, 만 원짜리가 5개'라고 기준과 원리
를 배웠다면 아이들이 개념을 확실히 붙잡고 왔을 것이다.

　이렇게 이유도 모르고 눈치껏 남들이 하라는 대로 하는 경우가
초등 수학에서 비일비재하다. 아이들은 '10이 7이면…'이라는 문제
에서 답을 '17'로 쓰고 싶어도 억지로 '70'이라고 쓰기를 강요당하
고, '$\frac{1}{10}$이 7이면…'이라는 문제에서는 분자에 더해서 '$\frac{8}{10}$'로 답하고
싶은데 '$\frac{7}{10}$'이라고 답하기를 강요당한다.

　중학교에서도 마찬가지다. '$2x + 3x = 5x$'라고 잘 풀던 아이가
'$4x + x$'의 답으로 '$5x$'를 쓰지 못하고 '$4x^2$'과 같은 오답을 낸다.
'$2x + 3x$'는 '$2 \times x + 3 \times x$', 즉 '$(x + x) + (x + x + x)$'로 x가 5개 더해
졌다는 의미이지만 초등학교 때처럼 2와 3을 더하고 x를 단위처럼
갖다 붙인 것이다. 그런데 '$4x + x$'에서는 x 앞에 더할 숫자가 안 보
이니 '$4x$'라고 생각했다가 아무래도 이상해서 '$4x^2$'을 쓴 것이다.

이런 것들이야 연산이니 외우면 곧 잠잠해지겠지만 개념도 이런 식으로 하려는 것이 문제다. 초등 수학에서 개념으로 공부하지 않는 첫 단추를 꿰면 중·고등학교를 거치면서 끝도 없이 외우고, 그래도 모르겠으니 쉬운 문제만 풀려고 한다. 문제를 풀고 머릿속에 남아야 하는 것은 개념이고, 개념이 튼튼해지는 것이 수학 실력이다.

앞에서 언급한 문제들은 모두 '더하기'와 '곱하기'의 개념을 단순히 구분하는 것뿐이었다. 이 개념은 초등 5학년의 통분, 중학교의 동류항, 인수분해 등으로 계속해서 나오는데, 개념을 모르는 아이들이 매번 새로운 것인 양 외운다. 이렇게 이유도 모르는 기술을 초등학교부터 외우니 외울 것이 많다고 하고, 그러다가 자꾸 틀리면 급기야 어렵다고 하는 것이다. 그에 반해 개념을 사용하는 아이는 "아, 이때도 이 개념을 쓰는 구나!"라며 수학은 외울 것이 없어서 좋다고 한다.

초등학생이 이해하지 못할
고등 수학 개념 따위는 없다

—

초등 5~6학년 아이들에게 고등학생들도 어려워하는 고난도 수학 문제를 말로 설명한 적이 여러 번 있었다. 대체로 아이들은 "쉬운데요! 정말 고등학생들이 이런 걸 몰라서 틀려요?"라는 반응이었다. 둘의 차이가 있다면 고등학생들은 문제의 수식을 스스로 이해해야 했고, 초등 5~6학년 아이들은 필자가 문제를 말로 통역해서 이해했다는 점이다.

만약 고등학생들이 스스로 수식을 이해한다면 어렵지 않다는 것이고, 반대로 초등 5~6학년 아이들이 수식이 의미하는 바를 안다면 고등 수학을 공부할 정도가 된다는 것이다. 결국 수식을 이해하는 것에 개념이 있으니 초등학생이라도 개념만 잡으면 고등 수학을 할 수 있다는 의미다. 미적분도 마찬가지라고 생각한다.

이 글을 읽으면서 '초등학생이 어떻게 고등 수학을 해요? 말도 안 되는 선행론자 아니야?'라고 생각하는 사람들도 있을 것이다. 필자가 말하고자 하는 바는 '해야 한다'가 아니라 '할 수 있다'는 것이다. 필자는 선행론자가 아니다. 하지만 아이들이 제대로 수학을 공부한다면 고등이 아니라 대학 너머까지 얼마든지 나아갈 수 있다고 생각한다.

어쨌든 중요한 것은 필자인 내가 어떻게 생각하느냐가 아니라 현실이다. 특목고나 의대 진학을 준비하는 초등 5~6학년 아이들뿐 아니라 이미 많은 아이가 고등 수학을 공부한다. 이것은 바꿔 말하면 초등 고학년 이상이면 고등 수학을 이해할 수 있다는 방증이다. 선생님들이 아이들에게 고등 수학을 이해시킬 수 없다면 어떻게 가르치겠는가?

미적분의 환상을 깨라

——

필자가 초등학생 시절 누군가에게 "미분은 잘게 자른 것이고 적분은 잘게 자른 것을 다시 더하는 것이다"라는 말을 들었다. 고등학생이 되어 미적분을 공부할 때 이 말이 어디에 쓰이는가를 생각하며 문제들을 풀었지만, 찾을 수 없었다. 그래서 고등학교 내내 내가 모르는 무언가 있을 것이라는 생각에 시달려야 했다.

알고 보니 이런 의미가 없는 것은 아니지만 미적분을 이해하는 데 별 도움이 되지 않는 말이었다. 요즘도 이런 말을 하는 사람들이 있어서 아이들이 자칫 필자의 전철을 밟지 않을까 하는 우려가 이 책을 내게 된 이유 중 하나다. 앞으로 하나하나 설명하겠지만, 단순히 말하면 미분은 순간변화율(대부분 기울기)일 뿐이고, 적분은 넓이에 불과하다. 미적분에 '모르는 무언가 있을 것'이라는 환상을 가질 만한 것은 없다.

고등 수학의 꽃은 뭐니 뭐니 해도 미적분이다. 그런데 많은 사람이 다양한 이유로 미적분 문제를 풀지만 실질적으로 미적분이 갖는 의미를 잘 모르고 문제를 푸는 것 같다. 심지어 이과에서 수학 문제를 열심히 풀었고, 공대로 진학해 공부했어도 여전히 미적분이 무엇인지 모르겠다는 사람이 많다.

수학 문제 풀이의 목적은 개념을 잡는 데 있고, 개념을 잡는다면 문제 풀이는 단순 연산에 불과하다. 수학을 기술로 접근해 문제가 풀리는 순간 아이러니하게도 개념을 습득할 기회는 상실하게 될 가능성이 크다. 언제든 공부를 시작하기 전에 가장 먼저 미적분의 정확한 개념을 알려주어야 한다.

그런데 시중에 쉽다고 광고하는 미적분 책들을 살펴보니 대부분 외서 번역본이었고, 고등학교 이과는 물론 대학 과정까지 포함하고 있었다. 수학자의 입장에서는 기초적인 것을 다루기에 쉽다고 하겠지만, 필자가 보기에는 고등학생들조차 어려워할 수준이었다. 그래서 미적분을 제대로 배우고 싶은 사람들을 위해 이 책을 썼다.

이 책은 이런 사람들이 읽어야 한다

—

- 수학을 선행하는 초등학생, 중학생
- 현재 극한을 이해하는 데 어려움을 겪는 고등학생
- 자녀의 수학 실력 향상을 위해 함께 공부하는 학부모
- 미적분을 배웠지만 무언가 아쉬움이 남는 사람

고등학교 2학년 때 미적분을 배우니 나중에 때가 되면 자연스럽게 배울 것이라고 주장하는 사람이라면 이 책을 읽지 않아도 좋다. 그러나 수학을 선행하는 초등학생, 중학생들 중 이미 미적분을 배우는 아이가 많은데 진도를 나가기에 급급해 제대로 된 개념을 배우지 못한다. 미적분을 배우는 데 필요한 극한과 같은 개념을 정확히 이해하지 못한다면 미적분을 아무리 공부해도 이해가 안 된다. 게다가 제대로 배우지 않은 개념은 공란으로 남는 것이 아니라 오류로 채워진다.

무엇 하나를 배우면 심화까지 완벽히 배워야 된다고 생각하고, 그렇지 않으면 아예 배우지 않는 편이 좋다고 생각하는 사람도 있을지 모른다. 완전히 틀린 말은 아니지만 어려운 문제까지 나아가지

않더라도 개념을 정확하게만 배운다면 얼마든지 앞선 것을 공부해도 좋다고 생각한다.

미적분에 이르기까지의 개념 흐름과 기본적인 문제를 풀기까지의 과정을 초등 고학년이 읽어도 이해할 수 있을 만큼 이 책을 쉽게 쓰고자 했다. 이 책의 내용을 이해하는 초등학생, 중학생이라면 완전히 내 것이 될 때까지 씹어 먹을 정도로 반복해 봐야 한다. 이 책을 읽고 미적분을 완벽히 정복하지 못한다고 해도 괜찮다. 논리에 어긋나지 않으니 이후 고등학생이 되었을 때 이 책의 개념을 바탕으로 확장해도 된다.

'초등학생도 이해할 수 있는 쉬운 미적분' 책을 쓴다고 하니 주위에 많은 사람이 좋은 아이디어라고 하면서도 '그게 가능하겠냐'라는 기대 반 우려 반의 반응을 보였다. 여러 사람의 우려를 불식시킬 만큼 최대한 쉬우면서도 정확한 개념을 구사했다. 다만 분량이 많아지는 것이 부담스러워 방정식은 풀 줄 안다는 가정하에 책을 썼다. 그리고 초등 고학년 아이들도 이해할 만큼 쉬워야 하기에 실력이 있는 독자들에게는 너무 쉽고 불필요한 내용이 반복될 수 있음을 미리 알린다.

문정 조안호

차례

1부
미적분을 배우기 전 반드시 잡아야 할 개념

3부

적분은 넓이다

1부

미적분을 배우기 전 반드시 잡아야 할 개념

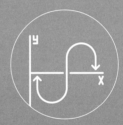

+ − × ÷

미분과 적분을 통틀어 미적분이라고 한다. 고등학교 거의 마지막에 나오는 미적분을 다들 어렵다고 하는데 이 책에서 보다시피 필자는 초등학생도 이해할 만큼 어렵지 않다고 말한다. 아이들이 미적분을 어렵다고 느끼는 이유는 미적분 이전에 배웠어야 할 '수직선, 함숫값, 기울기, 이차함수'의 개념을 잘 잡지 않은 상태에서 공부하기 때문이다.

원래는 이 개념들을 중학교까지 모두 잡았다는 가정하에 고등학교에서 미적분을 공부해야 한다. 하지만 현실은 그러지 못하다. 그래서 아이들이 수직선의 정의를 모르고, 중학교 우등생이 3년간 배운 함숫값을 모른다. 직선이 갖는 기울기를 자유자재로 사용하지 못해 고등 함수 전체를 어려워한다. 초등학교부터 중학교까지 9년간 수학을 배워서 수직선, 함숫값, 기울기, 이차함수 개념 중 어느 하나도 확실하게 잡지 못했으니 최종 단계인 미적분이 안 되는 것은 어찌 보면 당연한 결과다.

이 책에서 네 가지 개념을 쉽게 설명하는 데 필자의 28년 공력이 쓰였다. 그럼에도 불구하고 이 책이 어렵게 느껴진다면 아마도 미적분을 다루는 2, 3부가 아니라 준비 단계라 할 수 있는 1부가 그러할 것이다. 초등학생

+ − × ÷

이든 중학생이든 1부는 낯설 수 있는데, 정식 교과 과정에서는 제대로 배우지 못한 개념이기 때문이다. 지금 공부하지 않고 나중으로 미루면 다른 그 어디에서도 배우지 못할 내용이라는 뜻이기도 하다.

처음 접하는 내용은 낯선 것이지 어려운 게 아니다. 낯선 것은 자꾸 보고 마음을 줘야 비로소 낯익고 반가운 것이 된다. 그러니 2, 3부의 미적분으로 넘어가기 전에 준비 단계라 할 수 있는 1부를 충분히 이해하기 바란다.

1장

수직선

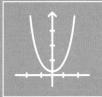

수학, 점점 더 잘하려면 점을 알자

수학은 수를 다루는 학문이다. 그런데 수는 추상적이어서 구체적으로 눈에 보여야 쉬워진다. 직선에 있는 점들을 각각 수들로 생각하게 되면, 점의 연속인 선 또는 그림으로 수학을 공부할 수 있다. 그러면 앞으로 수학이 어려워져도 그림의 도움으로 쉽게 이해할 수 있게된다.

그림(도형 또는 함수)의 도움을 받아서 수학을 이해하는 것을 해석학이라고 하며, 수학이 어려워지는 고등학교에서는 90퍼센트가 해석학이다. 당연히 우리가 목표로 하는 미적분도 그림으로 이해해야 한다. 그러기 위해서 먼저 수직선과 수직선의 구성 요소들이 갖는 의미를 하나하나 배워야 한다. 이것은 선택이 아니라 필수라고 할 만큼 중요하다. 수직선의 관련 정의부터 하나씩 업그레이드해나가자. 먼저 유클리드 『원론』에서 점, 선, 면을 살펴보자.

점의 공리: 길이, 넓이, 부피 등의 크기는 없고 위치만 존재하는 것

선의 공리: 너비는 없고 길이만 갖는 것으로, 이 중 점들이 반듯이 놓여 있는 선을 직선이라고 한다

면의 공리: 두께는 없고 넓이만 갖는 것이며 곡면과 평면이 있다. 이 중 면을 따라 어느 방향으로도 직선을 그을 수 있는 면을 평면이라고 한다

공리란, '질문을 따라가다가 더 이상 대답할 수 없어서 참이라고 받아들여야 하는 것'이다. 수학자 유클리드는 이전의 다양한 수학적 개념과 정리를 모아 『원론』이라는 책을 엮었다. 『원론』은 성경 다음으로 많이 읽힌 책으로 손꼽히며, 중학교의 도형 영역은 대부분 원론의 내용이라 할 수 있다.

점은 수학에서 가장 기본에 속하고 중요하다. 점이 움직여서 선이 되고 선이 움직여서 면이 된다고 보면, 모든 도형의 기본은 점이다. 앞으로 배우겠지만 점이 갖는 위치를 다시 수로 나타내면 좌표가 된다.

첫출발이고, 기본이고, 중요한 개념이다. 하지만 이 개념들을 하나하나 깊이 따져보면 애매하기 그지없다. 그래서 이와 같은 의문이 들 수도 있다. "점은 크기가 없고 위치만 있다고 했는데 어떻게 크기가 없는 점들이 모여서 선을 이룬다는 말이야?"

이 의문은 무(없다)에서 유(있다)가 만들어지는 과정으로, 인류가 수천 년 동안 풀지 못한 숙제다. 유클리드도 점을 이어서 선이 되었다고 할 수 없어 점, 선, 면의 공리를 각각 내렸다고 생각한다.

이런 애매함 때문인지 유클리드의 점, 선, 면에 대한 공리를 초등

학교, 중학교 교과서에서는 다루지 않는다. 그러나 필자는 어려우면 어려운 대로 아이들에게 알려주는 것이 맞다고 생각한다.

점에 대해서 조금 더 생각해보자. 넓이나 높이 등이 없고 위치만 존재한다는 점을 표현하는 것이 가능할까? 만약 종이에 점을 찍는다면 그 순간부터 그것은 점이 아니다. 그 점을 현미경으로 관찰하면 분명 넓이와 높이가 있기 때문에 정의에 어긋난다.

따라서 아이러니하게도 점은 도형의 기본 단위이지만 도형은 아니다. 도형은 그림의 형태여야 하는데 점은 위치만 있고 그림으로 표현되지 않으니, 점을 도형이라고 할 수 없는 것이다. 마찬가지로 종이에 선을 긋거나 인쇄를 해도 현미경으로 보면 모두 높이를 가지게 되니 선이 아니다. 점이나 선을 앞에서 언급한 공리대로 현실에서 표현할 방법은 없다.

Q 다음 중 옳지 않은 것을 고르시오.

① 점, 선, 면을 도형의 기본이라고 한다.

② 한 평면 위에 있지 않은 도형을 입체도형이라고 한다.

③ 점은 도형이다.

④ 선은 길이는 있지만 넓이는 없다.

⑤ 선의 끝은 점이다.

③

한 평면 위에 놓여 있는 도형을 평면도형이라고 하고, 한 평면 위에 놓여 있지 않은 도형을 입체도형이라고 한다. 점, 선, 면이 도형의 기본이라는 것이지 점이 도형이라는 말은 아니다. 도형에서 도圖는 그림을 뜻하는 만큼 그림의 형태가 있어야 도형이다. 간혹 아이들 중에는 삼각형, 사각형, 원 만을 도형이라고 잘못 생각하는 아이도 있다. 그런 도형들뿐 아니라 선분, 직선, 곡선, 각, 터진 도형, 상자 모양 등 그림의 형태로 되어 있는 것은 모두 도형이다. 점으로 이루어진 선의 끝도 점이다.

어떤 사람은 교차하는 두 직선이 만나는 부분을 점이라고 하는데, 개인적으로 마음에 들지 않는 말이다. 전체를 가지고 부분을 설명하는 것보다는 될 수 있는 한 부분으로 전체를 설명하는 방식이 맞다고 생각하기 때문이다. 점에 대해서 너무 깊게 설명한다고 하는 사람도 있겠다. 절대 그렇지 않다. 점은 좌표로, 벡터로 관점을 달리하며 계속 공부하게 될 중요한 것이고, 설명할 게 많은데 여기에서 멈추는 것이다. 점을 이해했다면 이제 조금 더 전진해보자.

선분으로 알 수 있는 것

초등 교과서에서 선분은 "두 점 사이를 곧게 그은 선"으로, 직선은 "선분을 양쪽으로 끝없이 늘인 선"으로 정의하고, 이것을 중·고등학교에서 그대로 사용하고 있다. 그런데 '곧게'라는 말은 직선의 성질을 가지고 있기에 직선으로 선분을 설명하고, 직선으로 직선을 설명하는 꼴이 된다. 그러면 결국 가르치나 마나, 배우나 마나 한 일이다.

> **선분**: 서로 다른 두 점 사이를 가장 짧게 그은 선
> **직선**: 선분의 양 끝을 무한히 연장한 선
> **삼각형**: 끝점끼리 연결한 세 개의 선분으로 둘러싸인 도형

서로 다른 두 점이라고 해야 한다.

두 점이 같을 수 있고, 두 점이 같다면 선분이 아니라 여전히 한 점이기 때문이다. 점은 위치만 있는 것이니 서로 다른 점이라는 것은 모양이 아니라 위치가 서로 다르다는 것을 의미한다. 노파심에서

하는 말이지만 앞으로 수학에서 '어떤 두 개가 있다'고 하면 항상 그 둘이 같은 경우와 서로 다른 경우를 각각 생각해야 한다.

선분의 정의로부터 다양한 파생이 이루어진다.

다음 그림처럼 서로 다른 두 점을 찍고, 점의 이름을 각각 A, B라고 하자. 그리고 두 점 A와 B 사이에 여러 개의 선을 긋고, 선의 이름을 각각 l, m, n, o라고 하자. 정해진 것은 아니지만 보통 점의 이름은 알파벳 대문자로, 직선 등의 이름은 알파벳 소문자로 쓴다.

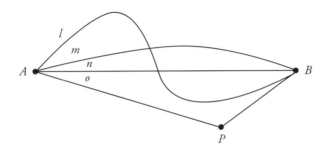

서로 다른 두 점 사이를 가장 짧게 그으면 n이 되고, 이것이 선분이 된다. 가장 짧게 그으면 곧게 된다는 것인데 이 내용을 초등학생, 중학생 아이들이 이해하기 어려울 것이라고 생각해 교과서에서는 다르게 설명하는 것이다.

그런데 필자가 이 내용을 초등학생들에게 알려주었을 때 어렵다는 아이는 보지 못했다. 오히려 더 좋아했던 경우가 많아서 이 책에서 정식으로 언급한다. 참고로 선분을 표현할 때는 선분 AB, $\overline{AB}$, 선분 n 등으로 나타낸다. 또한 $\overline{AB}$와 $\overline{BA}$는 길이로서는 같지만 순서의 의미를 가질 때는 다르다고 봐야 한다.

정의는 정의로 끝나지 않고 다양한 파생을 일으키기 때문에 중요하다. 교과서의 정의로부터는 무엇 하나 파생되지 않지만 필자의 선분의 정의에서는 다양하게 파생됨을 확인하기 바란다. 절대 교과서를 비난하려는 의도가 아니라 아이들에게 올바른 수학 공부법을 알려주려는 것이다.

파생1. 선분의 길이를 '거리'라고 한다.

즉, $(\overline{AB}$의 길이$) = ($점 A와 점 B 사이의 거리$) = ($점 A에서 점 B까지의 거리$)$다. 일반적으로는 $(A$와 B의 사이$) \neq (A$에서 B까지$)$이지만, 점은 넓이를 가지지 않기에 $($점 A와 점 B 사이의 거리$) = ($점 A에서 점 B까지의 거리$)$로 본다.

길이는 양수여야 하고, 곡선과 선분의 길이를 모두 망라하는 말이다. 따라서 '거리'라고 하는 말은 '가장 짧은'이라는 의미가 담긴 '최단거리'의 약자다. 역으로 중·고등학교 수학에서 '거리'를 구하라는 문제가 나오면 항상 '선분'을 떠올려야 어려운 문제를 풀 수 있을 것이다.

파생2. 선분의 정의로부터 삼각형 변들 간의 관계가 만들어졌다.

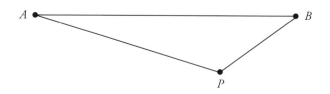

정의에 의해, 이 삼각형에서 $\overline{AB}$는 $\overline{AP} + \overline{PB}$보다 작다. 가장 긴 변 인 $\overline{AB}$조차 이런 관계가 성립하니 짧은 변은 말할 것도 없다. 따라서 '삼각형에서 어느 한 변의 길이는 나머지 두 변의 길의의 합보다 작 다'라는 정리가 만들어진다. 이 정리를 좀 더 유용하게 바꾸면 '삼각 형의 가장 긴 변조차 나머지 두 변의 길이의 합보다 작다'가 된다.

Q 길이가 각각 $3\,cm$, $4\,cm$, $6\,cm$, $7\,cm$인 4개의 선분 중 3개를 선택해 삼 각형을 만들 때, 만들 수 있는 삼각형의 개수를 구하시오.

3개

가장 긴 변이 무엇인지를 기준으로 해야 시행착오를 줄일 수 있 다. 가장 긴 변이 7cm인 경우, 나머지 3cm, 4cm, 6cm에서 두 개를 선택했을 때 그 합이 7cm이면 안 되고, 7cm보다 커야 삼각형이 될 수 있다. $3+4$, $3+6$, $4+6$ 중에서 합이 7보다 큰 것은 $3+6$, $4+6$ 두 가지다. 가장 긴 변이 6cm라면 나머지 선분의 합 $3+4$도 6보 다 크니 삼각형이 될 수 있다. 따라서 (7cm, 3cm, 6cm), (7cm, 4cm, 6cm), (6cm, 3cm, 4cm) 이렇게 세 가지 경우가 답이다.

참고로 필자의 삼각형의 정의로 이 문제를 이해해야지 교과서에 나온 정의 "세 개의 선분으로 둘러싸인 도형"을 적용하면 오류가 생 길 수 있다. 한 문제만 더 풀어보자.

Q 삼각형의 세 변의 길이가 $4\,cm$, $x\,cm$, $12\,cm$일 때 x의 범위를 구하시오.

$8 < x < 16$

기본적으로 삼각형의 변은 모두 양수여야 하니 $x > 0$이다. 변들의 관계를 생각할 때 가장 긴 변이 될 수 있는 것은 12나 x다. 긴 변이 12일 때 나머지 두 변의 합 $x + 4$가 12보다 크려면 x는 8보다 커야 한다. 즉 $8 < x$다. 그리고 긴 변이 x라면 나머지 두 변의 합인 16보다 x가 작아야 하니, $x < 16$이다. x가 8보다 크고 16보다 작아야 하니 수의 범위는 $8 < x < 16$이다.

파생3. 선분의 정의로부터 직선의 결정 조건이 만들어졌다.

다음 그림과 같이 선분 AB의 양 끝을 무한히 연장한 선을 직선이라고 하고, 직선 AB 또는 $\overline{AB}$라고 표현한다. 그렇다면 선분과 직선은 모두 서로 다른 두 점이 필요하며, 서로 다른 두 점이 있다면 선분도 직선도 결정된다고 볼 수 있다.

결정된다는 말은 변하지 않는다는 의미이며, 수학적으로는 '유일하다'고 한다. 다시 말해 두 점이 결정되었다면 그 두 점을 지나는 직선은 하나라는 말이다. 역으로 직선의 결정 조건은 '서로 다른 두 점'이라고 할 수 있다. 직선의 결정 조건은 이것 말고도 하나 더 있는데, 그것은 앞으로 기울기에서 다룰 것이다.

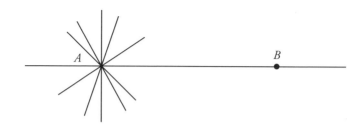

그림과 같이 두 점 A, B를 지나는 직선은 $\overleftrightarrow{AB}$로, 하나다. 직선의 정의가 선분의 양쪽을 연장한 것이라고 해서 왼쪽으로 가는 것, 오른쪽으로 가는 것 각각 두 개라고 하면 안 된다.

그림에서 보듯이 점 A를 지나는 직선은 무수히 많다. 이렇게 봐도 괜찮지만 점 A에서 직선이 돌고 있다고 보면 더 좋다. 점 A에서 직선이 돌고 있으니 결정되지 않았지만 점 B가 하나 더 주어지면 더 이상 움직이지 못하는 직선이 된다. 즉 직선이 결정되는 것이다. 이 부분은 110쪽의 미결정직선에서 다시 다룰 예정이다.

Q 다음 설명 중 옳지 않은 것을 고르시오.
① 점이 움직인 자리는 선이 된다.
② 두 점을 가장 짧게 연결한 것이 선분이다.
③ 서로 다른 두 점을 지나는 직선은 하나로 결정된다.
④ $\overleftrightarrow{AB}$와 $\overleftrightarrow{BA}$는 같은 직선이다.
⑤ 선이 움직이면 선 또는 면이 된다.

②

어떤 두 개가 나오면 그것이 같은 경우와 다른 경우를 분류해 생각하라고 했다(27쪽 참조). ②에서 '서로 다른 두 점'이라는 말이 없었다. 두 점이 같을 수도 있어서 직선의 결정 조건이라고 할 수 없다.

⑤를 보며 선이 다시 선이 되는 경우는 언제일까 생각하는 사람이 있을 것이다. 선이 직선이고 움직이는 방향이 연장선의 방향과

일치할 때는 여전히 선이다.

수직선을 몰라도
제대로 공부할 수 있을까?

3년 전, 700여 명의 선생님들을 포함한 다양한 사람에게 "수직선이 무엇인가?"라고 물어본 적이 있다. 충격적이게도 올바른 대답을 한 사람이 아무도 없었다. 85퍼센트의 사람들이 "수직으로 만나는 선"이라고 말했다. 틀렸다. 수직으로 만나는 선은 '수선'이다. 나머지 15퍼센트의 사람들은 "모른다"고 답했다. 대부분 머릿속으로는 수직선이 그려지지만 말로는 표현할 수 없다고 말했다. 간혹 머릿속에 떠오른 수직선 그림을 "직선을 그리고 일정한 간격마다 수직으로 눈금을 그리고 정수를 써놓은 것"이라고 표현하는 사람도 있었다. 직선에 눈금을 수직으로 그은 것이 생각나서 수직선을 수직으로 만나는 선이라고 잘못 말한 것이다.

수직선이 머리에 떠오른다고 해서 수직선을 아는 것이 아니다. 위에서 언급한 수직선에 그은 눈금은 19세기 수학 천재가 고안한 '데데킨트 절단'이다. 한 천재가 무언가를 발견했다는 것은 동시대의 다른 천재는 몰랐다는 의미이기도 하다. 그러니 수직선을 가르치지 않아도 저절로 알게 될 것이라는 말은 '모든 사람이 천재 중의 천재'라는 말이나 마찬가지다.

점의 정의부터 차곡차곡 공부했다면 수직선을 눈에 보이는 대로 이해하는 것이 얼마나 허술한지 느낄 것이다. 수직선을 배우지 않고 수학을 정확하게 배운다는 건 거의 불가능하다.

수직선: 직선 위에 있는 점들을 모두 수로 인식하는 직선

이 수직선을 배우기 위해 지금까지 점과 선분을 배웠다. 하나하나 잘 따라왔다면 이제 수직선의 정의를 보기만 해도 이해가 될 것이다. 모두가 잘 이해하리라고 생각하지만 만일을 위해 다시 한 번 정리한다.

점이 움직여서 직선이 되었다고 보면 직선의 구성 요소는 모두 점이다. 그런데 직선의 구성 요소인 모든 점을 각각 수로 보겠다는 것이 수직선이다.

직선에 엄청나게 많은 점을 모두 수라고 했으니 엄청나게 많은 수가 한 줄로 표시되어야 한다. 그런데 점에 대응되는 수가 너무 많아서 수의 이름을 일일이 표시할 수가 없다. 그래서 도로의 이정표처럼 일정한 간격마다 수를 써놓고 나머지 수들은 어디쯤 있을 것이라고 가늠하기로 한 것이다.

수직선에 일정한 간격마다 눈금 표시의 수선을 긋는다. 수직선과 눈금이 만나는 교점을 수로 대응시키고 그 수의 이름을 눈금 아래에 써놓는다. 그림에서는 일부만 썼지만, 수직선 전체의 수를 통틀어서 정수라고 한다(37쪽 참조). 정수를 사용하는 경우가 많지만 물론 다른 수들을 사용하기도 한다.

'직선 위'와 '직선 밖'은 다르다
—

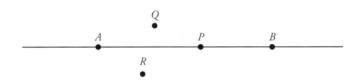

직선 위에 세 점 A, P, B가 있다. 여기에서 '직선 위'라는 표현은 '직선상'이라는 의미다. '직선 밖'의 반대말로 '직선 안'을 써야 한다고 생각하겠지만, 선의 정의상 '안'이라는 말을 사용할 수 없다(23쪽 참조).

또 자칫 직선 위에 있는 점을 점 Q라고 잘못 생각할 수도 있다. 점 Q는 '직선 밖에 있는 점'이라고 해야 하며, 더 정확하게는 '직선 윗부분에 있는 점'이라고 해야 한다. 직선 위에 있는 점은 점 A, P, B이고, 직선 밖에 있는 점은 점 Q, R이다. 직선 밖에 있는 점을 분류하면 직선 윗부분에 있는 점은 점 Q, 직선 아랫부분에 있는 점은 점 R 이다.

　'직선 위에 있다'와 '직선 밖에 있다'를 구분해야 한다. 이것을 가르치는 사람이 많지 않다 보니 고등학생이 되어서도 모르는 아이가 많다. 이 말을 모르면 함수를 공부하면서 문제의 설명을 제대로 이해하지 못하는 일이 중학교 1학년부터 발생한다.

모든 수는 수직선 위에 있다

자연수들끼리 빼서 자연수의 범위를 벗어난 정수가 만들어지고, 정수끼리 나눠서 정수의 범위를 벗어난 분수가 만들어진다. 자연수, 정수, 분수의 정의를 확실하게 배워보자.

자연수: 자연에 있는 수. 가장 작은 수 1에서 시작해 계속해서 1씩 더해가는 수로, 0은 포함되지 않는다

정수: 자연수들끼리 빼서 나온 수를 정리한 수

분수: 분모($\neq 0$)와 분자가 정수인 수

Q 다음 중 분수인 것은 몇 개인지 고르시오.

$$\frac{5}{1} \quad \frac{\pi}{1} \quad \frac{1}{0} \quad \frac{0}{1} \quad \frac{0}{0} \quad \frac{0.2}{0.3}$$

① 1개　　② 2개　　③ 3개　　④ 5개　　⑤ 6개

②

분수는 분모와 분자가 정수이며 분모가 0이 아니다. 이 정의에 맞는 것을 고르면 되는데, 정의로 문제를 푸는 연습이 안 되어 있고 이미 머릿속에 오류가 자리 잡힌 아이들이 많다. 문제를 풀면서 하나하나 살펴보자.

$\frac{5}{1}$는 5와 같으니 분수가 아니라는 아이가 있다. 분모와 분자가 정수이고 분모가 0이 아니니 분수다. $\frac{\pi}{1}$에서 π(파이, 원주율)는 정수가 아니므로 분수가 아니다. $\frac{1}{0}$과 $\frac{0}{0}$은 분모와 분자가 모두 정수이지만 분모가 0이니 분수가 아니다. $\frac{0}{1}$은 분모와 분자가 모두 정수이고 분모가 0이 아니니 분수다. $\frac{0.2}{0.3}$는 분모와 분자가 정수가 아니므로 분수가 아니다. 즉 보기 중에서 $\frac{5}{1}$와 $\frac{0}{1}$ 두 개만 분수다.

수학은 정의대로 공부해야 한다는 것을 보여주려고 만든 문제다. 정의를 아예 모르거나, 무의식적으로 튀어나올 만큼 충분히 공부하지 않은 상태에서 문제만 풀면서 고민하는 아이는 수학의 특성을 잘못 알고 있는 것이다.

유리수: 분수로 만들기 유리한 수
무리수: 분수로 만들기 무리한 수
실수: 유리수와 무리수 전체를 총칭하며 '실제로 존재하는 수'

정수끼리 나누면(단, 0으로 나누는 것은 제외) 다시 정수가 되는 경우도 있고, 분수가 되는 경우도 있다. 두 가지 경우 모두 $\frac{(정수)}{(정수)}$의 꼴로 나타낼 수 있어서 '분수로 만들기 유리한 수', 즉 유리수라고 했다.

분수면 분수지 분수로 만들기 유리한 수가 무엇이냐고 묻고 싶은 사람이 있을 것이다. 바로 앞의 문제에서 $\frac{0.2}{0.3}$는 분모와 분자가 모두 정수가 아니므로 분수가 아니라고 했다. 그런데 분모와 분자에 각각 10을 곱하면 $\frac{2}{3}$라는 분수가 된다. 따라서 $\frac{2}{3}$도 유리수이지만 $\frac{0.2}{0.3}$처럼 '분수가 되기 유리한 수'도 유리수라고 한다. 이제 수가 유리수로 확장되었다.

수직선은 유리수뿐 아니라
무리수도 담는 그릇이다

—

유리수들끼리 아무리 많이 더하고, 빼고, 곱하고, 나누어도 항상 유리수였다. 서로 다른 유리수들의 중간값도 항상 유리수였다. 중간값을 계속 만들면 유리수들 사이가 빈틈없이 채워질 것만 같았다. 그래서 사람들은 자연수를 계산해서 확장되는 수는 유리수가 끝이고, 급기야 모든 수는 유리수로 되어 있다고 믿고 싶어졌다. 기원전 6~4세기경 피타고라스학파는 모든 수가 유리수로 되어 있다고 선언까지 했다. 그런데 '피타고라스 정리'로부터 새로운 수, 즉 무리수가 탄생했다. 무리수는 한 변의 길이가 1인 정사각형의 대각선 길이 $\sqrt{2}$와 같은 것으로, 분수로 만들 수 없는 것들이다.

자연수끼리의 연산으로부터 시작된 수의 확장으로는 유리수까지만 도달할 수 있다. 즉 유리수들을 통해 무리수들의 존재도 알 수 없고, 또 무리수들이 유리수들 사이에 있음을 증명할 방법도 없다. 따라서 무리수의 존재와 위치를 보여주기 위해 수직선이 필요하다.

데데킨트를 비롯해 많은 수학자가 수직선은 실수로 가득 채워져 있음을 증명했고, 우리는 앞으로 중·고등학교 수학의 극한, 미적분 등의 해석학을 위해서 수직선이 실수로 가득 채워져 있고 연속임을 받아들여야 한다. 직관적으로 아래 직선이 연속으로 보이지 않는가? 아래 직선을 수직선으로 보면서 수직선을 가득 채우는 실수의 특징에 대해 알아보자.

수직선에서 보는 실수의 특징

—

모든 수는 수직선 위에 있다.

사람들은 아이들이 어려워하는 수학을 일상생활로 끌어들이려다 '온 세상이 수로 되어 있다'라는 말로 본질을 잊게 만드는 우를 범한다. 이것은 아이들의 흥미를 불러일으킬지 몰라도 수학 공부에 도움이 안 되는 정도가 아니라 아예 수학을 못하게 만드는 행위다.

다시 말하지만 모든 수는 수직선 위에 있다. 온 세상이 수로 되어 있다는 것은 수학의 확장에 속하며, 그런 발상은 수학자가 된 다음에 해도 된다. 적어도 중·고등학생 때까지 '모든 수는 수직선 위에 있다'는 기본을 길러야 한다. 기본을 충실히 다진 다음 확장은 천천히 순서에 맞춰서 해야 한다.

수직선이 무엇인지를 안 다음에 해야 하는 확장은 '수의 범위'

다. 모든 수가 수직선 위에 있으니 당연히 수의 범위도 수직선 위에 있다. 그러니 모든 수는 수직선 위에 있다는 것을 반드시 머리에 새겨야 하는데, 많은 아이가 수의 범위나 부등식을 보고도 아무 생각이 없다. 수직선이 생각나지 않는데 수의 범위를 나타내는 말인 최댓값, 최솟값을 구하는 문제나 부등식 문제를 어떻게 풀겠는가? 이런 문제 앞에서 수직선이 생각나지 않는다면 그것은 마치 밥상에서 숟가락이나 젓가락이 떠오르지 않는 것과 같다. 수학 개념은 언제나 사용이 가능한 도구이지 쥐어짜야 나오는 아이디어가 아니다.

이쯤 되면 허수를 언급하며 모든 수가 수직선 위에 있다는 말은 잘못된 말이라고 하는 사람이 있을 것이다. 맞다. 수직선에 나타내지 못하는 허수가 있다. 그런데 중·고등학교 수학은 대부분 실수를 다루고, 예외적으로 허수를 다루기 때문에 이렇게 말한 것이다. 참고로 허수는 '제곱해서 음수가 나오는 수'를 의미하며, 미적분에 이르는 큰길에서 벗어나 있기에 이 책에서는 아예 다루지 않을 계획이다.

수직선 위의 모든 수는 일렬로 세워져 있고 항상 오른쪽 수가 크다.

간혹 수직선의 방향을 반대로 돌려놓겠다는 등 창의력을 발휘하는 아이들이 있다. 수학도 언어이므로 규칙을 자기 마음대로 바꾸려고 해서는 안 된다. 수직선은 실수로 가득 차 있고, 수직선에 일렬로 나열된 수들은 오른쪽에 있는 수가 더 크다. 이것은 실수의 2대 특징 중 하나로, '모든 실수는 대소 비교가 가능하다'는 말로 요약된다.

너무나 당연한 이 내용을 조금 더 설명하는 이유는 실수의 형태

가 자연수, 0, 음의 정수, 유리수, 무리수, 유리수+무리수, 무리수+
무리수, 조건이 실수인 미지수, 조건이 미지수인 실수로 만들어진
다항식 등 다양해서 서로 크기 비교가 가능하다는 사실을 잊을 수
있기 때문이다. 보기에는 다른 모양과 형태일지라도 실수들 사이에
서는 항상 무엇이 더 큰지를 알 수 있고, 앞으로 알 수 있는 방법을
배우게 된다.

오른쪽으로 가면 커지고 왼쪽으로 가면 작아진다.

오른쪽 수가 크다는 것에서 파생되어 나온 성질이다. 그래서 아
래 그림처럼 2에서 5가 되려면 오른쪽으로 3칸, 즉 +3이 필요하고,
거꾸로 5에서 2가 되려면 왼쪽으로 3칸, 즉 −3이 필요하다.

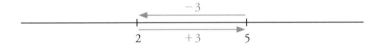

여기서 '차이'와 '차'를 구분해야 한다. 초등 수학 교과서에는 둘
을 구분하지 않고 모두 '차이'로 인식하게 만들고 있다. 중·고등 수
학 교과서에서도 개념을 구분하지 않아서 혼동이 계속되니 이번 기
회에 아이들에게 오류를 만들어주는 개념을 바로잡기 바란다.

'차이'는 항상 큰 수에서 작은 수를 빼면 만들어진다. '2와 5의 차
이'와 '5와 2의 차이'는 모두 큰 수 5에서 2를 뺀 3이다. 그러나 '차'
는 앞의 수에서 뒤의 수를 빼서 만들어진다. '2와 5의 차'는 −3이고,
'5와 2의 차'는 +3이다. 적분에서 이 개념이 사용될 때 대부분의 고

등학생에게 설명해주어야 할 만큼 아이들은 수학 개념에 취약하다.

수직선 위에 모든 점은 위치가 다르기 때문에 각각 유일성이 있다.

점은 크기는 없고 위치만 존재하는 것이므로 위치가 다르다면 서로 다른 점이다. 그런데 수직선 위에 있는 점은 일렬로 나열되어 있으니 두 개의 점이 겹쳐 있지 않다고 말하는 것이다. 그리고 수직선 위에 있는 점 하나하나에 대응되는 수가 하나씩 존재한다. 점 하나에 수가 하나라는 말이다. 예를 들어, '3이면서 동시에 −3인 수는 없다'.

수직선 위에 실수가 빈틈없이 이어져 있기에 연속이다.

 100 다음 수가 뭐야?

101.

 틀렸어.

왜 아니야? 답이 뭔데?

 100.000…001이야.

너도 틀렸어. 그 수가 아니라 어떤 수인지 모르는 거야.

연속에 대한 초등 수학 문제를 보고 초등학생들끼리 나눈 대화다. 100 다음의 '자연수'는 101이 맞지만 100 다음의 '수'는 100보다 아주 조금 큰 실수라서 그것이 무엇인지 모른다. 우리는 눈으로 볼 수 없는 엄청나게 큰 것도 잘 모르지만, 이처럼 미세한 것도 잘 모른다.

실수를 제곱하면 항상 0 이상의 수가 된다.

실수를 제곱하면 0이거나 양수여야 한다는 것이 수직선의 특징은 아니지만 수직선에서 실수의 특징 대부분이 나왔기에 실수의 특징을 정리하면서 포함시켰다. 모든 실수는 제곱하면 음이 아닌 수가 나온다는 것으로, 대소 비교가 가능하다는 특징과 함께 실수의 2대 특징에 속한다.

제곱은 '제 자신을 곱한 것'이라는 의미다. 음수인 -3을 제곱하면 9, 0을 제곱하면 0, 양수인 3을 제곱하면 9다. 이처럼 실수는 모두 제곱하면 0 또는 양수가 된다. 예를 들어, x가 실수라면 x^2이 어떤 수인지 몰라도 0 또는 양수 즉, $x^2 \geq 0$이 성립한다.

실수를 정확하게 정의하고, 실수가 갖는 특징들을 정확하게 이해하고 사용할 수 있어야 앞으로 극한이나 미적분을 보다 더 정확하게 알 수 있다.

실수의 특징 중 여섯 번째 '실수를 제곱하면 항상 0 이상의 수가 된다'를 제외하고 나머지는 모두 수직선으로부터 나온다. 자세히 설명했지만 실수의 특징은 정말 중요하니 일목요연하게 정리한 내용을 한 번 더 보고 넘어가자.

- 모든 수는 수직선 위에 있다.

- 수직선 위의 모든 수는 일렬로 세워져 있고 항상 오른쪽 수가 크다.

- 오른쪽으로 가면 커지고 왼쪽으로 가면 작아진다.

- 수직선 위에 모든 점은 위치가 다르기 때문에 각각 유일성이 있다.

- 수직선 위에 실수가 빈틈없이 이어져 있기에 연속이다.

- 실수를 제곱하면 항상 0 이상의 수가 된다.

2장

함숫값

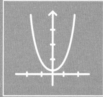

쉬운 개념이 부족하면
어려운 개념을 이해할 수 없다

수학은 수를 다루는 학문이기에 무엇보다 수가 갖는 의미를 알아야 한다. 그런데 아이들은 무언가를 배우기 어려운 유치원 때부터 수를 다루다 보니 수가 갖는 의미를 알지 못한 채 수 세기나 연산 등을 한다.

잘못된 것은 아니지만, 초등 고학년쯤 되면 논리적인 사고를 할 수 있고, 해야 하는 시기다. 그런데 하던 대로 하려는 게 사람의 습성이다 보니 아이들은 중·고등학생이 되어서도 수가 갖는 의미를 배우려고 하지 않는다.

그래서 지금 수가 갖는 의미를 종합해 다루려고 한다. 항상 그렇듯이 쉬운 개념은 쓸데없는 상식처럼 느껴질 것이다. 하지만 그 쉬운 개념이 부족하면 어려운 개념은 이해 자체가 안 된다. 고등학생들도 어려워하는 미적분을 이해하려면 수가 갖는 의미를 대충 공부하고 넘어가지 말아야 한다.

숫자: 0, 1, 2, 3, 4, 5, 6, 7, 8, 9의 10개

수: 숫자 10개와 기호들을 사용해서 만든 것으로, 수의 종류에는 자연수, 분수, 소수, 정수, 유리수, 무리수, 실수, 허수, 복소수 등이 있다. 수의 이름이 거의 '수' 자로 끝나는데, 예외로 원주율(π)과 자연상수 e가 있다

수가 갖는 의미: ① (몇 개 등) 양의 의미. ② (몇 번째 등) 순서의 의미

미지수: '아직은 알지 못하는 수'로 보통 x, y 등의 알파벳을 사용한다

수의 분류: ① 상수 - 변하지 않는 수. ② 변수 - 변하는 범위에 있는 수

5라는 수가 있다고 하자. 이 수는 실수이니 앞서 본 실수의 특징 여섯 가지를 모두 가진다(40쪽 참조). 수직선에 있고 하나라서 비교할 수는 없지만 수직선에 대응하는 점이 한 개이니 유일하며 제곱하면 25라는 양수가 된다.

여기에 덧붙여, 실수 5는 5개라는 양의 의미와 5번째라는 순서의 의미를 모두 가진다는 점을 알아야 한다. 함수의 활용이나 삼각함수에서는 이를 혼동해 어려워한다. 아래 수직선을 보며 수가 갖는 양의 의미와 순서의 의미를 비교하기 바란다.

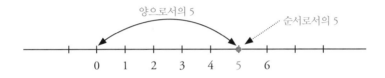

미지수란 무엇인가

이번에는 미지수를 살펴보자. 많은 곳에서 미지수를 "초등학교에서는 어떤 수를 □, △, ○ 등으로 나타냈는데, 중학교에서는 이것들 대신에 x, y 같은 알파벳을 사용한다"라고 간단하게 설명하고 곧장 문제 풀이에 돌입한다. 말로 하면 간단한 내용이지만 아이들이 충분히 혼동할 수 있으니 문답식으로 쉽고 정확하게 설명하겠다.

 미지수에는 x, y와 같은 알파벳을 사용한단다.

미지수가 뭐예요?

 미지수는 아닐 미未, 알 지知, 수 수數로, 아직은 알지 못하는 수라는 의미야.

그럼 나중에는 안다는 거예요?

 꼭 그런 건 아니지만 수학 문제에서 미지수를 구하다 보면 결국은 무엇인지를 알아내는 경우가 대부분이거든. 그러다 보니 알아내겠다는 염원을 담아서 그렇게 부르는 게 아닐까?

나중에는 알게 된다는 뜻이 크다는 말이네요.

 그렇게 말하니 네가 헷갈릴까 걱정된다. 미지수는 아는 수니, 모르는 수니?

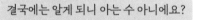

결국에는 알게 되니 아는 수 아니에요?

 그런 논리라면, 네가 나중에는 할아버지가 될 테니 지금부터 할아버지라고 불러도 될까?

나중에 아는 건 지금은 아는 게 아니군요….

 확실하게 잡히지 않은 개념은 항상 이렇게 흔들릴 수 있단다. 미지수는 모르는 수라는 것을 더 명확하게 해야 해.

모르는 수를 어떻게 명확하게 해요?

 그럼 문제를 내볼게. x와 y는 같은 수니, 다른 수니?

당연히 다른 수죠.

 왜?

생김새부터 다르잖아요.

 x는 아는 수야, 모르는 수야?

모르는 수죠.

 y는 아는 수야, 모르는 수야?

모르는 수죠.

 x도 y도 모르는 수네. 그럼 서로 같은 수가 될 수도 있고, 다른 수가 될 수도 있는데 왜 다른 수라고 한 거야? 같을 수도 있고 다를 수도 있는데 무조건 다르다고 하는 것은 비논리적이고, 수학을 공부하는 방향이 아니야.

그럼 x와 y는 서로 같을 수도 있고 다를 수도 있다고 해야겠네요.

 앞에서 어떤 두 수가 있을 때 항상 같을 수도, 다를 수도 있다고 정리했지?

그 말이 이렇게도 쓰이는 줄 몰랐어요.

그럼 x와 x는 같은 수니?

아, 이건 다를 수가 없을 거 같은데요?

그래. 한 문제에서 사용된 x끼리는 같아.

그럼 서로 다른 문제에서 사용된 x는 달라요?

아니. 서로 다른 문제에서 사용된 x끼리는
서로 같을 수도, 다를 수도 있어.

당연한 말인데 제가 계속
함정에 빠지는 느낌이에요.

한 문제에서 사용된 x끼리 같다는 건
안 헷갈릴 자신이 있니?

네. 문제를 내보세요.

$x \times x = -9$가 되는 x의 값이 뭘까?

하나는 3이고, 또 하나는 -3이요.

아니야.

그거 아니면 답이 없어요.

맞아. '답이 없다'가 정답이야. $x \times x$에서
두 x는 같아. 그리고 x는 수직선에서 하나
의 점에 대응되기 때문에 유일하고, 유일
하니 3이 되었다 -3이 될 수는 없어.

당연한 말이지만 같은 관점에서 '미지수 x도 실수'라면 실수의 특징을 모두 갖게 된다. 수직선 위에 있으며, 대수 비교가 가능하고, 무엇인지는 모르지만 한 개의 수이며, $x^2 \geq 0$이 항상 성립한다. 아울러 x개의 의미와 x번째의 의미를 가진다.

이것을 몰라서 중학교 2학년 때 의자 문제를 틀린 적이 있다. 의자가 x개가 있다면 의자를 1, 2, 3, $\cdots$, $x-2$, $x-1$, x 하나하나 늘어놓아야 풀 수 있는 문제다. 미적분의 큰 줄기에서 벗어나는 문제라서 여기에서는 다루지 않지만, 뜻있는 사람은 찾아서 풀어도 좋다.

모든 수는 상수 아니면 변수다

상수는 '변하지 않는 수', 변수는 '변하는 범위에 있는 수'다. 변하기도 하고 변하지 않기도 하는 수는 없으니, 결국 모든 수가 상수 아니면 변수라는 생각을 명확히 가져야 한다.

변수를 편의상 '변하는 범위에 있는 수'라고 했지만, 조금 더 정확히 말하면 '변할 수 있는 범위에 있는 각각의 수'다. 예를 들어 변수 x의 범위가 1보다 크고 5보다 작다고 한다면 x는 이 범위의 어떤 수가 될 수 있다는 의미다. 그러나 변수에서 절대 오해해서는 안 되는 것이 있다. x가 2인 경우나 3인 경우가 있는 것이지, 2에서 점점 변해서 3이 되었다고 생각해서는 안 된다. 수학에서 변수든 상수든 수 자체가 변하는 경우는 없다.

변수와 달리 그동안 본 자연수, 분수, 소수 모두 상수다. 예를 들어

임의의 자연수 5는 비가 오나 눈이 오나 기분이 좋거나 나쁘거나 심지어 백만 년이 지나도 여전히 5다. 시간이 흐른다고 해서 5가 4.9나 5.1이 되는 일은 없다. 이렇게 변하지 않는 수를 상수라고 한다. 앞으로 배울 -1, $-\dfrac{1}{3}$, $\sqrt{7}+1$, π, i 등 정수, 유리수, 무리수, 허수도 상수다.

중요해서 한 번 더 확인한다. 모든 수는 상수 아니면 변수임을 명확히 이해했는가? 그렇다면 미지수 x는 상수인가, 변수인가? 이 질문의 답을 하지 못한다면 다음 설명으로 제대로 이해하기를 바란다.

 미지수 x는 상수니, 변수니?

변수요.

 왜?

모든 수는 상수 아니면 변수인데,
미지수 x가 상수는 아니잖아요?

 x가 상수가 아니라는 근거는 뭐야?

x가 자연수나 분수 등의 상수가 아니잖아요?

 잘 모르겠으면 정의를 생각해봐. 미지수가 뭐지?

아직 알지 못하는 수, 모르는 수예요.

 그래. 미지수 x는 모르는 수야. 그런데 x랑
많이 친해? 모르는 수인데 어떻게 변하는지
안 변하는지 알 수 있는 거야?

오 마이 갓! x가 상수인지 변수인지 모르는 거네요.
전 여지껏 x를 변하는 수라고 생각했어요.

모든 수는 상수 아니면 변수로 분류할 수 있다. 미지수도 수이니 상수 아니면 변수다. 그런데 모르는 수라고 무조건 변수라고 생각해서는 안 된다. 수학 문제에서 미지수가 나올 때는 그 미지수가 변수인지 상수인지를 알려주게 되어 있다. 문제에서 지정해준다는 말이다. 만약 이것을 모르고 문제를 푼다면 중·고등학교 수학의 어떤 문제도 제대로 개념으로 풀었다고 말할 수 없다.

평면에서 점들의 의미를 찾자

어떤 사람이 백지 위에 점들을 이리저리 무질서하게 찍었다. 찍은 사람이 나름의 어떤 의도를 가지고 찍었다고 해도 무질서하다면 다른 사람들은 그 의도를 알아채지 못할 것이다. 따라서 평면에 있는 점들을 누구나 똑같은 의미로 생각할 수 있으려면 규칙이 있어야 한다. 점이 규칙을 만들어낼 수 있는 경우를 살펴보자.

첫째, 점들을 일정하거나 규칙을 갖는 간격을 두고 찍을 수 있다. 둘째, 점이 이어져서 직선을 만들 수 있고 이것을 일차함수라고 한다. 셋째, 점들이 이어져 곡선을 만들 수 있으며 일차방정식과 일차함수가 아닌 다항함수들은 모두 곡선이다. (아직 함수가 무엇인지 다루지 않아서 무슨 말인지 이해하지 못할 수도 있지만 이 책을 읽다 보면 알게 될 것이다.) 넷째, 점들이 모여서 넓이를 가질 수 있다. 이런 경우는 함수가 아니라 부등식이다. 직선에서는 '수의 범위'라고 하고 평면에서는 그에 해당하는 것을 '영역'이라고 한다.

이것이 아이들이 고등학교까지 배워야 할 방정식, 함수, 부등식이고, 고등 수학의 90퍼센트 이상을 차지한다고 해도 과언이 아니다. 점들이 평면에서 나름의 규칙을 가지고 놀고 있다고 생각해보자. 느긋하게 이 점들이 갖는 의미들을 알기 위해서 무엇이 필요할까? 필자가 보기에는 변수, 평면을 만드는 방법, 점에 이름을 붙이는 방법, 변수들의 관계 등이 필요하다. 변수에 대해서는 앞서 이야기를 했다. 이제 나머지를 하나하나 설명하겠다.

"나는 생각한다. 고로 존재한다." 이 유명한 말을 남긴 17세기 프랑스 철학자이자 수학자인 데카르트가 해군에 근무하고 있을 때였다. 어느 날 선실 천장의 바둑판 문양을 무료하게 바라보고 있는데 그곳을 파리 한 마리가 이리저리 돌아다니고 있었다. 데카르트는 파리가 앉아 있는 위치(한 점)를 기준으로 가로로 몇, 세로로 몇이라는 식을 떠올렸다. 평면에 있던 이름 없는 무수한 점들에 하나하나 좌표라는 이름을 지어준 것이다.

이것은 수학사적으로 엄청난 일이다. 대수학(방정식)과 기하학(도형)을 연결해 현대 수학에 지대한 공헌을 한 것이다. 아마 지금은 이게 무슨 말인지 잘 모르겠지만 이 책을 다 읽고 나면 필자가 왜 호들갑을 떨었는지 이해하게 될 것이다.

데카르트가 평면에 있는 점들에 이름을 붙여준 것, 그 좌표가 만들어지는 과정을 살펴보자. 교차하는 두 직선에 평면을 올려놓으면 떨어지지 않으며, 이런 평면은 한 개다. 다시 말해 교차하는 두 직선은 한 평면을 결정한다. 그래서 평면의 결정 조건이라고 할 수 있다. 이를 포함해 평면의 결정 조건은 총 네 가지다. 일직선상에 있지 않은 서로 다른 세 점, 한 직선과 직선 밖의 한 점, 교차하는 두 직선, 평행한 두 직선.

좌표평면의 용어 설명

—

그런데 수직으로 만나는 두 수직선을 다음 그림과 같이 교차하면 하나의 좌표평면이 만들어진다.

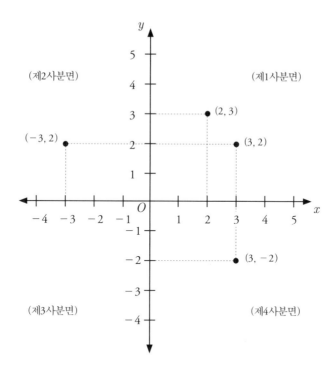

- 평면은 모두 점으로 구성된다. 평면에 있는 점에 이름을 붙여서 '좌표'라고 하고, 좌표가 있는 평면이니 '좌표평면'이라고 한다.
- 가로 수직선을 'x축'이라고 하고, 세로 수직선을 'y축'이라고 한다.
- x축과 y축이 만나는 점을 '원점(Origin)'이라고 하고, 영어 앞 글자만 따서 'O'라고 표시한다.
- 하나의 평면이 x축과 y축으로 인해 네 개의 영역으로 나뉜다. 오른쪽 위의 평면을 '제1사분면'이라고 하고 제1사분면부터 시계 반대 방향으로 '제2사분면', '제3사분면', '제4사분면'이라고 한다. 단, x축과 y축은 어느 사분면에도 속하지 않는다.
- 원점에서 앞으로 2칸 간 다음 위로 3칸 이동한 점의 좌표를 $(2, 3)$이라고 한다. $(2, 3)$에서 2를 'x좌표', 3을 'y좌표'라고 한다.
- $(2, 3)$과 같은 것을 '순서쌍'이라고 하는데, 말 그대로 '순서가 있는 쌍'이다. 순서가 있는 쌍이니 좌표평면에서 보듯이 $(2, 3)$과 $(3, 2)$는 서로 다른 점이다.
- '대칭'의 개념을 적용해서 좌표를 보자. $(3, 2)$는 x축에 대해 대칭이동을 시키면 $(3, -2)$가 되고, y축에 대해 대칭이동을 시키면 $(-3, 2)$가 된다. $(-3, 2)$를 원점에 대해 대칭이동을 시키면 $(3, -2)$가 된다.

설명을 하면서 다양한 용어들이 쏟아져 나왔다. 대칭을 제외하고 어려운 건 없지만 아이들이 귀찮아하는 게 문제다. 쉽게 이해할 수 있는 것을 귀찮아서 대충 하다가 나중에는 "좌표는 알겠는데 x좌표가 뭐예요?"라는 어이없는 질문을 하고 만다.

좌표는 조금만 연습하면 x좌표와 y좌표가 모두 양수인 제1사분면과 모두 음수인 제3사분면을 혼동하지 않는다. 그런데 제2사분면과 제4사분면은 고등학생들조차 헷갈려서 틀리곤 한다.

Q 점 $P(a, b)$가 제4사분면 위의 점일 때 a, b의 값이 될 경우를 고르시오.

① $a < 0, b > 0$ ② $a \leq 0, b \geq 0$ ③ $a < 0, b < 0$

④ $a \geq 0, b \leq 0$ ⑤ $a > 0, b < 0$

⑤

x축과 y축 위의 점은 어느 사분면에도 속하지 않기에 ④번은 답이 될 수 없다. 참고로 문제에 $P(a, b)$를 보면 좌표에 알파벳 대문자 P를 붙여서 사용하고 있다. 이처럼 좌표의 이름은 보통 알파벳 대문자를 사용하고, x좌표와 y좌표는 알파벳 소문자를 사용해 나타낸다.

이제 $f(x)$는 무섭지 않다

함수를 처음 배우는 아이들은 $f(x)$를 이해하는 단계부터 막힌다. 시간이 한참 지난 뒤 이해하게 돼도 이미 어려워하는 마음이 깊어져 $f(x)$를 보는 것만으로도 싫어한다. 모르는 상태가 지속되면 무서워지고 결국 싫어진다. 하지만 필자의 설명을 들은 많은 사람이 진작 이렇게 함수를 배웠으면 수학을 포기하지 않았을 것이라고 말한다. 그러니 겁먹지 말자. 겁먹으면 할 수 있는 것도 하지 못한다.

함수에서 함函은 사물함, 보석함처럼 무언가를 담는 상자를 의미한다. 그렇다면 함수는 무엇을 담을까? 당연히 수를 담는다. 이 생각과 함께 아래 그림을 살펴보자.

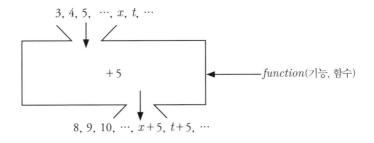

어떤 수를 넣으면 그 수에 5를 더해서 내보내는 상자라고 보면
된다. 상자에 3을 넣으면 5를 더해서 8이 되어 나오고 4를 넣으면 9
가, 5를 넣으면 10이 되어 나온다. x를 넣으면 당연히 $x+5$가 되어
나오고, t를 넣으면 $t+5$가 되어 나온다.

함수란 별게 아니다. 지금 이것이 바로 함수다. 간단히 말해 자판
기에 돈을 넣으면 음료수가 나오는 것처럼, 수를 넣으면 수가 나오
는 것이라고 생각하면 된다.

그런데 만일 여러분이 수학자라면 함수를 표현하기 위해 이 상
자를 자주 그려야 할 것이다. 매번 그리기 힘드니 간단히 한 문자로
표현할 방법을 찾아야 한다. 함수를 의미하는 $function$의 앞 글자 f
는 그냥 사용하기로 하자. 그런데 상자의 가장 핵심인 수가 '들어가
는 구멍'과 '나오는 구멍'은 어떻게 표현해야 할까?

$$\text{들어가는 구멍} \cdots\!\!\!\rightarrow \quad f(\ \ ) = \ \leftarrow\!\cdots \text{나오는 구멍}$$

필자의 설명이 촌스러운가? 그렇게 생각할 수도 있지만 이 해석
을 듣고 절대 잊어버리지 않겠다며 좋아한 아이가 더 많았다. 진짜
인지 확인해보자.

$f(3)=8$을 보고, 함수 상자에 3을 넣었더니 8이 되어 나왔다
고 해석할 수 있는가? 나머지 $f(4)=9$, $f(5)=10$, $\cdots$, $f(x)=x+5$,
$f(t)=t+5$도 해석이 잘 되는가?

그렇다면 이번에는 앞 함수 상자에서 사용했던 수가 아니라 다

른 수들도 확인해보자. 만약 $f(3) = 5$를 보고 3을 넣었더니 5가 나왔고, $f(-2) = 8$을 보고 -2를 넣었더니 8이 나왔고, $f(a) = b$를 보고 a를 넣었더니 b가 나왔다는 것을 해석할 수 있다면 성공이다.

수직선에서 배운 대응과 $f(x)$를 같이 생각해보자

앞에서 나온 함수 상자를 대응 관계로 표현하면 다음과 같다.

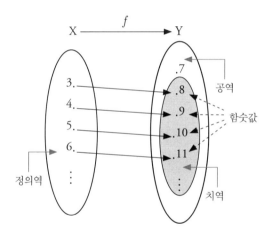

함수 상자에는 '들어가는 구멍'과 '나오는 구멍'이 있다. 그것을 '화살을 쏘는 것'과 '화살을 맞는 것'으로 대체해보자. 그리고 거기에 화살 맞는 것을 포함하는 좀 더 넓은 범위의 '과녁'을 추가하자.

화살을 쏘는 것, 즉 3, 4, 5, ⋯ 등을 모아서 X, 다른 말로 '정의역'이라고 한다. 화살을 맞는 것 8, 9, 10, ⋯ 등을 각각 '함숫값'이라고 하고, 함숫값을 모아 놓은 것을 '치역'이라고 한다. 그리고 다시 치역을 포함하는 큰 과녁과 같은 것을 Y, 다른 말로 '공역'이라고 한다.

여기에서 가장 중요한 것은 함숫값들을 모아 놓은 것이 치역이고, 치역은 공역 안에 있다는 것이다. 지금까지 이것을 설명하기 위해 왔다고 해도 과언이 아니다.

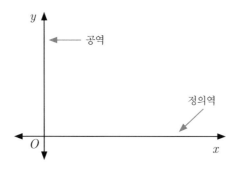

보통 함수 그래프를 그리기 위해 이 그림처럼 가로 세로 수직선을 그린다. 그리고 원점 O와 변수 x, y를 표시한다. (이것은 바쁘더라도 반드시 표시하기 바란다.) 그런데 그림을 왜 이렇게 그리는지 모르는 아이가 많다.

바로 앞에서 X가 정의역, Y가 공역이라고 한 설명을 기억하는가? 이 그림에서 x축은 정의역이고 y축은 공역이다. 그러니 가로 세로 수직선을 그렸다는 것은 정의역(x축)에 있는 화살을 과녁인 공역(y축)에 쏠 준비를 갖춘 것이다. 정의역의 수에 따라서 함숫값이 공역 안의 치역으로 자리하게 되는 것이 중요하다.

함수 상자와 대응은 기본적으로 같은 것이다. 함수 상자에서는 더하는 수가 바로 보이지만 대응에서는 X와 Y 사이에 어떤 연산이 이루어지는지 보이지 않을 뿐이다.

$y = f(x)$를 잠깐 $f(x) = y$로 바꿔보자. 앞서 $f(3) = 8$을 보고 상자에 넣었더니 8이 되어 나왔다고 한 것처럼, $f(x) = y$는 x를 넣었더니 y가 되었다는 것을 말한다. 이 설명에 따르면, $f(3) = 8$은 '3에 대한 함숫값 8' 또는 '3에 대한 함숫값은 $f(3)$'이라고 말할 수 있다. 그런데 이 관점을 $f(x) = y$에 적용하면 'x에 대한 함숫값 y' 또는 'x에 대한 함숫값은 $f(x)$'인데, 이는 함수의 정의에 어긋나는 말이다. 그렇지만, 여기서는 잠깐 옳다고 해두자.

함수의 두 번째 어려움:
$y = f(x) =$ (관계식)을 자유자재로 사용하지 못한다

이제 아이들이 겪는 함수의 두 번째 어려움을 풀어보자. 정의역 X에 있는 수나 문자인 x에 대해 화살표를 받은 공역 Y에 있는 것이 함숫값 y다. 그러면 함수 상자로 되돌아가서 볼 때 $f(x) = x + 5$는 x를 넣었더니 $x + 5$(관계식)가 나왔으며, 이것이 y라는 것이니 $f(x)$, $x + 5$, y는 모두 같다는 것이 된다.

서로 같은 세 개를 등식으로 나타내면 $y = f(x)$, $f(x) = x + 5$, $y = x + 5$라는 식이 만들어진다. 이 식들을 문제에서 요구하는 대로 자유자재로 바꾸거나 꺼내서 쓸 수 있어야 하는데, 이를 혼동해서 많은 아이가 $f(x)$ 다음으로 또 다른 어려움을 겪는 것이다.

참고로 관계식이란 주어진 문자와 상수항만으로 이루어진 식이라는 의미다. 예를 들어 $f(x)$는 x와 상수항으로, $f(a)$는 a와 상수항으로 식을 이룬다는 말이다. 그러니 함부로 $f(x)$를 함수나 방정식이라고 단정해서는 안 된다. 문제를 풀어보자.

Q 함수 $y = 3x + 1$에 대하여 다음 함숫값을 구하시오.
① $f(0)$
② $f(2)$
③ $f(-5)$
④ $f(\frac{1}{3})$

① 1   ② 7   ③ -14 ④ 2

문제에서 함수 $y = 3x + 1$이라고 했다. 상자에 무언가(x)를 넣었더니 3을 곱한 다음 1을 더해서 내보내는 함수다. $y = f(x)$이니 $y = 3x + 1$과 $f(x) = 3x + 1$은 같다. 이것을 자유자재로 활용할 수 있어야 한다. ①에서 $f(0)$이란 x가 0일 때의 함숫값이다. 실제 구할 때는 x에 0을 대입해 구하면 된다. $f(0) = 3 \times 0 + 1 = 1$.

문제를 푸는 건 어렵지 않다. 하지만 그 이유를 잘 알아야 한다. 대다수의 중학교 수학은 문제에 대한 이해가 없어도, 이렇게 대입만 하면 답이 나오는 문제가 수두룩하다. 당연히 점수가 잘 나오니 중학교 성적이 최상위권인 아이들조차 자신이 함수를 모른다는 걸 인지하지 못한다. 그런데 그것은 방정식을 푼 것이지 함수 문제를 푼 것이 아니다. 그대로 가면 수학 실력은 늘지 않고, 게다가 곧 그 기술

마저 잊거나 쓸 수 없게 된다.

Q 함수 $f(x) = -5x + a$에 대하여 $f(-3) = 10$일 때, $f(-2)$의 값을 구하시오.

5

설명이 길더라도 끝까지 읽어 문제를 이해해보자. 먼저 문제를 보면 '함수'라는 말이 있다. 이 말을 없애도 된다고 생각하거나 무시하고 문제를 푸는 아이들이 있는데, 이 말을 빼면 어떻게 될까?

$f(x)$는 x와 상수항으로 된 관계식이라고 했다(66쪽 참조). x는 미지수라서 상수인지 변수인지 모른다. 그런데 함수와 방정식은 반드시 변수가 지정되어 있어야 하고, 그렇지 않으면 문제에 오류가 발생한다. 따라서 이 문제처럼 $f(x)$가 함수가 되려면 변수가 있어야 하고, 변수가 될 수 있는 것은 미지수 x밖에 없으니, x를 변수라고 지정해야 한다. 이것이 문제에서 '함수'라는 말을 빼서는 안 되는 이유다.

'함수 $f(x) = -5x + a$'에서 x를 변수라고 지정하면, 변수가 아닌 a는 당연히 상수가 된다. 그런데 이 함수는 a의 값을 모르는, 즉 고장이 난 상태다. 다시 말해 이 문제는 고장 난 함수를 고쳐 $f(-2)$의 값을 구하라는 것이며, 고장 난 함수를 고치는 도구로 '$f(-3) = 10$'을 준 것이다. 함수 $f(x) = -5x + a$를 $f(-3) = 10$으로 고쳐보자. $f(x) = -5x + a$에 $x = -3$을 대입하면,

$f(-3) = -5 \times -3 + a$

$\Rightarrow 10 = 15 + a$

$\Rightarrow a = -5$

고장 난 함수 $f(x) = -5x + a$를 고쳐서 $f(x) = -5x - 5$가 되었다. $f(x) = -5x - 5$에서 $f(-2)$의 값을 구하면 $f(-2) = 5$다.

함숫값은 반드시 y축에 있다1

중학교 3학년 아이들에게 "함수가 뭐야?"라고 물어보면 3년을 배웠어도 대부분 대답하지 못한다. 그나마 공부를 잘한다는 몇몇이 "두 변수 x, y 간에 이루어지는 것"이라고 간단히 답할 정도다. 고등 수학의 90퍼센트 이상이 함수다. 그런데 중학교 우등생들조차 함수를 대충 공부하니 고등 수학 전체가 어려운 것이다.

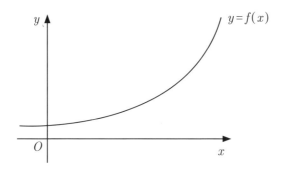

지난 3년 동안 필자를 찾아온 고등학생 수백 명에 대해 전수조

사를 했다. 이 그림을 그려놓고 $f(x)$가 무엇인지 좌표평면에 표시해
보라고 질문하자 올바른 답을 한 아이가 없었다. 누군가는 이런 것
을 몰라도 문제들을 잘 풀 수 있으니 내보라고 할 것이다. 개념을 몰
라도 유형 문제를 다 외우면 된다는 발상은 고등 모의고사에서 처음
보는 문제나 어려운 문제를 만나면 깨진다. 물론 그때 가서도 깨닫
지 못하고 문제 풀이에만 혈안이 되는 아이들이 대다수다.

그런데 조금만 생각해보자. 고등 수학을 괴물같이 잘하는 아이
들이 수학의 개념들을 줄줄 말하는 이유가 무엇이라고 생각하는가?
개념을 튼튼히 하는 길이 수학 실력을 기르는 유일한 방법이다.

이해가 선행되어야 하지만 수학의 개념들을 숨은 의도까지 철저
하게 외워야 한다. 간혹 "외우지 말고 이해하라"고 말하는 사람들이
있는데, 그런 말에 현혹되지 않기 바란다. 그렇게 말하는 사람은 머
리가 좋아서 몇 번만 이해해도 저절로 외운다. 보통 사람은 이해한
다음 따로 외워야 한다. 다시 한 번 개념과 암기의 중요성을 강조하
는 이유는, 다음에 나오는 함수의 정의와 필자의 설명을 외워야 하
기 때문이다.

> **함수**: 두 변수 x, y에 대해 x의 값이 변함에 따라 y의 값이 하나로
> 정해지는 대응 관계가 있을 때, y를 x의 함수라고 하고 기
> 호로 $y = f(x)$라고 한다

이 정의와 함께 적어도 다음 설명의 핵심 문장은 반드시 외워야
한다. 첫 번째와 두 번째는 '두 변수 x, y에 대해'와 관련된 내용으로,

중·고등학교 수학에서 거의 대부분 쓰인다고 할 만큼 쓰임새가 광범위하다.

x와 y를 변수로 보겠다는 것은 거꾸로 말하면 다른 문자는 모두 상수라는 의미다.

모든 수는 변수가 아니면 상수이니, 변수가 아닌 수는 모두 상수다. 이것은 함수에서만 적용되는 것이 아니라 방정식 등 앞으로 어려운 문제에서 더 많이 적용된다. 그러므로 다음 방정식의 정의를 살펴보고 함께 문제를 풀어보자.

방정식의 대수적 정의: 변수가 있는 등식
방적식의 해석학적 정의: 두 함수의 교점의 x좌표
등식의 종류: 방정식, 항등식, 말도 안 되는 등식

Q 다음 중 방정식을 고르시오.

① $x+3=5$

② 방정식 $x+y=5$

③ $x=x$

④ x에 대한 방정식 $x+y+z=0$

⑤ $x+3=x$

④

이 문제처럼 쉬운 문제는 대수적 정의만으로 풀린다. 하지만 중

학교 3학년 이후부터 수능까지 수학 문제는 전부 해석학적 정의로 풀어야 할 것이다.

①은 x가 변수라는 말이 없어서 방정식이 아니다. ②는 방정식이라고 되어 있지만, 엄밀히 말해 x와 y 중 무엇이 변수인지 몰라서 오류라고 하는 게 맞다. ③은 정리하면 x가 없어지기에 변수가 없어서 방정식이 아니다. 정확히 말하면 이 식은 항등식이다. ④ x에 대한 방정식이라고 변수를 지정했으니 방정식이 맞다. x가 변수이니 y, z는 상수다. ⑤는 정리하면 변수가 없어 방정식이 아니다. 필자의 분류에 의하면 이런 식은 말도 안 되는 등식에 속한다.

두 변수 사이에서만 함수 관계가 성립함을 의미한다.

나중에는 세 변수로 된 함수도 나올까? 적어도 고등학교까지는 함수에서 두 변수만 다룬다.

'두 변수 a, b'처럼 두 변수를 바꾸어도 된다는 뜻이다.

새로이 변수를 지정해도 된다는 말이다. 중·고등 수학에서 심화 문제들을 풀려면 반드시 알아야 하는 개념이다. 고등 수학에는 상수로 취급했던 미지수들이 다시 함수 관계를 성립해 함수 그래프를 이용해야 하는 어려운 문제가 많이 있다.

규칙이 없어도 함수다.

'x의 값이 변함에 따라'는 x의 값이 변한다는 것이 아니라 변할 수도, 변하지 않을 수도 있다는 의미다. 규칙이 있는 함수가 많다 보니 함수는 반드시 규칙이 있어야 한다고 잘못 알고 있는 아이가 많은데, 규칙이 없어도 함수다. 규칙이 없이 '$f(x) = 5$'처럼 하나만 있어도 함수인 것이다. 새로이 정의를 내리는 함수에서 주로 사용된다.

'y의 값이 하나로 정해지는'이라는 말은 함숫값이 상수라는 의미다.

x에 대응하는 y의 값이 함숫값이다. 그러니 y의 값이 하나로 정해진다는 것은 함숫값이 하나로 정해진다는 것이고, 수가 하나로 정해진다면 상수다. 따라서 정의에 의해 함숫값은 상수여야 한다.

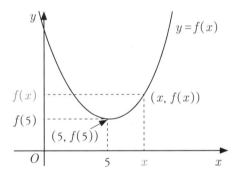

앞서 y축이 공역이고, 함숫값들을 모아 놓은 것이 치역이며, 치역은 공역 안에 있다고 했다. 이 그림에서 5에 대한 함숫값이 y축의 $f(5)$에 찍히는 것이 보이는가? 이런 관점에서 보면 x에 대한 함숫값을 $f(x)$라고 생각할 것이다. 그런데 x는 변수라서 정해지지 않았으니 $f(x)$도 상수가 아니다. 함숫값은 상수여야 한다는 정의에 의해 $f(x)$를 함숫값이라고 하면 틀리게 되는 것이다.

$f(x)$가 상수로서 함숫값은 아니지만 y축에 있다. 이것을 확실하게 인식하지 않으면 아이들의 눈이 그래프를 따라다니며 $f(x)$라고 착각하게 된다. 그래프를 $f(x)$라고 착각하면 고등 수학은 전부 끝장이다. 다시 강조하지만 그래프 옆에 $f(x)$가 써져 있지만, $f(x)$는 y축에 있다.

'x의 값이 변함에 따라 y의 값이 하나가 함수의 주된 조건이다.

이것을 정확하게 설명하려면 대응을 다루어야 한다. 대응은 어렵지 않아서 아래 그림만으로 이해할 수 있을 것이다. 아래 그림에서 보듯이 대응에는 일대일, 다대일, 일대다, 다대다가 있다.

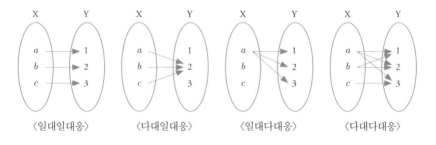

〈일대일대응〉　　〈다대일대응〉　　〈일대다대응〉　　〈다대다대응〉

이 네 가지 대응에서 x의 값이 정해지면, y의 값도 하나로 정해지는가를 확인해보면 된다. 직접 해보면 함수가 되는 대응은 일대일대응과 다대일대응임을 알게 될 것이다. 함수 상자에 무언가 하나를 결정해서 집어넣으면 반드시 하나가 나온다. 만약 하나를 넣었는데 둘이 나온다면 어떤 것을 선택해야 할지 헷갈리게 될 것이다. 이런 상황을 싫어하는 수학은 하나를 넣으면 하나가 나와야 함수라고 하는 것이고, 이것이 함수의 조건이다. 개념이 확실해지도록 문제를 풀어보자.

Q 다음 중 함수인 것을 고르시오.

① y는 자연수 x보다 큰 자연수다.

② y는 자연수 x의 배수의 개수다.

③ y는 자연수 x의 약수다.

④ y는 자연수 x보다 1 큰 자연수다.

⑤ y는 둘레의 길이가 x인 직사각형의 넓이다.

④

문제를 풀다가 헷갈리면 정의를 생각하기 바란다. 'x의 값이 변함에 따라 y의 값이 하나로 정해지는 대응'이란 함수의 정의를 기억하는가? x의 값이 하나로 정해지면 y의 값도 하나라는 말이다. 그래서 $x = 6$처럼 구체적인 수를 하나 정하고 대입해 풀면 더 쉬울 것이다.

①에서 '6보다 큰 자연수'는 엄청 많다. 일대다대응이 되니 함수가 아니다. ②에서 '6의 배수'는 6, 12, 18 등 그 개수를 다 말할 수 없을 만큼 많으니 대응되는 값이 없어서 함수가 아니다. 그런데 참고로 6의 배수는 초등학교에서 배운 것처럼 양의 배수만 있는 것이 아니니 음의 배수까지 생각해야 한다. ③에서 '6의 약수' 역시 1, 2, 3, 6뿐 아니라 음의 약수인 -1, -2, -3, -6도 포함시켜야 한다. 따라서 일대다대응이므로 함수가 아니다. 그런데 만약 문제의 보기

가 'y는 자연수 x의 약수의 개수이다'로 바뀐다면 y의 값이 8이라는 하나의 수가 되어 함수가 될 수 있다.

④에서 '6보다 1 큰 자연수'는 7로 하나이니 일대일대응이고 함수다. ⑤에서 '둘레가 6인 직사각형의 넓이'에서 넓이라는 것은 가로와 세로의 곱으로 이루어지는데, 둘레가 주어진다 해서 가로와 세로의 길이가 정해지는 것은 아니니 넓이가 엄청 많아서 함수가 아니다. 물론 이 보기가 'y는 둘레의 길이가 6인 직사각형의 최대 넓이다'로 바뀐다면 y의 값이 하나로 정해져 함수가 될 수 있다.

Q 다음 중 함수가 아닌 것을 고르시오.

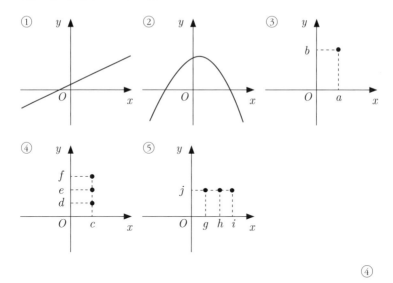

④

함수라면 x의 값에 따라 함숫값도 하나씩 정해진다고 했다. 일대일대응과 다대일대응만이 함수라고도 했다. ①과 ②가 함수가 된다는 것은 앞으로 많이 볼 것이라서 따로 설명하지 않겠다.

③ $x = a$에 대해 함숫값이 하나인 b로 정해졌으니 함수가 맞다. 규칙이 없어도 함수의 조건에 맞으면 된다고 한 말을 기억하기 바란다. ④ $x = c$에 대한 함숫값이 d, e, f로 여러 개이니 일대다대응이라 함수가 아니다. ⑤ $x = g$에 대한 함숫값이 j, $x = h$에 대한 함숫값이 j, $x = i$에 대한 함숫값이 j다. 각각에 대한 함숫값이 j 하나로 정해졌으니 함수가 맞다.

함숫값은 반드시 y축에 있다2

"여러분, 이 함수 $y = f(x)$의 그래프에서 최솟값이 뭐예요?"

수학 시간에 선생님이 그래프와 함께 이런 질문을 던지면 아이들은 꼭짓점이 답일 거라고 생각한다. 아이들의 예상대로 선생님 역시 그래프의 꼭짓점을 가리키며 최솟값이라고 말한다. 순간 아이의 마음속에 '최솟값 별거 아니네?'라는 마음이 생긴다. 많은 아이가 이런 학습 과정을 거치면서 오류에 휩싸인다.

중학생 대부분이 함숫값을 모른다. 그래서 함숫값의 확장인 최댓값, 최솟값 문제를 많이 틀린다. 중학교 3년간 함수를 배우고도 함숫값을 모르는 아이가 고등학교에 간다고 해서 저절로 알게 될 리

없다. 아이들이 어려워하는 그 순간 더 잘 설명해 반드시 이해시켜야지 상위 학년으로 넘기는 것은 중학교에서 수학을 포기하지 말고 고등학교에 가서 포기하라는 말이나 마찬가지다.

앞에서 이야기한 수업에서 아이들이 어떤 오류에 빠지는지 하나하나 자세히 짚어보겠다.

최솟값은 수다.

수학에서 '~값'이라고 하는 것은 모두 수다. 아이들이 최솟값이 수인 것을 정확하게 인지하지 못하고 최솟값을 '가장 작은 점' 또는 '가장 아래 있는 점'이라고 맘대로 생각하는 것이다. '가장 아래 있는 점 = 꼭짓점'이라는 오류에 스스로 빠진다. 선에 있는 무수히 많은 점 중에서 가장 작은 점이란 것은 없다.

그래프의 선은 점들로 되어 있다.

함수의 그래프 위에 있는 점들을 수로 생각하는 아이들이 한둘이 아니다. 점들을 수로 인식하는 것은 '수직선'이 유일하다. 수직선이라는 개념을 공부할 때 정확하게 공부하지 않으면 이처럼 말도 안 되는 오류가 가득 차게 된다. 개념을 모르고 고민만 하거나 창의력을 발휘하면 자신도 모르게 오류가 쌓일 수 있다.

'$f(x)$의 그래프'와 '$f(x)$'는 전혀 다르다.

'$f(x)$의 그래프'는 좌표평면에 나타낸 그림을 말하는 것이고, '$f(x)$'는 'x에 대한 함숫값으로 y축에 있는 수'다. '$f(x)$의 그래프'와

'$f(x)$' 이 둘의 구분이 안 되면 함수가 이해가 안 되고, 나아가 고등 수학 전체가 어려워진다. 그래서 함수의 정의를 설명할 때 약간의 오류가 있더라도 '$f(x)$'를 'x에 대한 함숫값'으로 그냥 받아들이라고 한 것이다. 지금까지 필자가 살펴본 바에 의하면 '$f(x)$'를 'x에 대한 함숫값'으로 받아들여서 중·고등학교 수학 문제를 틀리는 일은 없었다.

가장 작은 수를 물어보면 '무엇 중에서?'를 먼저 떠올려야 한다.

아이들이 한자어가 들어간 최솟값, 최댓값의 뜻을 모른다고 말하는 선생님도 있다. 필자는 그렇게 생각하지 않는다. 초등 1학년 수학에 '4, 5, 6 중 가장 작은 수는 무엇일까요?'라는 문제가 있다. 중학교 수학으로 변형하면 '4, 5, 6 중 최솟값'를 묻는 문제다. 여기에서 주목해야 할 것은 '4, 5, 6 중'이다. 가장 작은 수가 무엇이냐는 문제를 보면 당연히 '무엇 중에서' 묻는지를 생각해야 한다.

함수는 기본적으로 x축(정의역), y축(공역)을 그리고 O(원점)을 표시하라고 말했다. 함숫값들을 모은 것을 치역이라고 하고, 치역은 공역 안에 있다고도 했다. 함수 그래프에서 최솟값을 물으면 자동으로 어딘가에 x축과 y축이 있고 '함숫값들 중에서 가장 작은 수'를 묻는 것이라고 생각해야 한다.

'함수 $y = f(x)$의 최솟값'이라는 말의 의미를 생각해보자.

'함수 $y = f(x)$의 최솟값'을 제대로 알지 않으면 그 의미를 물었을 때 무엇을 묻는지 몰라서 틀린 대답조차 못한다. 왜냐하면 '함수 $y = f(x)$의 최솟값'을 'y와 $f(x)$는 같다의 최솟값'처럼 잘못 읽을 수

있기 때문이다. '$y = f(x)$'를 '함수 y의 최솟값', '함수 $f(x)$의 최솟값'
이라고 하면 이해하는 아이가 훨씬 많을 것이다. $f(x)$는 'x에 대한
함숫값'이니 '함수 $y = f(x)$의 최솟값'을 'x에 대한 함숫값들 중에서
가장 작은 수'라고 보면 이해하기 쉽다.

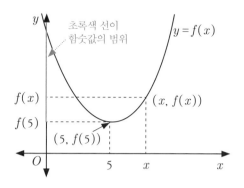

함수 $y = f(x)$의 그래프다. 그래프 위 무수히 많은 점 중에서 가
장 아래에 있는 점은 꼭짓점 $(5, f(5))$다. 앞서 설명했듯이 그래프 위
의 점은 점일 뿐 절대로 수가 아니다. 수들이 있는 곳은 수직선이면
서 정의역인 x축에 있는 점들과 수직이면서 공역인 y축에 있는 점
들이다. 공역인 y축 안에 함숫값들의 모임인 치역이 있다고 여러 번
말했다. 이 함숫값들 중에서 가장 작은 수가 $f(5)$라서 이것을 함수
$y = f(x)$의 최솟값이라고 한다.

아이들이 오류를 바로잡기를 바라는 마음에서 자세히 설명했다.
결국 아이들이 최댓값, 최솟값을 어려워하는 이유는 기본을 가르치
지 않은 탓이다. 점과 수를 구분하지 못하고, 식이 갖는 의미와 함숫
값의 의미를 모르는 것이다. 그런데 이런 것들을 가르치는 사람이

몰라서 일부러 알려주지 않는 게 아니다. 아이들이 알 거라고 생각해서 가르치지 않는 것이다.

게다가 함수 그래프를 매번 정확하게 좌표평면에 그리기 힘들다. 그래서 함수 그래프에서 꼭짓점을 가리키면서 최댓값, 최솟값을 이야기하는데 아이들이 오해할 거라고도 생각하지 못한다.

꼭짓점은 점이지 수가 아니다. 최댓값과 최솟값은 함숫값으로 수이며 y축에 있다는 것을 정확하게 알아야 한다.

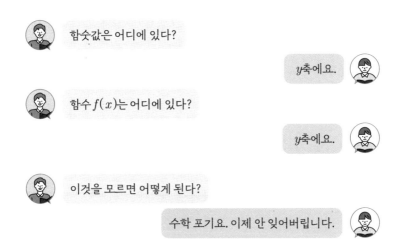

마지막으로, 귀찮더라도 함수의 의미를 살려서 다음 내용을 여러 번 반복해서 보자. 입에서 자동으로 나오고 자유자재로 쓸 수 있을 정도로 익힌다면 고등 수학에서 많은 도움을 받을 것이다.

- $f(3)$: 3에 대한 함숫값이 y축에 찍히는 점의 수.

- $f(a)$: a에 대한 함숫값이 y축에 찍히는 점의 수.

- $f(x)$: x에 대한 함숫값이 y축에 찍히는 점의 수.

- $f(x)=0$: x에 대한 함숫값이 y축에 찍히는 점의 수가 0일 때의 x의 값들 (다대일 함수라면 정의역에 해당하는 x의 값들이 여러 개가 될 수 있다).

- $f(x)>0$: x에 대한 함숫값이 y축에 찍히는 점의 수가 0보다 클 때의 x의 값들의 범위.

- $f(x)<0$: x에 대한 함숫값이 y축에 찍히는 점의 수가 0보다 작을 때의 x의 값들의 범위.

함숫값을 모르면 미적분은커녕 수학 포기다

고등 수학에서 추락하고 싶지 않다면

학원, 과외, 문제집 등 이것저것 닥치는 대로 공부하면서 무언가 도움이 될 것이라는 믿음은 부작용이 너무 많다. 완곡하게 표현했지만, 공교육과 사교육 가리지 않고 공부한 아이들의 90퍼센트가 수학을 포기하는 것을 볼 때 잘못된 공부 방법이라는 결론을 내릴 수밖에 없다. 중요한 것은 더 집중해서 드릴처럼 뚫은 다음 확장 전략을 구사하는 것이 공부 분량을 줄이며 부작용을 최소화하는 방법이다. 이 전략이 초·중·고 12년이라는 장기 학습에 적합하다.

그렇다면 수학에서 무엇이 중요할까? 열심히 공부해야 한다와 같은 당연한 것들을 제외하면 결국 중요한 것은 식을 바라보는 눈과 함수다. 이 두 가지를 통합적으로 보면 '함수식을 바라보는 눈'이 가장 중요하다고 할 수 있다.

수학은 언어다. 그리고 함수는 인간이 만들어낸 가장 합리적이고 고차원적인 언어다. 언어의 목적은 의사 전달이고, 수학에서 의사 전달을 위해서는 수식이 갖고 있는 의미를 이해하는 게 중요한 과제다. 이해될 때까지 하나하나 파헤쳐 실력을 키우고, 수식을 그냥 보는 것만으로도 그 의미를 알 수 있어야 수학을 제대로 공부하는 것이다.

그리고 수학의 최종 도착지는 당연히 함수다. 그래서 앞으로 배울 함수의 기본인 일차함수와 이차함수의 관계식을 철저히 이해해 그 식을 바라보는 눈을 키워야 한다.

대입만 해도 답이 나온다고 해서
수학 잘한다고 착각하지 마라

중학교 함수 문제는 대부분 대입만 해도 답이 나온다. 쉽게 답이 맞으니 함수를 잘한다고 착각한다. 그런데 들여다보면 함수의 관계식을 함수가 아닌 방정식으로 보고 문제를 푼다. 함수를 모르는 것이다. 소위 전교 최상위권이라는 학생들은 물론이고, 일반 학생들 중 많은 아이가 함수 문제를 잘 풀지만 함수를 모르는 기이한 상황이 펼쳐진다.

설사 중학교에서 함수를 잘 못한다고 해도 함수 단원이 시험 범위에 들어갔을 때만 일시적으로 점수가 하락했다가 다른 단원을 시험 보면 다시 성적이 올라가기도 한다. 그러면 아이들은 자신이 계속 수학을 잘하는 걸로 착각하게 된다. 하지만 함수를 모르고 고등학교에 올라간다면 문제를 풀면서 혹독한 시련을 겪거나 수포자 대열에 합류하고 만다.

고등 수학에서 함수란 이름이 붙어 있는 것만 얼핏 보더라도 합성함수, 역함수, 유리함수, 무리함수, 지수함수, 로그함수, 삼각함수 등이 있다. 나중에 음함수라고 배우는 원이나 기타 도형 등도 모두 그래프 안으로 들어온다. 그뿐 아니라 모든 방정식은 함수와 연관되고 수열, 미적분 등 함수라는 이름이 전혀 붙지 않은 것들도 함수와 연관된다. 중학교 우등생이었던 아이의 성적이 고등학교에서 추락하는 이유도 함수 때문이다.

수학의 최종 도착지 = 함수, 함수를 잘하는 아이가 결국 수학을 정복한다

함수 이전에 배운 것은 모두 함수를 배우기 위한 준비 과정이었고, 모든 개념은 함수에서 다시 등장한다. 그러니 함수를 싫어하는 학생이 많은 것도 우연이 아니다. 여러 개념이 혼재되어 있어 이전에 열심히 하지 않은 학생은 그림까지 추가로 그려야 하는 함수가 좋을 리 만무하다.

그러나 반드시 중학교까지 함수를 완벽하게 공부해야 한다. 비록 초등 수학, 중등 수학에서 함수가 차지하는 분량이 많지 않지만 고등 수학에서는 90퍼센트 이상을 차지한다. 그러니 초등학교에서 분수를 잡지 않으면 중학교에서, 중학교에서 함수를 잡지 못하면 고등학교에서 수학을 포기하게 되는 것은 진리에 가깝다. 다른 단원을 잘해도, 초등학교와 중학교 때 수학을 잘해도, 고등 수학에서 90퍼센트 이상을 차지하는 함수를 못하면 고등 수학을 잘하기는 어려운 것이다. 함수가 이해가 안 된다면 문제가 되는 것은 미적분만이 아니다. 12년 수학 공부의 마지막 단계, 수능으로 가는 마지막 관문인 고등 수학이 흔들린다. 바꿔 말하면 함수를 잘하는 아이가 결국 수학을 완전 정복하게 되는 것이다.

3장

기울기

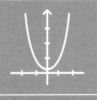

직선에서만
기울기를 말할 수 있다

한 개의 점과 달리 선은 필연적으로 방향성을 가진다. 선을 긋다가 멈춰도 다음에 그려질 선의 방향을 예측할 수 있다. 특히 그 선이 직선이라면, 특별히 꺾어지지 않는 한 예측은 틀림없다. 앞으로 좀 더 다루겠지만 직선의 방향성을 '기울기'라고 한다.

곡선은 직선보다 정확도가 현저히 떨어진다. 하지만 방향을 어느 정도 예측할 수 있고, 그 방향을 알게 해주는 역할이 바로 '미분'이다. 그런데 직선과 달리 곡선은 방향성, 즉 기울기가 없다. 쉽게 말하면 직선에서만 기울기를 말할 수 있는 것이다.

그렇다면 곡선에서는 어떻게 방향성을 이끌어내는 것일까? 많이 궁금하겠지만 직선의 기울기부터 하나하나 배워보자!

원점에서 돌고 있는 직선

한 점을 지나는 직선은 무수히 많은데 앞서, 그 직선을 '그 점에 돌고 있는 직선'으로 보자고 말했다(31쪽 참조). 그런데 이왕이면 직선이 돌고 있는 점이 좌표평면에서 원점이면 좋을 것이다. 그리고 직선과 관계되는 식을 만드는 방법을 초등 수학 개념부터 배우면 더 좋을 것이다. 원점에서 돌고 있는 직선을 초등 수학 개념에서부터 출발해보자.

> **비**: 두 수의 상대적 비교를 위해 만든 식으로, 두 수 사이에 기호 (:)를 쓴다. 이때 전항과 후항의 어느 항도 0이면 안 된다
>
> **항**: 곱으로 뭉쳐진 덩어리
>
> **비례식**: 두 비를 등호로 연결한 식

초등학교에서 비와 비례식을 배운다. 함수에서 비례식은 두 변수가 서로 비례 관계에 있음을 나타내는 관계식이다. 비례는 비를 분수로 만들었을 때, $\frac{x}{y} = \frac{2}{3} = \frac{4}{6} = \cdots$처럼 비율이 같은 수가 되는 것을 말한다. 함수는 변수 x, y의 관계이니 $x{:}y = m{:}n$으로 놓을 수 있다. 이때 비의 정의에 의해 x, y, m, n은 모두 0이 아니다.

이 비를 분수로 나타내면 $\frac{x}{y} = \frac{m}{n}$이다. 여기에서 최소공배수 ny를 양변에 곱하면,

$$\left(ny \times \frac{x}{y} = \frac{m}{n} \times ny\right)$$

$$\Rightarrow nx = my$$

$$\Rightarrow y = \frac{n}{m}x$$

여기에서 $\frac{n}{m}$도 그냥 하나의 숫자에 불과하니 a로 바꾸면 $y = ax$ 란 식을 얻게 되는데, 이를 '정비례식'이라고 한다.

만약 초등 수학에서 이유도 모르고 '비례식의 성질'이라며 외운 '내항의 곱과 외항의 곱은 같다'를 사용하면 $x:y = 1:a$를 $y = ax(a \neq 0)$로 만들 수 있다. 이때 a는 비례상수라고 하며 a가 0이 아니라는 말은 양수도, 음수도 될 수 있다는 말이다. a가 양수라면 x의 값이 커질 때 y의 값이 커지지만 만약 a가 음수라면 x의 값이 커질 때 y의 값은 작아지게 된다. 두 문제만 풀고 정리해보자.

Q 한 개에 **500원**인 아이스크림 x개의 값을 y라고 할 때, x와 y의 관계식을 구하시오.

$$y = 500x$$

비례식을 세워서 풀면 (개):(가격) $= x:y = 1:500$, $y = 500x$다.

Q 다음 중 y가 x에 비례하는 것을 찾으시오.

① $xy = 10$ ② $y = \dfrac{10}{x}$ ③ $x + y = 0$

④ $x + y = 10$ ⑤ $y = 3x + 1$

③

정비례는 비례와 같은 말인데 강조하려고 앞에 '정'을 붙인 것이다.

①과 ②는 이 책에서 다루지 않은 반비례 관계식이다. $y = ax$의 꼴을 찾으려고 했는데 보이지 않는가? $x + y = 0$은 $y = -x$로 비례상수가 -1인 비례식이 된다. 그런데 $y = 3x + 1$도 x의 값이 커지면 y의 값도 커지니 비례라고 생각하는 사람이 있다. 그렇게 대충 하면 안 된다. 이 부분은 시험에도 잘 출제되며, 나중에 비례라는 말에서 문제의 식을 만들 때 안다고 생각하면서 틀리는 경우가 있으니 정확하게 이해해야 한다.

x가 커질 때 y도 비례해서 커져야 비례이며, 비례인지를 알려면 비례식이 성립해야 한다. 예를 들어 $x = 1$일 때 $y = 4$이고, $x = 2$일 때 $y = 7$이다. 이것을 비례식으로 만들면 $1:4 = 2:7$로, $\frac{4}{1} \neq \frac{7}{2}$처럼 등호가 성립하지 않는다. x의 값이 커질 때, y의 값도 커지지만 같은 비율로 커지지 않기 때문이다. 정리해보자.

- 정비례와 비례는 같은 말이다.

- 비례 관계식을 만들 때 $y = ax$를 사용해야 한다. $y = ax + b$와 같은 식을 만들어서는 안 된다.

- x의 값이 커질 때, y의 값은 비례상수에 따라서 커지거나 작아질 수 있으며, 그것도 비례해서 커지거나 작아져야 한다.

함수 $y = ax$의 그래프는
원점에서 돌고 있는 직선이다

———

함수 $y = ax$의 그래프를 그려보자. 예를 들어 $y = 2x$의 그래프를 그리려면 좌표들을 알아야 한다. x의 값을 임의로 원점 주변의 -2, $-1, 0, 1, 2$라 하고 각각의 함숫값들을 구해 좌표로 나타내면 $(-2, -4), (-1, -2), (0, 0), (1, 2), (2, 4)$다. 이렇게 좌표들을 하나씩 쓰는 것이 불편해서 보통 다음과 같이 표로 만든다.

x	$\cdots$	-2	-1	0	1	2	$\cdots$
y	$\cdots$	-4	-2	0	2	4	$\cdots$

이 좌표들을 좌표평면에 나타내고 이어주면 다음과 같다.

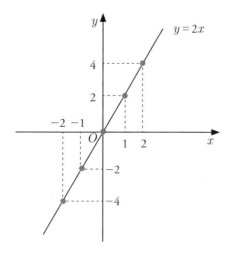

점들을 이어주는 이유는 x의 값을 임의로 -2, -1, 0, 1, 2로 정했지만, x는 실수이고 각각에 대한 함숫값이 무수히 존재하기 때문이다. 이들과 함숫값의 관계로 만들어진 점들이 모두 직선 위에 존재한다. 낯선 함수의 관계식이 나오면 귀찮아도 이처럼 좌표들을 하나하나 구해서 그래프 모양을 유추하는 방법을 가장 먼저 생각해야 한다.

이 그래프에서는 비례상수를 2로 해 $y = 2x$를 그렸다. 비례상수가 양수인 $y = x$, $y = \frac{1}{3}x$의 그래프와 비례상수가 음수인 $y = -2x$, $y = -x$, $y = -\frac{1}{3}x$의 그래프들을 좌표평면에 그려가면서 $y = ax$의 그래프가 갖는 방향성을 직접 확인하기 바란다. 다음은 그 확인의 결과인 $y = ax$ 그래프의 특징이다.

- 원점을 지나는 직선이다. a의 값과 상관없이 원점을 지나며, 원점을 지나는 직선이라고 하면 그 직선의 관계식을 $y = ax$로 해야 한다.

- 필자와의 약속이지만, $y = ax$의 그래프는 원점에서 돌고 있다고 생각하자. 그래야 관계식을 보고도 직선의 상태를 예측하는 데 도움이 되기 때문이다. 이 내용은 앞으로 좀 더 다룰 것이다.

- $a > 0$일 때, 그래프는 제1사분면과 제3사분면을 지나고, x의 값이 증가함에 따라 y의 값도 증가한다.

- $a < 0$일 때, 그래프는 제2사분면과 제4사분면을 지나고, x의 값이 증가함에 따라 y의 값은 감소한다.

- $y = ax$에서 a에 따라 직선의 방향이 바뀐다. 따라서 비례상수 a을 기울기라고 한다.

Q 함수 $y = -\dfrac{5}{7}x$의 그래프에 대한 다음 설명 중 옳지 않은 것을 고르시오.

① y는 x에 비례한다.

② $x = -7$에서의 함숫값은 5다.

③ $x > 0$일 때, $y < 0$이다.

④ 제2사분면과 제4사분면을 지난다.

⑤ x의 값이 증가하면 y의 값도 증가한다.

⑤

①은 $y = ax(a \neq 0)$의 꼴일 때 비례라고 했다. ③ $y = -\dfrac{5}{7}x$는 원점을 지나는 우하향 그래프로 x의 값이 증가할 때 y의 값이 감소한다. 직접 그래프를 그려보면 알겠지만 정의역이 $x > 0$일 때의 함숫값은 모두 음수다.

Q 다음은 $y = ax$의 그래프다. a의 값이 큰 순서대로 나열하시오.

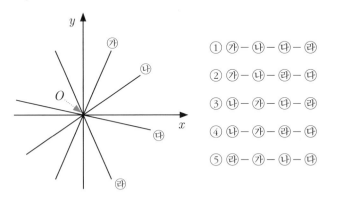

① 까 − 나 − 따 − 라

② 까 − 나 − 라 − 따

③ 나 − 까 − 따 − 라

④ 나 − 까 − 라 − 따

⑤ 라 − 까 − 나 − 따

①

$y = ax$의 그래프는 원점을 중심으로 돌고 있는 직선이라고 생각

96

해야 한다. 직선을 $x > 0$인 부분에서만 생각하면 a가 클수록 반시계 방향으로 돌고 작을수록 시계 방향으로 돈다.

직선을 밀어보자

직선을 이동시키기 전에 이동이 무엇인지부터 알아보자. 이동이란 한마디로 말해 '움직인다'는 것이다. 움직임에는 '크기나 모양이 바뀌지 않으면서 움직이는 것'과 '크기나 모양이 바뀌면서 움직이는 것'이 있다.

둘 중 '크기나 모양이 바뀌지 않으면서 움직이는 것'이 더 쉽고, 중·고등 수학에서 주력으로 다룬다. '크기나 모양이 바뀌지 않으면서 움직이는 것'을 초등학교에서는 '밀기, 뒤집기, 돌리기'라는 이름으로 배운다. 그래서 이 세 가지를 크기나 모양이 바뀌지 않는 이동의 전부라고 생각해야 한다.

밀기, 뒤집기, 돌리기 중에 밀기가 가장 쉽다. 뒤집기는 데칼코마니를 생각하면 쉬워지고, 돌리기는 가장 어려울 것이다. 다행히 중·고등 수학에서 돌리기, 즉 회전이동은 다루지 않는다. 중·고등 함수에서 다루는 것은 밀기(평행이동), 뒤집기(대칭이동)가 전부다.

다시 말해 평행이동과 대칭이동은 초등학교 때 밀기, 뒤집기로 배운 쉬운 내용이니 어렵게 생각하지 말라는 의미다. 이동은 어느 한 단원에서 끝나는 것이 아니라 직선, 포물선, 유리함수, 무리함수 는 물론이고 지수로그함수, 삼각함수 등 모든 함수의 그래프나 도형 에서 적용된다. 나아가 미적분에도 적용된다. 그러니 밀기, 즉 평행 이동을 제대로 살펴보자.

> **평행이동**: 한 점 또는 도형을 크기나 모양을 바꾸지 않고 x축과 y 축의 방향으로 일정한 거리만큼 옮기는 것
>
> **평행이동을 시키는 방법**: 그래프를 x축의 방향으로 p만큼, y축의 방향으로 q만큼 평행이동을 시키려면 x 대신에 $x-p$를 대입하고 y 대신에 $y-q$를 대입한다

평행이동을 정확하게 이해하려면 '좌표축의 이동'을 배워야 하 는데, 교과서에서는 다루지 않는다. 그러니 필자의 '평행이동을 시 키는 방법'을 아예 외우기 바란다. 이것을 왜 외워야 하나 생각할 수 있겠지만, 다음 설명을 보면 그 이유를 충분히 이해할 것이다.

첫째, 평행이동 방법을 배우지도 않고 배운다고 해도 이해하지 못할 가능성이 크다. 둘째, 이동은 모든 함수에서 이루어지니 빈도 나 중요도가 높다. 셋째, 교과서에서는 훈련을 이차함수에서만 적용 하기에 연습량이 적다. 넷째, 고등학교에서는 함수의 관계식만 보고 이동을 알아채야 한다.

외워야 하는 이유 중에 필자가 가장 고려하는 것은 네 번째다. 함 수에 대한 감각을 타고나야 한다고 생각할 수 있지만 감각은 훈련의

결과로도 만들 수 있기 때문이다.

평행이동 방법이 왜 그렇게 되었는지 알아보자.

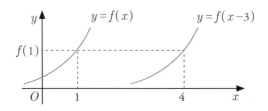

이 그림은 $f(x)$의 그래프를 x축의 방향으로 3만큼 이동시키는 그림이다. 이때, 왜 x 대신에 $x-3$을 대입할까? 이유는 등식의 성질 때문이다. 함수 $y=f(x)$를 x축으로 3만큼 이동시켰을 때 y축으로는 이동하지 않았으니, $x=1$에 대한 함숫값 $f(1)$과 이동한 함수에서 $x=4$의 함숫값이 같아야 한다. 그래서 x 대신에 $x-3$을 넣어야 하는 것이다.

이 설명으로 납득하지 못하는 아이들이 있을 수도 있다. 더 어렵겠지만 '좌표축의 이동'으로 다시 설명할 테니 이해가 되는 사람만 다음 설명을 따라와도 된다.

$y=f(x)$ 그래프 위에 임의의 한 점의 좌표를 구좌표 $P(x, y)$라고 하고, 그것을 x축의 방향으로 m만큼, y축의 방향으로 n만큼 평행이동을 한 점의 좌표를 신좌표 $P'(x', y')$라고 하면, $x'=x+m$, $y'=y+n$ 이다. 이것을 점 P의 좌표 x, y에 대해 나타내면, $x=x'-m$, $y=y'-n$ 이므로 그대로 대입한다. 이때 문자에 붙은 프라임 기호(')는 원래의 점과 비교하기 위해 붙인 것으로, 이를 떼고 사용한 것이다. 어려워

도 괜찮다. 신좌표와 구좌표를 이해할 수 없다고 해도 괜찮다. 필자가 설명한 '평행이동을 시키는 방법'을 외우고 사용해보자.

- 평행이동은 초등학교에서 배운 '밀기'다.

- 밀어도 모양이나 크기가 변하지 않으니 직선의 기울기도 당연히 같다.

- 평행이동의 방향은 x축의 방향과 y축의 방향 두 가지밖에 없다.

- x축이나 y축의 방향으로 평행이동을 한다고 했을 때, 이동은 양의 방향과 음의 방향이 있다.

- 평행이동을 하기 전과 후의 관계식이 구분되어야 한다.

Q 다음 관계식이 나타내는 그래프를 x축의 방향으로 p만큼, y축의 방향으로 q만큼 평행이동 시킨 그래프의 식을 구하시오.

① $y = ax$

② $ax + by + c = 0$

③ $y = \dfrac{a}{x}$

④ $y = ax^2$

⑤ $x^2 + y^2 = r^2$

⑥ $y = a^x$

① $y - q = a(x - p)$　　② $a(x - p) + b(y - q) + c = 0$

③ $y - q = \dfrac{a}{x - p}$　　④ $y - q = a(x - p)^2$

⑤ $(x - p)^2 + (y - q)^2 = r^2$　　⑥ $y - q = a^{x - p}$

그래프를 x축의 방향으로 p만큼, y축의 방향으로 q만큼 평행이동을 시키려면, x 대신에 $x-p$를 대입하고, y 대신에 $y-q$를 대입한다. 대입하면서 괄호가 필요할 때와 그렇지 않을 때가 있으니 구분할 줄 알아야 한다.

그런데 평행이동은 한꺼번에 비스듬하게 이동하는 것이 아니라 x축 방향으로 한 번, y축 방향으로 한 번, 즉 두 번 이동한다고 생각해야 한다. ①은 직선의 기본형, ②는 직선의 일반형, ③은 반비례로 고등학교에서는 이것을 분수함수라고 한다. ④는 이차함수의 기본형, ⑤는 원의 방정식, ⑥은 지수함수인데 식의 이름은 몰라도 된다. 어떤 관계식이든지 동일한 규칙을 갖는다는 것을 알려주기 위해 낸 문제다.

'기울어진 정도'를 어떻게 '수'로 나타낼까?

앞서 비례 관계식의 비례상수를 기울기라고 하며, 이것이 직선의 방향성을 의미한다고 말했다. 그렇다면 기울기란 무엇일까? 정확히 배워보자.

기울기란 '기울다'라는 동사에 명사형 어미 '—기'를 붙여서 만든 명사로, '기울어진 정도'를 의미한다. 일반적으로는 기울어진 정도를 보통 30도, 60도처럼 각도로 나타낸다. 그런데 각도는 '수'가 아니니 각도 대신에 '수'로 나타낼 방법이 필요하다. 그래서 만든 것이 기울기다.

기울기: 기울어진 정도를 분수($\frac{\Delta y}{\Delta x}$)로 나타낸 것

기울기 공식: $\dfrac{(\text{rise/수직})}{(\text{run/수평})} = \dfrac{(y\text{의 변화량})}{(x\text{의 변화량})} = \dfrac{y_2 - y_1}{x_2 - x_1} = \dfrac{f(x_2) - f(x_1)}{x_2 - x_1} = \dfrac{\Delta y}{\Delta x}$

미분을 한마디로 표현하면 '기울기(순간변화율)'라고 할 수 있다. 그러니 기울기는 이 책의 핵심이 되는 내용이고 그만큼 중요하다.

다음 대화를 통해 좀 더 쉽고 정확하게 이해해보자.

 네가 만일 친구에게 '어제 산에 갔는데 경사가 장난 아니었어. 족히 30도는 되는 것 같아'라고 했더니, 그 친구가 말하기를 '30도가 뭐야?'라고 되물었다면 어떻게 말할래?

친구가 각도를 모르는 거예요?

 응.

공부 좀 하라고 해요. 할 수 없죠. 각도기를 써서 각도를 알려줘요.

 그런데 각도기가 없어.

각도기가 없다고요? 그냥 계속 모르라고 하죠.

 각도를 몰라도 산의 경사를 알려주는 방법이 있는데?

정말요?

 간단해. '앞으로 세 걸음 갈 때, 위로는 한 걸음 올라 간다'고 하면, 분수로 $\frac{+1}{+3}$ 이라고 표현하는 거지.

그럼 산을 내려올 때는요?

 '앞으로 세 걸음 갈 때, 아래로 한 걸음 내 려간다'고 하면, $\frac{-1}{+3}$ 이라고 하면 된단다.

그런데 각도하고 기울기는 같은 거예요?

 같아. 다만 각도는 수가 아니고, 기울기는 수라서 앞으로 수학에서 많이 쓰일 거야. 수학은 수를 다루는 학문이거든.

알았어요.

 정말? 그럼 '기울기가 4'는 무슨 뜻이야?

기울기가 4면 4지, 거기에 무슨 뜻이 있어요?

 자꾸 의미를 살려야 해. 기울기 4는 $\frac{4}{1} = \frac{+4}{+1}$ 니까 '앞으로 한 걸음 갈 때, 위로 네 걸음 올라간다'고 생각해야 해.

그래서 '기울어진 정도를 분수, 즉 수로 나타낸 것'이라고 강조했군요.

 응. 알아줘서 고맙다. 좌표평면에 직선은 수직으로 세워질 때를 빼고 항상 기울기를 가져. 그리고 한 직선 위의 어느 곳에서 조사해도 항상 기울기가 같단다.

위의 대화에서처럼 좌표평면에 직선을 하나 그렸다. 그래프를 보면서 직선의 기울기에 대한 이해를 완전히 끝내자.

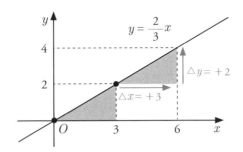

'기울어졌다는 것'은 '기울어지지 않은 것'을 기준으로 한다는 말이다.

좌표평면에서 기울어지지 않은 직선은 'x축'이다. x축을 관계식으로 나타내면 $y = ax$에서 기울기 a가 0이니 $y = 0$이다.

기울기란 직선에서만 사용하며 곡선에서는 사용하지 않는다.

예를 들어 어떤 곡선이 있다면, 그 곡선이 기준으로 하는 '기울어지지 않은 곡선'이 무엇인지 모르기 때문에 곡선은 기울기를 말할 수 없다.

기울기는 분수로, 산의 경사를 말할 때처럼 $\frac{(높이)}{(수평거리)}$다.

좌표평면 직선에서 기울기는 임의의 두 점을 통해 $\frac{(y의\ 변화량)}{(x의\ 변화량)}$으로 표현된다. 중학교 교과서에서는 기울기를 $\frac{(y의\ 증가량)}{(x의\ 증가량)}$이라고 표현하는데, $+$와 $-$를 사용해야 하고 고등 수학과의 연계를 위해서도 처음부터 '변화량'이라고 공부하는 게 좋다.

105쪽 그림의 두 점 $(0, 0)$과 $(3, 2)$의 기울기는 $\frac{2-0}{3-0} = \frac{2}{3}$다. 두 점 $(3, 2)$와 $(6, 4)$에서 만들어지는 기울기도 $\frac{4-2}{6-3} = \frac{2}{3}$다. 같은 직선이니 당연히 어느 부분이든 기울기는 같다.

수직인 직선을 제외하고 모든 직선의 기울기는 $\frac{\Delta y}{\Delta x}$다.

두 점을 (x_1, y_1), (x_2, y_2)라고 하면 기울기는 $\frac{y_2 - y_1}{x_2 - x_1}$이다. $x_1, x_2, x_3, \cdots$은 서로 다른 점들에서 x좌표를 나타낸다. 아무 문자나 쓰는 것보다 $x_1, x_2, x_3, \cdots$을 사용하면 설명하지 않아도 x좌표들이라는 것을 알 수 있는 장점이 있어서 선생님들이 설명에 자주 사용한다.

$x_2 - x_1$을 'x의 변화량'이라 하고 짧게 Δx(델타 엑스)라 한다. Δ는

그리스 문자로, 영어 *Difference*의 첫 글자인 대문자 *D*에 해당한다. 오해의 소지가 있어 부연하자면, 통상적으로 *Difference*를 '차이'라고 번역하지만 정확하게 Δ는 '차'를 의미한다. Δx는 차로서 그 값이 양수도 음수도 될 수 있다는 말이다.

Δx를 처음 보면 나중에 배우겠다는 아이들이 있는데, 이것을 기울기, 피타고라스 정리, 삼각비 등에서 직접 사용하면 많이 유용하다. 게다가 미분의 핵심이 되는 중요한 부분이다. 눈에 익지 않아서 낯설 뿐 어려운 게 아니니 오히려 자주 사용해서 익숙하게 만들어야 한다.

> **Q** 어느 직선의 그래프가 두 점 (−1, k), (2, 7)을 지난다고 한다. 이 직선의 기울기가 2일 때 k의 값을 구하시오.

1

(기울기) $= \dfrac{\Delta y}{\Delta x} = \dfrac{y_2 - y_1}{x_2 - x_1}$ 이니 $\dfrac{7 - k}{2 - (-1)} = 2$, $k = 1$이다. 이런 문제를 풀 때 기울기를 $\dfrac{y_2 - y_1}{x_2 - x_1}$ 이나 $\dfrac{y_1 - y_2}{x_1 - x_2}$ 로 구해도 결과가 같지만 처음에는 $\dfrac{y_2 - y_1}{x_2 - x_1}$ 만을 사용하자.

> **Q** 좌표평면 위의 세 점 $A(-2, -5)$, $B(2, 3)$, $C(4, k)$가 한 직선 위에 있을 때 k의 값을 구하시오.

7

한 직선 위 임의의 두 점 사이의 기울기는 항상 같다. 따라서 점

A와 점 B 사이의 기울기 $\frac{3-(-5)}{2-(-2)}$, 점 B와 점 C 사이의 기울기 $\frac{k-3}{4-2}$, 점 A와 점 C 사이의 기울기 $\frac{k-(-5)}{4-(-2)}$가 같다. 미지수가 하나(k)이니 하나의 등식만 있으면 된다. $\frac{8}{4}=\frac{k-3}{2}$, $k=7$이다.

설명하면서 '임의의'라는 말을 사용했는데, 문제나 설명에서 이 말이 나오면 아이들이 이해하지 못하는 경우가 많다. 수학에서 자주 나오는 표현이니 이번 기회에 제대로 알고 넘어가자.

예를 들어 어느 학급에서 임의의 두 명을 뽑았는데 모두 남자였다. 이유는 무엇일까? 답은 '남자밖에 없기 때문'이다. 만약 그 학급에 여자가 있었다면 임의의 두 명을 뽑았을 때 모두 남자가 나올 수 없다. 임의의 두 명이 남자라는 말은 아무리 계속해서 두 명씩 뽑아도 같은 결과가 나온다는 것을 의미한다.

Q 함수 $y = ax$의 그래프가 그림과 같을 때 a의 범위를 구하시오.

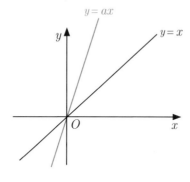

$a > 1$

'범위'를 표현하는 수학적 기호는 부등호다. a의 범위를 물어보았으니 이 문제의 답은 a와 부등호를 사용한다는 걸 생각해야 한다.

그런데 $y = ax$의 그래프는 기울기를 모르니, 원점에서 돌고 있는 직선이고 그림에서 보면 $y = x$와 y축 사이에 존재한다. $y = x$의 기울기는 1이니 기울기 a는 1보다 큰 범위가 된다.

수학 성적을 바꿀 미결정직선

기울기를 배웠으니 직선의 결정 조건을 완성해보자. 한 점을 지나는 직선은 무수히 많고, 그것은 점에서 돌고 있는 직선이다. 여기에 한 점을 더 알려주면 움직이지 못하는 직선이 되어 직선이 결정된다. 한 점에서 돌고 있는 직선에 '기울기'를 알려줘도 움직이지 못하게 되어 직선이 결정된다. 그래서 직선의 결정 조건은 '서로 다른 두 점'과 '기울기와 한 점'이라고 할 수 있다.

문제에서 두 점이 주어지면 가장 먼저 기울기를 구해야 한다. 그러니 가장 핵심이 되는 직선의 결정 조건은 '기울기와 한 점'이라고 할 수 있다. 기울기와 한 점을 알면 직선의 관계식을 얼마나 빨리 구할 수 있는지 문제를 통해 살펴보자.

직선의 결정 조건: 기울기와 한 점

y**절편**: y축을 끊는 점

x**절편**: x축을 끊는 점

y절편만 정확하게 하면 x절편은 큰 노력이 필요하지 않으므로 y절편만 설명한다.

함수 $y = ax + b$에서 b를 y절편이라고 한다. $y = ax + b$의 그래프는 아무것도 알려진 것이 없으니 좌표평면 아무 곳이나 다닌다고 볼 수 있다. 그러다가 직선 위 점들 중에 특이하게 x축, y축과 만나는 점들이 있다. 수학은 이렇게 특이한 것들이 중요하다.

많은 사람이 y절편을 x가 0일 때의 값이라고 하고, x절편을 y가 0일 때의 값이라고 한다. 틀리지는 않지만 그 말에는 그래프의 이미지가 포함되어 있지 않다. 함수란 그래프가 생명이다. 귀찮더라도 자꾸 그래프 안에서 의미를 찾아야 한다.

절편의 절은 '끊을 절切'로, 칼 도刂와 일곱 칠七이 결합한 한자다. 그래서 필자는 절편을 설명할 때 "칼로 일곱 번 내리치면 어떻게 될까?"라는 질문으로 시작해 y절편을 'y축을 (칼로 일곱 번 내리쳐서) 끊는 점'이라고 말한다. 원래 y절편의 정확한 정의는 '함수의 그래프가 y축과 만나는 점의 y좌표'이지만, 필자는 절편들을 점으로 인식하라고 가르친다. 절편을 점으로 인식해야 문제 풀이에 훨씬 유용하기 때문이다.

Q 다음을 보고 직선의 관계식을 구하시오.

① 원점에서 돌고 있는 직선

② (2, 3)에서 돌고 있는 직선

③ 기울기가 4이고, (5, 6)을 지나는 직선

④ 기울기가 −2이고, y절편이 3인 직선

⑤ 기울기가 0이고 (8, 9)를 지나는 직선

⑥ 두 점 $(-3, 1)$, $(3, -2)$를 지나는 직선

⑦ x절편이 -4이고, y절편이 7인 직선

$$① \ y = ax \quad ② \ y - 3 = a(x - 2)$$
$$③ \ y - 6 = 4(x - 5) \quad ④ \ y = -2x + 3 \quad ⑤ \ y = 9$$
$$⑥ \ y - 1 = -\frac{1}{2}(x + 3) \quad ⑦ \ y = \frac{7}{4}x + 7$$

① 원점에서 돌고 있는 직선은 $y = ax$라고 했던 말을 기억하는가? 기울기를 몰라서 돌고 있는 것이다. ② (2, 3)에서 직선이 돌고 있는 이유는 무엇일까? 원래는 원점에서 돌고 있는 직선을 x축으로 2만큼, y축으로 3만큼 평행이동을 시켰기 때문이다. 원점에서 돌고 있는 직선 $y = ax$를 x축으로 2만큼, y축으로 3만큼 평행이동 시키면 $y - 3 = a(x - 2)$가 된다. 역으로 $y - 3 = a(x - 2)$ 관계식을 보고 '(2, 3)에서 돌고 있는 직선'이라고 말할 줄 알아야 한다.

③ 기울기가 4인 상태로 원점을 지나는 직선을 (5, 6)으로 지나가도록 평행이동 시키면 $y - 6 = 4(x - 5)$가 된다. ④ y절편은 'y축을 끊는 점'이다. y절편이 3이라는 말은 y축 위의 점 (0, 3)을 지난다는 의미다. 따라서,

$$y - 3 = -2(x - 0)$$
$$\Rightarrow y = -2x + 3$$

112

⑤ 기울기가 0이면 $y-9=0(x-8)$이므로 $y=9$다. ⑥ 먼저 기울기를 구하면 $\frac{\Delta y}{\Delta x}=\frac{y_2-y_1}{x_2-x_1}=\frac{-2-1}{3-(-3)}=-\frac{1}{2}$이다. 두 점 중에 아무것이나 사용할 수 있다. 앞의 점 $(-3,1)$을 사용하면 $y-1=-\frac{1}{2}(x+3)$이다. ⑦ x절편, y절편을 점으로 바꾸면 $(-4,0)$과 $(0,7)$이다. 기울기가 $\frac{\Delta y}{\Delta x}=\frac{y_2-y_1}{x_2-x_1}=\frac{7-0}{0-(-4)}=\frac{7}{4}$이니, $y=\frac{7}{4}x+7$이다.

직선의 결정 조건과 평행이동을 바로 쓸 수 있다면 관계식이 바로 구해져 일차함수의 문제들이 쉬워진다.

Q 두 일차함수 $y=-\dfrac{1}{3}x+1$과 $y=ax-3$의 그래프가 서로 평행할 때 a의 값을 구하시오.

$$-\frac{1}{3}$$

두 직선이 평행하려면 기울기가 같아야 하고 y절편은 달라야 한다. y절편은 1과 -3으로 다른 것이 확인되니 기울기가 서로 같기만 하면 된다. 따라서 답은 $-\dfrac{1}{3}$이다.

그런데 만약에 y절편도 같다면 어떻게 될까? 기울기와 y절편이 모두 같다면 관계식이 같은 것이니 그래프도 동일하게 그려진다. 두 직선이 같을 때를 '일치'한다고 하며 평행이라고 하지는 않는다. 나중에 좀 더 문제가 어려워지면 평행과 관련한 오답은 주로 기울기가 같다는 것에서 나오지 않고, y절편이 달라야 한다는 조건을 무시해서 생긴다. 그러니 처음부터 정리를 잘 해야 한다.

Q 일차함수 $y = ax + 3$ 그래프는 $y = -x$ 그래프를 점 $(2, b)$를 지나도록 y축의 방향으로 평행이동을 한 것이다. 이때 $a + b$의 값을 구하시오.

0

$y = -x$를 평행이동 시킨 것이 $y = ax + 3$의 그래프다. 따라서 둘의 기울기가 같으므로 $a = -1$이다. 그런데 점 $(2, b)$를 지나는 직선이 $y = ax + 3$인지 $y = -x$인지 문제를 잘 읽어야 한다. 문제에서 점 $(2, b)$를 지나는 직선은 $y = ax + 3$이며, $a = -1$이니, $b = -2 + 3 = 1$로, $a + b = 0$이다.

이제 미결정직선을 배울 준비가 되었다.

고등 함수의 확장에는
어김없이 미결정직선이 있다
—

직선의 결정 조건과 평행이동을 알려주는 이유는 다양하지만, 특히 '미결정직선'을 충분히 연습해서 고등 수학에서 잘 이용하기 바라는 마음 때문이다.

미결정직선: 직선의 결정 조건인 한 점과 기울기 중에 하나만 아는 경우, 특정하게 움직이는 직선
① 직선의 한 점만 주어지는 경우: 주어진 점에서 돌고 있는 직선

② 직선의 기울기만 주어지는 경우: 주어진 기울기
인 채 위아래로 움직이는 직선

　미결정직선은 필자가 만든 말이고, 아이들에게 중·고등 수학을
가르치며 강조하는 것 중 하나다. 고등 수학의 90퍼센트는 함수고
아이들 대부분은 고등 함수가 어렵다고 말한다. 함수는 결국 그래프
인데 도대체 무엇이 어려운 걸까?

　문제는 고등 함수가 아니다. 고등 함수를 배울 때는 쉬운데 배운
것을 확장할 때는 어김없이 문제에 미결정직선이 활용되기 때문이
다. 그런데 미결정직선을 중학교에서 배운 쉬운 직선이라고 착각하
기 때문에, 그것으로 고등 함수가 어려워질 거라고는 생각하지 못
한다.

　보통 문제에서는 어떤 고등 함수의 그래프와 미결정직선을 알려
준 다음 고등 함수의 그래프는 그대로 있고 미결정직선이 움직이며
두 그래프가 만나는 상황을 묻는다. 이들이 몇 개의 점에서 만나며,
그때 x의 좌표는 무엇인지를 묻는 등 다양한 문제가 만들어진다. 그
런데 아이들이 미결정직선을 모른다면 문제가 말하는 상황 자체를
이해하지 못한다.

　미결정직선을 배우는 목적은 사고의 훈련이다. 지금 이 책을 보
고 있는 중·고등학생들은 수학 인생이 바뀔 기회를 만났다고 생각
하라. 미결정직선을 충분히 공부해 중·고등 수학에서 어려운 함수
문제가 나올 때마다 적용하기 바란다.

직선의 한 점만 주어지는 경우가 있다.

앞서 $y = ax$의 그래프를 '원점에서 돌고 있는 직선'으로 보라고 말했다. 아이들에게 $y = ax$에서 y절편이 무엇이냐고 물으면 "없다"고 말하는 경우가 많다. 없는 것이 아니고 0이다. 원점 $(0, 0)$을 지나는 직선이고 약속대로 '원점에서 돌고 있는 직선'이다. 이처럼 알려준 것이 점인지 기울기인지 의식적으로 연습해야 한다.

다음은 점만 알려준 미결정직선의 상황이다. 충분히 말로 연습하자. 미결정직선을 보자마자 바로 이미지가 떠오르는 것이 중요하다.

- $(1, 2)$를 지나는 직선: $(1, 2)$에서 돌고 있는 직선으로 관계식은 $y = m(x-1) + 2$.

- (a, b)를 지나는 직선: (a, b)에서 돌고 있는 직선으로 관계식은 $y = m(x - a) + b$.

- y절편이 3: $(0, 3)$에서 돌고 있는 직선으로 관계식은 $y = mx + 3$.

- x절편이 4: $(4, 0)$에서 돌고 있는 직선으로 관계식은 $y = m(x - 4)$.

- 직선 $mx - y - m + 2 = 0$: $y = m(x - 1) + 2$이니 $(1, 2)$에서 돌고 있는 직선.

- 직선 $mx - y - am + b = 0$: $y = m(x - a) + b$이니 (a, b)에서 돌고 있는 직선.

- 직선 $mx - y + 3 = 0$: $y = mx + 3$이니 $(0, 3)$에서 돌고 있는 직선.

- 직선 $mx - y - 4m = 0$: $y = m(x - 4)$이니 $(4, 0)$에서 돌고 있는 직선.

직선의 기울기만 주어지는 경우가 있다.

아이들에게 "직선 $y=3$에서 기울기가 뭐야?"라고 물으면 어이없어하며 "$y=3$이면 x는 뭔데요?"라는 반응을 보인다. '$y=3$', '$x=4$'와 같은 식이 직선을 의미하는지도 모르는 아이가 많다.

다시 말하지만 고등 수학은 함수가 90퍼센트다. 함수를 열심히 해도 직선을 제대로 이해하지 못하면 이유도 모른 채 어렵다. 직선 $y=3$의 기울기는 없는 것이 아니라, $y=0 \times x+3$으로 0이다. 기울기만 알려주는 미결정직선의 상황을 연습해보자.

- **수평인 직선**: 기울기가 0이고 y절편을 모르니, 기울기가 0인 채 위아래로 움직이는 직선.
- **직선 $y=k$**: 기울기가 0이고 y절편을 모르니, 기울기가 0인 채 위아래로 움직이는 직선.
- **기울기가 -1인 직선**: 기울기가 -1이고 y절편을 모르니 기울기가 -1인 채 위아래로 움직이는 직선.
- **직선 $y=-2x+k$**: 기울기가 -2이고 y절편을 모르니 기울기가 -2인 채 위아래로 움직이는 직선.

이 미결정직선을 충분히 연습해 체화해야 한다. 미결정직선의 개념은 직선들의 관계를 묻는 중학교 2학년 함수까지 큰 쓰임새가 없지만, 3학년 '포물선과 직선의 관계'부터 고등 모든 함수의 어려움을 반감시킬 것이다.

직선을 빨리 그려보자

지금까지 우리는 기울기, 절편에 대해 배웠는데 이것이 중학교 2학년 함수의 핵심이다. 일차함수는 모두 직선이다. 이제 일차함수의 관계식을 보고 직선을 그려보자. 미적분을 위해서도 중요하지만 고등 수학 대부분이 함수이니 중학교까지 함수를 충분히 연습해야 한다. 특히 중학교 2학년의 직선과 3학년의 포물선의 개형(대략적인 모양)을 빨리 그려야 하며, 그 의미를 철저히 공부해두지 않으면 안 된다.

흔히 학교에서 가르치는 방법은 다음과 같다. $y = \frac{2}{3}x + 1$이라는 그래프를 예로 들어보자. 함수란 기본적으로 점들을 좌표평면 위에 나타내는 것인데, 직선은 두 점만 있으면 결정된다. 그래서 x의 값을 어떤 수로 정해도 상관없지만 0과 3을 넣는 것이 편하니 되도록 두 점으로 $(0, 1)$, $(3, 3)$을 구한다. 이를 좌표평면에 찍고, 이어서 그래프를 그리라고 한다.

그래프를 많이 그려야 하는 아이들 입장에서는 번거롭고 불편한 일일 것이다. 물론 귀찮더라도 효과가 있다면 당연히 해야겠지만, 사실

효과도 별로 없다. 이 방법은 방정식 대입 연습에 불과하고, 관계식만을 보고 머릿속에 그래프의 개형이 그려지지 않는다면 연습의 의미가 없다.

이번에는 y절편과 기울기를 이용해 그래프를 그려보자. 필자가 y절편은 'y축을 끊는 점'이고, 기울기는 '기울어진 정도를 분수 $\frac{\Delta y(수직)}{\Delta x(수평)}$으로 나타낸 것'이라고 했다. 가장 먼저 y절편을 찍고 그 점으로부터 기울기의 분모만큼 앞으로 가고(수평), 분자만큼 올라가거나 내려가서(수직) 점을 찍으면 직선에 필요한 두 점이 결정된다. 이 두 점을 이으면 일차함수의 그래프가 완성된다.

이를 바탕으로 먼저 예로 든 $y = \frac{2}{3}x + 1$ 그래프를 살펴보자. y절편이 1이니 y축 1에 점을 찍은 다음 기울기의 분모 3만큼 앞으로 가고 분자 2만큼 위로 올라가 점을 찍는다. 두 점을 이으면 곧바로 원하는 직선이 그려진다.

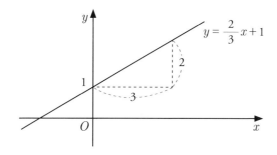

만약 기울기가 분수가 아니라면 분수로 바꾸고, 음수라면 마이너스 부호를 분자로 올려줘야 한다. 기울기가 3이라면 $\frac{3}{1}$ 으로, $-\frac{2}{3}$ 라면 $\frac{-2}{3}$ 로 바꿔야 한다는 말이다. 2~3초 정도면 일차함수의 그래프를 그릴 수 있다. 빠르게 그려지니 연습할 맛도 날 것이다. 이 방법으로 열 개 정도만 그리기 연습을 하자. 그러면 점차 그래프를 그리지 않고 관계식만 봐도 그래프가 머릿속에 그려질 것이다.

4장

이차함수

이차함수가 가장 어렵다

중학교 우등생들 중 상당수가 함수에 취약성을 보이는데 막상 당사자들은 모른다. 공부를 안 해서 못하는 것이야 어쩔 수 없지만 열심히 공부하고 잘할 수 있는데 잘못된 방법으로 인해 못하는 것은 참으로 안타깝다.

중학교까지 수학을 잘했는데 고등학교 가서 수학을 어려워하는 아이들은 개념 부족이 원인이지만 부분적으로 보면 대부분은 함수 때문이다. 함수 때문에 고등학교 1학년의 이차식을 어려워하고, 수포자가 탄생하는 것이다.

중학교에서 배우니 이차함수가 쉬운 줄로 착각하는 아이도 많다. 그런데 고등 수학의 어떤 함수보다 어려운 게 이차함수다. 이차함수가 어렵다는 말에 웃는 아이들도 있겠지만 나중에 고등 수학을 다 끝내고 보면 생각이 달라질 것이다.

특히 고등학교 1학년의 이차식을 어려워하는 고등학생은 전부 함수 때문이고, 이것 때문에 수포자가 발생한다. 다소 부족한 상태라면 그런대로 당장은 넘어갈 수 있겠지만, 고등학교 2학년부터는 아무리 노력해도 상위권으로 치고 올라갈 수가 없다. 그러니 중학 함수가 안 되는 고등 선행은 모두 모래성과 같다. 그러나 함수에서 배우는 하나하나의 개념은 일당백으로 나중에 수십 수백 배로 보답해줄 것이다.

이차함수의 그래프는 모양이 모두 똑같다

—

중등 수학에서 배우는 다항식은 일차식과 이차식이 있다. 먼저 관련 용어의 정의부터 살펴보자.

> **항**: 곱으로 뭉쳐진 덩어리
> **다항식**: 항이 있는 식
> **단항식**: 다항식 중에 특히 항이 1개인 식
> **계수**: 문자의 더해진 개수
> **차수**: 문자의 곱해진 개수
> **동류항**: 상수항이거나 각 문자의 차수까지 같은 항
> **몇 차식**: 최고차항의 차수가 다항식의 몇 차식인가를 결정
> **분수식**: 분모에 미지수를 포함하는 식

중학교 수학 교과서에서 이 용어들의 정의를 대부분 다루지 않

거나 다른 것들 중에 오류가 있어서 많은 중학생이 어려움을 겪는다. 그렇다고 이 정의를 일일이 설명하기에는 갈 길이 머니, 문제와 함께 일부 정의만 설명하겠다.

Q 다음 중 항 $3xy^2$에 대한 설명 중 옳은 것을 고르시오.

① 사차식이다.

② 항이 하나라서 다항식이 아니다.

③ x에 대한 계수는 3이다.

④ $2x^2y$와는 동류항이다.

⑤ y^2이 $3x$개 더해져 있다.

⑤

삼차식이다. 단항식도 다항식이다. x에 대한 계수는 $3y^2$으로, 교과서와 달리 계수는 문자 앞의 수가 아니다. 동류항은 문자들의 차수까지 같아야 한다.

Q 다음 중 이차식이 아닌 것이 몇 개인지 고르시오.

$(a)\ x^2=0\ (b)\ 3x^2y\ (c)\ 3x+2y\ (d)\ xy+3=0\ (e)\ \dfrac{1}{x^2}\ (f)\ x^2>y$

① 0개　　② 1개　　③ 2개　　④ 3개　　⑤ 4개

④

최고차항의 차수가 이차이면 된다. (b)는 삼차식이다. x에 관한 이차식이지만 문제가 묻는 것은 아니다. (c)는 일차식이다. 각각이 일차이니 이차식이라고 생각하지 않으리라 믿는다. 문제는 (e)다. 교과서에 나오지 않았거나 학교에서 배우지 않았다면 분수식은 헷갈릴 수 있다. 유리식에는 다항식과 분수식이 있고 항, 다항식, 계수, 차수, 동류항, 몇 차식 등은 모두 다항식 용어다. 분수식에 다항식 용어를 적용할 수는 없다. 따라서 분수식인 $\frac{1}{x^2}$을 보고 항이 1개이니 이차식이니 하는 말들은 모두 틀린 설명이다. 이제 이차식에 대해 어느 정도 알 것 같은가? 그렇다면 본격적으로 이차함수를 다뤄보자.

> **이차함수**: 함수 $y = f(x)$에서 $f(x)$를 x에 대한 이차식 $f(x) = ax^2 + bx + c(a \neq 0)$로 나타낼 때, 이 함수를 x에 관한 이차함수라고 한다

이차식을 배웠다면 이 정의에 대해 특별히 설명할 게 없다. 다만, $a \neq 0$의 조건이 있는 이유를 말하자면 $a = 0$이면 x^2이 없어져서 이차식이 안 되기 때문이다. 한 문제만 풀어보자.

Q 다음 식에서 x, y는 변수이고 a, b는 상수일 때 y가 x에 관한 이차함수가 되기 위한 a, b의 조건을 말하시오.

$$y = (a - 3)x^3 + bx^2 + 5x + 6$$

$a = 3, \; b \neq 0$

일차함수의 기본형이 $y = ax$였다면 이차함수의 기본형은 $y = ax^2$이다. 함수 그래프가 낯설면 먼저 점들을 찍고 이어보고, 점들이 많은 경우에는 표를 만들어야 한다. 예로, $y = x^2$, $y = 2x^2$, $y = -x^2$ 그래프를 그려보자.

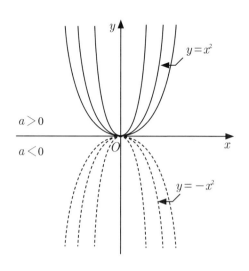

x	$\cdots$	-2	-1	0	1	2	$\cdots$
x^2	$\cdots$	4	1	0	1	4	$\cdots$
$2x^2$	$\cdots$	8	2	0	2	8	$\cdots$
$-x^2$	$\cdots$	-4	-1	0	-1	-4	$\cdots$

이차함수 그래프의 특징

—

큰 특징은 대칭이고 한 번 꺾였다는 것이다. 특징을 정리해보자.

- $a > 0$일 때, 정의역이 실수 전체이고 치역은 0 이상이다.

- 이차함수는 항상 ∩, ∪ 모양으로 선대칭도형이다.

- 그래프의 선이 한 번만 꺾인다.

- 대칭축이 y축($x = 0$)이다.

- 꼭짓점이 원점이다.

- $a > 0$일 때 제1사분면과 제2사분면에, $a < 0$일 때 제3사분면과 제4사분면에 그려진다.

- a가 모양(폭)을 결정한다. (a의 절댓값이 크면 폭이 좁아지고 작으면 폭이 넓어진다.)

- $a > 0$일 때 정의역이 $x \leq 0$인 범위에서 그래프는 오른쪽 아래로 내려가고, 정의역이 $x \geq 0$인 범위에서 그래프는 오른쪽 위로 올라간다.

- $a < 0$일 때 정의역이 $x \leq 0$인 범위에서 그래프는 오른쪽 위로 올라가고, 정의역이 $x \geq 0$인 범위에서 그래프는 오른쪽 아래로 내려간다.

- $y = -ax^2$의 그래프는 $y = ax^2$의 그래프를 x축에 대해 선대칭이동을 시킨 것이다.

Q 이차함수 $y = 2x^2$의 그래프에 대한 설명 중 옳은 것을 찾으시오.

① x절편은 2이다.

② y절편은 2이다.

③ 기울기는 2이다.

④ x의 값이 2 이상에서 함숫값이 증가한다.

⑤ 대칭축의 방정식은 $x = 2$이다.

④

$y = 2x^2$ 그래프를 머릿속이든 어디든 그려놓고 문제를 풀어야 한다. 절편은 '축을 끊는 점'이니 x절편과 y절편 모두 0이다. '기울기'는 직선에서만 사용하는 용어이며, $y = ax^2$에서 a는 폭을 알려주는 것이다. 이 그래프는 y축(직선 $x = 0$)을 대칭축으로 하며, 폭이 양수이니 그래프가 $x \geq 0$의 범위에서 올라간다. 당연히 $x \geq 2$에서도 올라간다.

Q **다음 이차함수의 그래프 중 포물선의 폭이 가장 좁은 것을 고르시오.**

① $y = x^2$ ② $y = -\dfrac{1}{2}x^2$ ③ $y = -\dfrac{1}{4}x^2$ ④ $y = \dfrac{1}{2}x^2$ ⑤ $y = 3x^2$

⑤

함수의 그래프는 개형이라고 해서 대략적인 모양을 빨리 그려야 한다. 그래도 $y = ax^2$은 기본형이니 나름 정확하고 많이 그려봐야 할 것이다. 포물선의 폭은 오로지 a가 결정하며, 폭이 좁으려면 절댓값이 가장 큰 수여야 한다.

이차함수 그래프도 밀어보자

앞서 평행이동 시키는 방법을 외워야 하는 가장 중요한 이유가 함수의 관계식만을 보고 이동을 알아야 하기 때문이라고 말했다. 함수에 대한 감각은 타고나지 않아도 연습해서 기를 수 있다.

이차함수의 평행이동

이차함수의 기본형: $y = ax^2$

이차함수의 표준형: $y = a(x-p)^2$, $y = ax^2 + q$, $y = a(x-p)^2 + q$로 기본형을 평행이동 시켜 얻은 식

이차함수의 일반형: $y = ax^2 + bx + c$로 표준형을 전개해 얻은 식

이차함수의 기본형 $y = ax^2$ 그래프는 a 값에 따라 원점에 앉은 나비가 평행이동을 하려고 날갯짓을 하는 것처럼 보인다. 대신 아무

곳이나 가는 것이 아니라 x축과 y축 방향으로만 평행이동을 한다.

기본형 $y = ax^2$에서 x축의 방향으로 p만큼 평행이동 시키면 x 대신 $x - p$를 대입해 표준형 $y = a(x - p)^2$을 얻고, 역시 y축의 방향으로 q만큼 평행이동 시키면 y 대신 $y - q$를 대입해 표준형 $y = ax^2 + q$를 얻는다. x축과 y축 방향으로 각각 p, q만큼 평행이동을 시키면 x 대신에 $x - p$, y대신에 $y - q$를 대입해 표준형 $y = a(x - p)^2 + q$를 얻게 된다.

식이 길어지는 이유는 평행이동 시킨 그래프가 어디에 있는지 위치를 알려주기 위해서다. 당연히 평행이동에는 대칭이나 회전이 포함되지 않으니 그래프가 비스듬히 기우는 경우는 없다. 평행이동을 시켜도 항상 a가 그래프 모양이라는 생각을 변함없이 가져야 한다. 기본형을 x축, y축으로 평행이동 시켜 얻은 식을 표준형이라고 하며, 표준형을 전개해 얻은 식 $y = ax^2 + bx + c$를 일반형이라고 한다.

이차함수 표준형 $y = a(x - p)^2$ 그래프

- 이차함수 $y = ax^2$ 그래프를 x축 방향으로 p만큼 평행이동을 시킨 것이다.
- 직선의 방정식 $x = p$를 대칭축으로 하고 꼭짓점은 $(p, 0)$인 포물선이다.

$y = ax^2$과 $y = a(x - p)^2$을 비교하면 x 대신 $x - p$를 대입한 것이 보인다. x축의 방향으로 이동하면 y축의 방향으로 이동할 때와 달리 대칭축이 바뀐다. 그런데 대칭축의 방정식인 직선 $x = p$의 그래프조차 무엇인지 몰라서 어려워하는 중학생이 많다.

이차함수 표준형 $y = ax^2 + q$ 그래프

- 이차함수 $y = ax^2$ 그래프를 y축 방향으로 q만큼 평행이동을 시킨 것이다.
- y축$(x = 0)$을 축으로 하고 꼭짓점은 $(0, q)$인 포물선이다.

$y = ax^2 + q$를 $y - q = ax^2$으로 바꾸고 서로 비교하면 y 대신 $y - q$를 대입한 것이 보인다. 따라서 $y = ax^2 + q$는 $y = ax^2$의 그래프를 y축 양의 방향으로 q만큼 평행이동을 시킨 것이다. 이때 꼭짓점은 $(0, 0)$에서 $(0, q)$로 바뀌지만 대칭축까지 바뀌지는 않는다.

이차함수 표준형 $y = a(x - p)^2 + q$ 그래프

- 이차함수 $y = ax^2$ 그래프를 x축의 방향으로 p만큼, y축의 방향으로 q만큼 평행이동을 시킨 것이다.
- 직선 $x = p$를 대칭축으로 하고 꼭짓점은 (p, q)인 포물선이다.

$y = a(x - p)^2 + q$를 $y - q = a(x - p)^2$으로 바꾸고 $y = ax^2$과 비교하면 x축 방향으로 p만큼, y축 방향으로 q만큼 평행이동을 시킨 것이 보인다. x축의 방향으로 p만큼 이동하면서 대칭축의 방정식이 $x = p$로 바뀌었고 꼭짓점은 $(0, 0)$에서 (p, q)로 바뀌게 된다.

앞으로 모든 도형이나 함수의 평행이동은 이대로 하면 된다. 대칭이동과 달리 평행이동에서 더 이상 업그레이드해야 할 부분은 없다. 평행이동은 지금 배운 것이 고등학교까지 전부다.

이제 문제들을 풀어보자. 문제의 힌트(조건)를 통해 기본형, 표준형 네 가지 관계식 중 무엇을 선택하느냐가 문제 해결에 결정적이다.

Q $y = f(x)$에서 y는 x에 관한 이차함수이고, 꼭짓점은 원점이다. $f(1) + f(2) = 15$일 때, 이 이차함수의 관계식을 구하시오.

$$y = 3x^2$$

'꼭짓점은 원점'이란 힌트에서 $y = ax^2$이라는 기본형 관계식을 선택한다면 문제는 거의 다 푼 것이나 마찬가지다. $f(1) + f(2) = a + 4a = 15$로 $a = 3$이니, 답은 $y = 3x^2$이다.

Q 이차함수 $y = -2x^2 + 1$의 그래프를 x축의 방향으로 k만큼, y축의 방향으로 $k + 1$만큼 평행이동 하면 꼭짓점의 좌표가 직선 $y = -2x + 8$ 위에 있게 된다고 할 때 k의 값을 구하시오.

$$2$$

$y = -2x^2 + 1$을 조건에 맞게 평행이동 시키려면 x 대신 $x - k$를 대입하고, y 대신 $y - k - 1$을 대입하면 된다.

$$y - k - 1 = -2(x - k)^2 + 1$$
$$\Rightarrow y = -2(x - k)^2 + k + 2$$

그러므로 꼭짓점은 $(k, k+2)$가 된다. 문제에서 꼭짓점 좌표가 $y = -2x+8$ 위에 있다고 했다. 구한 꼭짓점 $(k, k+2)$를 대입하면 $k+2 = -2k+8$, $k=2$다.

그런데 문제에서 주어진 함수 $y = -2x^2+1$의 꼭짓점이 $(0, 1)$임을 알고 있으니 꼭짓점을 구하는 것보다 그래프를 그냥 이동시키는 것이 더 빠르다. $(0, 1)$을 x축의 방향으로 k만큼, y축의 방향으로 $k+1$만큼 평행이동 시키면 곧바로 꼭짓점이 $(k, k+2)$라는 것을 알 수 있다.

이차함수의 대칭도 외워야 할까?

함수의 평행이동을 잘 외우던 아이도 대칭이동을 외우라고 하면 이 것까지 외워야 하냐는 눈빛을 보낸다. 평행이동은 모든 함수에서 다 뤄서 빈도가 높은 만큼 대부분의 아이들이 할 수 있으니 변별력이 떨어진다. 그러나 대칭은 평행이동보다 어렵고 공부 분량도 많다. 중학교에서 다루는 대칭은 수준이 낮지만 고등학교는 수준이 높다.

대칭은 수능에서 무조건 나온다. 그러니 이 책에서 수준을 높여 고등 수학을 공부할 때 조금 더 수월하도록 돕고자 한다. 대칭은 초 등학교 때 '선대칭'과 '점대칭' 그리고 '대칭인 도형'과 '대칭의 위치 에 있는 도형'을 배웠다. 어찌 보면 이것이 앞으로 배워야 할 대칭의 전부다. 중·고등학교에서는 이것을 좌표평면 위에 올려놓는다는 점 만 다를 뿐이다.

선대칭이동: 기준 직선을 중심으로 도형의 모든 점을 같은 거리 와 방향으로 반대편으로 옮겨주는 것

점대칭이동: 기준이 되는 점을 중심으로 도형의 모든 점을 180도
회전시키는 것

많은 고등학생이 선대칭은 알아도 점대칭은 잘 모른다. 여기에서는 중학교에서 배워야 하는 축대칭과 원점대칭만 다룬다.

$(3, 2)$란 점이 있을 때, x축에 대해 대칭이동을 시킨 점은 $(3, -2)$가 된다. x좌표는 변함이 없는데 y좌표는 부호가 반대가 된다. 즉 x축에 대칭인 그래프는 y대신에 $-y$를 대입하면 된다.

$(3, 2)$를 y축에 대해 대칭이동을 시키면 $(-3, 2)$로 x좌표만 부호가 바뀐다. 따라서 y축에 대칭인 그래프는 x 대신에 $-x$를 대입하면 된다. $(3, 2)$를 x축과 y축에 대해 각각 한 번씩 대칭이동 시키면 $(-3, -2)$가 되는데 이것은 원점에 대해 대칭이동을 한 것이다.

축대칭이동을 시키는 방법: 그래프를 x축에 대해 대칭이동 시키면 관계식에 y대신에 $-y$를 대입하고, y축에 대해 대칭이동 시키면 관계식에 x 대신에 $-x$를 대입한다

원점대칭이동을 시키는 방법: 그래프를 원점에 대해 대칭이동 시키면 x 대신에 $-x$, y 대신에 $-y$를 대입한다

축대칭이동과 원점대칭이동 방법은 반드시 외우자. 많은 아이가 대충 읽고 '마이너스만 붙이면 되네'라고 안 외우고 넘어간다. 정말 큰코다친다. 중학교는 쉬워서 어떻게든 넘어갈 수도 있다. x축과 y축에 대한 대칭이동은 선대칭이고, 그 직선이 각각 $y = 0$, $x = 0$이기

때문이다. 고등학교에서는 대칭축의 직선 방정식이 $y = x$, $y = -x$, $y = ax + b$로 점차 일반화된다. 원점 $(0, 0)$에 대한 점대칭도 점차 일반화되어 $x = a$, $y = b$에 대한 대칭이동을 이해해 (a, b)라는 일반 점에 대한 대칭이동으로 나아간다.

이 내용을 외우고 안 외우고의 차이는 크다. 특히 함수의 극한, 미적분에서 대칭이동을 이용해야 하는 문제가 나오면 많은 아이가 어려워한다. 평행이동도 대칭이동도 관계식만을 보고 그래프의 특징을 알아내야 한다.

Q 다음 보기에서 이차함수 $y = -\dfrac{1}{3}x^2$에 대한 설명으로 옳은 것을 모두 고르시오

> Ⅰ. 원점을 지나는 직선이다.
>
> Ⅱ. 위로 볼록한 포물선이다.
>
> Ⅲ. $y = \dfrac{1}{3}x^2$과 x축 대칭인 그래프다.
>
> Ⅳ. 꼭짓점의 좌표는 $(-\dfrac{1}{3}, 0)$이다.

① Ⅰ, Ⅱ ② Ⅰ, Ⅲ ③ Ⅱ, Ⅲ ④ Ⅱ, Ⅳ ⑤ Ⅲ, Ⅳ

③

아이들이 대칭과 관련해 처음 접하는 문제가 이런 종류일 가능성이 크다. $y = -\dfrac{1}{3}x^2$과 $y = \dfrac{1}{3}x^2$이 x축 대칭인 것을 보고 '최고차항에 마이너스를 붙이는 것'이라고 정리한 아이들이 문제를 풀면서 틀리는 경우가 많다. 대칭을 정확하게 정리하고, 확실하게 외워서 사용하지 않으면 대칭 문제에서 전멸해버린다. 고등 수학에서 가장 어

려운 문제가 대칭과 관련된 문제일 수 있다.

Q 함수 $y = x^2 + 1$ 그래프를 x축에 대해 대칭이동 시킨 그래프의 관계식을 구하시오.

$$y = -x^2 - 1$$

$y = x^2 + 1$을 x축에 대해 대칭이동을 시키면 y 대신에 $-y$를 대입해,

$-y = x^2 + 1$

$\Rightarrow y = -x^2 - 1$

그런데 대칭이동 방법을 제대로 외우지 않고 마이너스만 붙이면 된다고 넘어간 아이들이 $y = -x^2 + 1$이라는 오답을 내곤 한다. 정확하게 외우고 $y = x^2 + 1$과 $y = -x^2 - 1$의 그래프를 직접 그려서 x축에 대칭인 것을 확인해야 한다.

Q 함수 $y = -2x^2$의 그래프를 y축 방향으로 3만큼 평행이동 시킨 후 x축에 대해 대칭이동 시킨 그래프의 식을 구하시오

$$y = 2x^2 - 3$$

$y = -2x^2$를 y축으로 3만큼 이동시키면 $y = -2x^2 + 3$, 다시 x축에 대해 대칭이동 시키면 $-y = -2x^2 + 3$이 된다. 이때도 연습이 부족

한 아이는 $y = 2x^2 + 3$이라는 오답을 낸다.

마지막으로 평행이동과 대칭이동을 정리해보자.

- 평행이동과 대칭이동으로는 그래프 모양이 변하지 않는다.
- 모양은 같지만 대칭이동을 시킨 모양이 평행이동으로는 겹쳐지지 않을 수 있다.
- 평행이동에서의 이동은 x축 방향과 y축 방향으로 두 번 이동한다.
- 무엇이 무엇을 기준으로 움직이는지 구분해야 한다. 보통 '~에 대하여(~대해)'가 기준이다.
- '선대칭도형'과 '선대칭의 위치에 있는 도형' 그리고 '점대칭 도형'과 '점대칭의 위치에 있는 도형'은 다르다.

직선이 고등 함수를 어렵게 한다

앞에서 일차함수와 이차함수의 그래프를 그릴 때 항상 좌표들을 먼저 구했다. 앞으로 고등 함수의 그래프도 이런 과정을 거칠 것이다. 고등의 어떤 함수 그래프도 그리거나 이해하는 게 귀찮지 어렵지는 않다. 아이들이 어렵다고 하는 대부분의 이유는 어떤 함수든지 그 확장에서 미결정직선이 활용되기 때문이다.

예를 들어 어떤 함수와 직선이 있다고 하자. 서로 떨어져 있는 상태라면 물어볼 문제도 없다. 그러므로 두 그래프가 만나야 하는데, 만약 그래프가 고정되어 있다면 두 그래프의 교점 말고는 마땅히 물어볼 게 없다. 두 그래프 중 하나라도 움직여야 생각할 거리가 풍부해지고, 물어볼 것도 많아지게 된다. 다음 그림을 살펴보자.

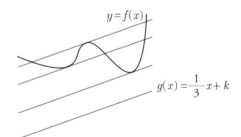

고정된 함수 그래프 $f(x)$와 직선 $g(x) = \dfrac{1}{3}x + k$가 있다고 하자. 식만 보고도 그림처럼 미결정직선의 의미를 살리면, 메인 그래프 $f(x)$는 고정되어 있고 직선 $g(x)$는 기울기가 $\dfrac{1}{3}$인 채 위아래로 움직이고 있는 것이 보인다.

이제 무엇을 물어볼지 문제들이 보이기 시작한다. '그래프가 접할 때와 k의 값을 구하시오', '두 점에서 만날 때 k의 값은 무엇인가', '세 점에서 만나는 모든 k 값의 합을 구하시오', '네 점에서 만날 때 k의 범위를 구하시오', '두 함수의 교점의 개수를 함수 $f(k)$라고 할 때 불연속점의 개수는 몇 개인가' 등 무수히 많은 문제가 만들어질 수 있다. 물론 문제를 풀려면 개념이 필요하지만, 중요한 것은 머리가 움직이기 시작한다는 것이다.

두 함수의 그래프가 모두 움직이면 너무 어려워져서 보통 두 그래프 중 하나만 움직인다. 메인 그래프와 직선이 있을 때 메인 그래프가 움직이는 경우도 있지만, 주로 직선이 움직여서 문제가 만들어진다. 그때 움직이는 직선이 미결정직선이다.

만약 직선이 안 나오고 메인 그래프만 두 개가 나오는 경우를 걱정할 수도 있다. 그런 경우도 별로 물어볼 것은 없으니 걱정하지 않아도 된다. 그러니 미결정직선을 충분히 연습해 실전에서 제대로 사용하자.

여기에 하나를 더 추가한다면, 두 함수 교점의 x좌표를 방정식의 근으로 보는 것이다. 가장 중요하고 어렵고 많이 사용되는 것이 이차함수와 직선과의 관계다. 그런데 아이들은 방정식과 함수는 별개라고 인식한다. 이 관점을 깨지 않으면 어려운 문제들을 이해하지 못하고 기술에만 의존하는 현상이 벌어진다.

고등 수학에서, 특히 계수가 문제일 때, 방정식이나 부등식의 문제를 풀면서 함수의 도움을 받아야만 한다. 이것은 방정식과 함수가 통합적이라는 말이고, 이 통합을 위해 반드시 앞에서 나온 방정식의 해석학적 정의를 외우고 다음 그림을 기억해야 한다.

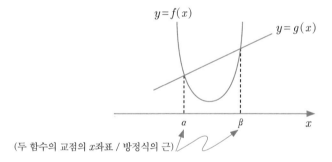

(두 함수의 교점의 x좌표 / 방정식의 근)

'두 함수의 교점의 x 좌표'라는 필자의 방정식의 해석학적 정의는 앞으로 고등학교에서 방정식과 함수의 매개체가 될 것이다.

이 정의로 인해 역으로 하나의 방정식을 두 개의 함수식으로 만들 수 있고, 두 함수 그래프의 교점의 x좌표들을 방정식의 근으로 볼 수 있다. 이런 관점이 없다면 문제를 풀면서 단순히 대입하는 것 외에는 다른 방법이 보이지 않는다. 그래서 중·고등학생들이 대입으로 문제를 풀고 풀면서도 '대입'하는 이유를 모른다.

$$ax^2+bx+c=0 \iff \begin{cases} y = ax^2+bx+c \\ y = 0 \end{cases} \cdots ① $$

$$ax^2=-bx-c \iff \begin{cases} y = ax^2 \\ y = -bx-c \end{cases} \cdots ② $$

$$ax^2+bx=-c \iff \begin{cases} y = ax^2+bx \\ y = -c \end{cases} \cdots ③ $$

방정식에서 좌변을 y로 놓으면 당연히 우변도 y다. 따라서 이처럼 두 함수가 만들어진다. 역으로 두 함수를 연립하면 왼쪽의 방정식이 되고, 함수의 관점에서 보면 방정식의 근이 두 함수의 교점의 x좌표다.

위에서 만들어진 방정식의 공통점은 하나가 직선이라는 것이다. 당연히 이 직선이 미결정직선이 되면 어려워진다. 중학교 3학년이나 고등학교 1학년에서는 주로 ①과 ②가 사용되고, 미분을 배운 이후 수능까지는 ③이 사용된다.

Q 이차방정식 $\dfrac{1}{3}x^2+x-\dfrac{1}{2}=0$을 이차함수 $y=x^2$을 이용해 풀려고 한다. 필요한 직선의 방정식을 구하시오.

$$y = -3x + \frac{3}{2}$$

각 항들을 등식의 한쪽에 모아 놓은 $\frac{1}{3}x^2 + x - \frac{1}{2} = 0$을 적당히 갈라서 두 함수로 만들어야 한다. 그런데 문제의 조건에 따라 한쪽에 x^2만 있으면 되니, 양변에 3을 곱하고 가르면 $x^2 = -3x + \frac{3}{2}$이다. 따라서 필요한 직선의 방정식은 $y = -3x + \frac{3}{2}$이다.

Q 이차함수 $y = -x^2 + 4x + 3$ 그래프에 직선 $y = -2x + k$가 접할 때 상수 k의 값을 구하시오.

12

접한다고 했으니 두 함수의 교점의 x좌표가 하나이고, 이차방정식으로 보면 중근(두 번 이상 거듭되는 근)이라는 말이다.

$-x^2 + 4x + 3 = -2x + k$

$\Rightarrow x^2 - 6x + k - 3 = 0$

$x^2 - 6x + 9 - 9 + k - 3 = 0$에서 $-9 + k - 3 = 0$이어야 하니, $k = 12$다.

2부

미분은
기울기다

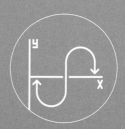

+ − × ÷

미적분을 배우기 위해 가장 먼저 함수를 배워야 했다면 그다음은 '극한'
이다. 미적분의 정의가 모두 극한으로 설명되기 때문이다.

인간이 궁금해하는 것은 크게 두 가지다. 첫째는 현재 눈앞에 벌어지는
현상을 이해하는 것이다. 과거의 자료를 가지고 눈앞의 현상을 잘 이해
하게 된다면 그 결과는 규칙인 방정식으로 만들어진다. 과거와 현재 없
이 미래가 존재하지 않는다. 적어도 인간인 우리는 과거로부터 온 것들
만 인식하고 미래는 극히 일부만 예측할 수 있기 때문이다.

그런데 과거로부터 현재를 거쳐 미래로 가는 것은 시간상 연속이다. 그
렇다면 이것을 선line으로 인식하고, 선이 갖는 방향성을 가지고 미래를
보자는 것이 미분이다. 선을 좌표평면에 놓으면 함수 그래프가 된다. 즉,
미적분이 함수가 갖는 미래 예측성을 높이는 것이다.

둘째는 보이지 않는 것을 알고자 하는 것이다. 극한極限은 '한계'를 의미
한다. 한계란, 예를 들어 '우주의 끝은 있을까, 없을까?'와 같은 의문이다.
이것을 모르면 우리는 '한계'와 '무한'의 차이를 알 수 없다. 만약 우주에
한계(끝)가 있다면 그 너머는 무엇일까? 우주가 아닌 걸까? 그렇다고 끝

+ − × ÷

이 없다고 하면 '끝이 없는 것', 즉 '무한'을 본 적이 없는 우리는 무한한 우주를 이해할 수 없다. 그래서인지 흔히 '한계'나 '무한'이라는 말에서 큰 대상을 떠올리는데 우리는 눈앞에 있는 사물의 분자, 원자, 원자핵도 보지 못한다. 큰 것은 너무 커서 못 보고, 작은 것은 너무 작아서 보지 못하는 것이다.

처음부터 고등의 극한 관련 수학식을 다루면 식 자체가 어려워 보여 배움을 멈출 우려가 있다. 그래서 2부에서는 최대한 일상어로 설명할 테니 수학식이 주는 두려움에서 벗어나보자.

1장

극한

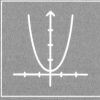

수열의 극한부터 제대로 배우자

수학에서 극한이란, 극한값을 의미하고 극한값은 상수다. 그런데 극한이나 극한값은 주로 함수에서 사용한다. 함수의 극한을 배우기 전먼저 수열의 극한을 짚고 넘어가자.

수열의 다섯 종류

수열: 수들을 늘어놓는 것
수렴: 무한수열이나 함수의 값이 특정한 상수에 한없이 가까워지는 것
발산: 수렴하지 않는 것

수들을 늘어놓는 것을 '수열'이라고 하는데, 수열에서 어떤 하나의 상수에 점점 가까이 다가가면 '수렴'이라고 하며, 함수의 극한에

서는 '극한값이 존재한다'고 표현한다. 반대로 수렴하지 않으면 '발산'이라고 하며, 함수의 극한에서는 '극한값이 존재하지 않는다'고 표현한다.

다음은 수들을 나열해가는 다섯 종류를 정리한 내용이다. 이 외에도 수열의 종류가 더 있지만 현재 수능에서 주로 다루는 수열의 극한은 여기까지다. 수열의 다섯 종류 중 수렴하는 것과 발산하는 것이 무엇인지 살펴보자.

- 수가 규칙적으로 계속 커지거나 작아질 수 있다. 이 경우 하나의 상수에 다가가는 것이 아니라 발산한다.
- 어떤 하나의 상수에 점점 다가갈 수 있다. 전형적으로 수렴하는 경우다.
- 어떤 수에 다가가는 것이 아니라 처음부터 어떤 상수인 채로 지속되는 경우가 있다. 정확한 의미로 수렴은 아니지만 수렴값으로 대체될 수 있다.
- 수가 커졌다가 작아졌다가를 반복해서 그 간격이 좁혀질 수도 있고 그렇지 않을 수도 있다. 이 경우 간격이 좁혀져서 하나의 상수에 다가갈 때만 수렴이라고 할 수 있다.
- 일정한 수들의 순환마디가 계속 반복될 수 있다. 하나의 상수에 가까이 가는 경우가 아니니 발산한다.

실제로 수열들을 비교해가며 살펴보자.

a: 5, 8, 11, $\cdots$, 110

b: 5, 8, 11, $\cdots$, $3n+2$

c: 5, 8, 11, $\cdots$, $3n+2$, $\cdots$

d: 5, 2, -1, -4, $\cdots$, $-3n+8$, $\cdots$

이 네 개의 수열은 양수를 더하거나 음수를 더해서 다음 수를 만드는 규칙을 갖는다. 맨 처음 '5, 8, 11, $\cdots$, 110'이라는 수열에 a라고 이름을 붙였다. a 수열의 첫 번째 항을 5, 두 번째 항을 8, 세 번째 항을 11 등으로 표현하기가 번거로워서 보통 $a_1 = 5$, $a_2 = 8$, $a_3 = 11$처럼 a의 오른쪽 아래에 숫자를 작게 써서 나타낸다. 고등 수학에서는 a 대신에 a_n 또는 $\{a_n\}$으로 나타낸다. 단순히 수열 간 비교와 수열의 몇 번째 항인가를 알기 위한 표현일 뿐이니 겁내지 않아도 된다.

'5, 8, 11, $\cdots$, 110'이 몇 개인지를 알기 위해서는 필자의 수 세기의 정의('1, 2, 3, $\cdots$, 마지막 수'에서 마지막 수가 수의 총 개수다)를 알아야 한다. '5, 8, 11, $\cdots$, 110' 각각의 수에서 2씩 뺀 다음, 각각의 수를 3으로 나누면 '1, 2, 3, $\cdots$, 36'으로 총 36개다. 따라서 $a_{36} = 110$이다. 정리하면 a라는 수열은 5부터 3씩 커지기 시작해 110까지 커진 36개의 유한수열이다.

'5, 8, 11, $\cdots$, $3n+2$'도 각각의 수에서 2를 빼고 3으로 나누면 '1, 2, 3, $\cdots$, n'이니 n개의 유한수열이다. 이때 n이 미지수라 어떤 수든 될 수 있으니 무한수열이라고 생각해서는 안 된다. n이 어떤 수인지는 몰라도 수열의 개수가 n개이니 유한수열이다.

수열 a, b, c는 모두 5부터 시작해 3씩 더해가는 수열이다. 그러나 수열 c와 d는 수열 a, b와 달리 끝에 줄임표($\cdots$)가 있어 무한수열이다. 수열 c처럼 3을 계속 더하거나 수열 d처럼 3을 계속 빼면서 무한히 항을 만든다면 어디까지인지 몰라도 갈수록 수가 엄청 커지거나 작아지겠다는 생각이 들 것이다.

이처럼 무한히 커지거나 작아지는 수는 양수나 음수를 무한히 더해가면서 만들 수도 있지만 양수나 음수에 1보다 큰 수를 무한히 곱해가면서 만들 수도 있다. 이때 무한히 커지거나 작아지는 상태를 가르치기 위해 '무한대'라는 용어를 배운다.

무한히 커지거나
무한히 작아지는 상태 '무한대'

흔히 아이들은 무한대를 '무한히 커지는 상태'라고만 배우고 문제를 푼다. 물론 머리가 좋은 아이는 문제를 풀면서 스스로 공통점을 찾아내고 개념을 깨친다. 하지만 많은 학생이 개념이 없거나 오류가 생겨 이해하지 못한 채로 유형을 외운다. 그러니 자꾸 잊어버리고 문제만 풀어대는 악순환에 빠진다. 개념을 철저히 공부하지 않고 문제를 풀면 아무리 많이 풀어도 무개념이나 오류 상태에 빠지는 것이다.

> **무한대**: 무한히 커지거나 작아지는 상태
> **양의 무한대**: 무한히 커지는 상태
> **음의 무한대**: 무한히 작아지는 상태

무한히 커지는 상태를 '양의 무한대(∞)', 무한히 작아지는 상태를 '음

의 무한대(- ∞)'라고 한다.

무한대를 무조건 '무한히 커지는 상태'라고 받아들이면 안 된다. 이것은 마치 '사람은 동물이다＝동물은 사람이다'라고 오해하는 것과 같다. 무한히 커지는 상태는 '양의 무한대', 반대로 무한히 작아지는 상태는 '음의 무한대'다. 무한대 기호로 뫼비우스의 띠 모양인 ∞를 사용하는데, 이 기호는 양의 무한대를 의미한다. 음의 무한대는 - ∞ 기호를 사용한다. 계속 작아지는 것을 0이라고 착각하는 아이는 절댓값의 개념을 혼동한 것이다. 음의 무한대는 음수 중에서 가장 작은 값으로 가는 상태다.

무한대는 수가 아니다.

자연수, 분수, 소수, 정수, 유리수, 무리수, 실수, 허수, 복소수, 자연상수 등 거의 모든 수는 끝이 '수' 자로 끝난다(원주율, 자연상수 e 는 예외). 무한대는 '수' 자로 끝나지 않고 예외도 아니니 당연히 수가 아니다. 수인지 아닌지를 구분하는 이유는 수만 계산되기 때문이다. 또한 극한값은 상수여야 하니 무한대는 수렴하지 않는다.

무한대끼리 계산해보자.

무한대는 수가 아니니 계산되지 않는다로 끝나면 좋겠지만, 특수한 상황에서는 무한대끼리 서로 비교가 가능하다.

무한대끼리의 사칙연산 중 $\infty + \infty$ 나 $\infty \times \infty$ 의 꼴은 당연히 계산되지 않는다. 그러나 이들을 계산한 결과가 엄청 크다는 것을 모른다고 할 수는 없으니 결과도 그냥 ∞ 로 받아들여야 한다.

그런데 무한대끼리도 서로 대소 비교를 할 수 있다. 얼마나 큰지를 비교(절대적 비교)하는 $\infty - \infty$와 몇 배가 큰지를 비교(상대적 비교)하는 $\frac{\infty}{\infty}$의 꼴은 특수한 상황에서 그 값이 상수가 되는 경우가 있다. 그래서 $\infty - \infty$나 $\frac{\infty}{\infty}$는 아직 그 극한값이 정해지지 않았다고 해서 부정형이라고 한다. 이 내용은 나중에 극한의 문제에서 다시 다룰 것이다.

무한대가 있다면 무한소도 있다

무한소: 0에 가까이 있는 상태로 똑같이 0이라고 표현
양의 무한소: 0보다는 크면서 0에 무한히 가까이 가는 상태(0^+)
음의 무한소: 0보다는 작으면서 0에 무한히 가까이 가는 상태(0^-)

이 정의를 수직선에서 이해해야 한다. 또한 무한소를 0이라고 표현한다고 했으니 앞으로 '0(영)'과 '0(무한소)'을 비교할 수 있어야 한다.

원래 무한소는 수백 년간 극한을 설명하는 도구로 사용되었다. 그러다 '델타 – 엡실론 논법'이라는 보다 엄밀한 증명으로 인해 무한소를 통한 극한 설명은 사라졌다. 그래서 현재 고등학교 교과서나 참고서에서는 무한소를 설명하는 부분이 없고 대학에 가면 그때야 '델타 – 엡실론 논법'을 배운다. 그러다 보니 아이들은 없다고 생각한 무한소 때문에 극심한 혼동을 겪는다. 그래서 이 책에서 부득이

무한소 일부를 설명하려고 한다. 대신 '극한값이라는 수'와 '수가 아닌 무한소'가 서로 충돌을 일으킬 수 있음을 감안해 충분히 설명할 것이다.

무한대나 무한소는 수가 아니다. 앞서 무한대에서 설명한 것과 같이 무한대나 무한소는 계산되지 않으나 비교가 가능해 극한 문제들을 일으킨다. 앞으로 극한값의 0과 무한소의 0을 구분해야 한다는 말이다.

극한을 이해하는 핵심:
'0.999…'의 3가지 관점

중학교 2학년 교과서에서는 '0.999…'를 0.9̇라고 표기하고 이것은 1과 같다고 설명한다. 그래서 아이들은 교과서의 설명을 무조건 받아들이거나 선생님들이 아이들의 이해를 돕기 위해 설명해주는 여러 가지 증명에 의존할 수밖에 없다.

가장 흔히 하는 것이 초등학교에서 배운 $\frac{1}{3} = 0.333\cdots$을 이용한 증명이다.

$$1 = \frac{1}{3} + \frac{1}{3} + \frac{1}{3} = 0.333\cdots + 0.333\cdots + 0.333\cdots = 0.999\cdots$$

그래도 납득하지 못하면 그다음은 $x = 0.999\cdots$로 놓고 설명한다.

$$10x - x = 9.999\cdots - 0.999\cdots$$
$$\Rightarrow 9x = 9$$
$$\Rightarrow x = 1$$

$$\Rightarrow 0.999\cdots = 1$$

아이들은 설령 납득하지 못해도 선생님의 설명에 반박할 수 없으니 늘 그렇듯이 '그냥 외운다'는 손쉬운 결론에 도달해버린다. 물론 그냥 외우기만 해도 당장 $1.\dot{9}=2$, $0.6\dot{9}=0.7$, $1.82\dot{9}=1.83$ 등의 중학교 2학년 수학 문제들은 막힘없이 풀 수 있다.

더 나아가 조금만 고민하면 '모든 유한소수는 모두 무한소수로 바꿀 수 있다'와 같은 개념까지도 일사천리로 받아들인다. 그러면 아이들은 '가무한'이라는 중요한 개념 하나를 완전히 익히기도 전에 쓰레기통에 버리게 된다.

이 '$0.999\cdots$'의 세 가지 관점이 바로 극한을 이해하는 핵심이다.

$0.999\cdots$
① 가무한: 1보다 작으면서 1에 가까이 가고 있는 상태
② 실무한: 1에 도달
③ 실제의 수: 1

'$0.999\cdots$'도 하나의 수이니 모든 실수가 있는 수직선에서 살펴보자.

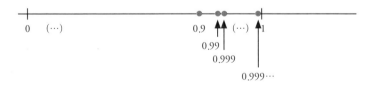

'1보다 작으면서 1에 가까이 가고 있다'는 가무한 관점을 보고 마치 수가 변한다고 착각할 수 있다.

수학에서는 변수든지 상수든지 어떤 수가 스스로 변하는 경우는 없다. 1부 수직선에서 설명한 실수의 성질을 보면, 수는 수직선의 점들로 일대일대응된다고 했다. 실수의 어떤 수도 0.9가 되었다가 0.99로 변하지 않는다. '0.999…'는 0.9 + 0.09 + 0.009 + … 식으로 하나의 수가 변하는 것이 아니다. 위 수직선에서 보듯이 수(점) 0.9, 0.99, 0.999, …를 하나씩 선택해서 가까이 간다는 뜻이다. 따라서 가무한의 관점에서는 '0.999…'를 끝없이 '1에 가까이 가는 상태'로 보는 것이다. 이 상태로 보면 항상 1보다 작고, 절대 1이 될 수는 없다. 이 상태는 무한대처럼 수가 아니다.

가무한의 개념이 중학교 2학년에서 필요 없어져도, 설사 이 개념을 잘못 적용해서 문제를 틀릴지라도 절대 버려서는 안 된다. 이 개념을 버리면 고등 수학의 극한을 이해하지 못하고 미적분이 통째로 어려워진다.

실무한의 관점에서는 1에 가까이 가지 않고 1에 도달한다.

수직선에서 보듯이 '0.999…'와 점 1이 한 몸처럼 붙어 있다. '0.999…'와 1 사이에 조금의 빈틈도 없는 것이다.

이 수직선에서 점 1을 제거한다 해도 '0.999…'는 1에 도달한다.

쉽게 이해되지 않는 부분이니 예를 들어 설명하겠다. A라는 아이가 학교에서 집으로 가는 중이라고 해보자. 집 근처까지 갔는데 친구가 전화해서 "집이야?"라고 묻는다. 당연히 "집 근처야" 혹은 "아니, 집에 거의 다 왔어"라고 말할 것이다. 만약 집 안에 들어갔을 때 전화가 왔다면 당연히 "집이야"라고 답했을 것이다. 그런데 어느 순간부터 "집"이라고 말할 수 있을까? 아마도 집의 현관문 손잡이를 잡은 순간부터이지 않을까? A와 집 사이에 빈틈이 없는 상태 말이다.

이처럼 '0.999…'와 1 사이에 빈틈이 존재하지 않는다는 것이 실무한의 관점이다. A가 집의 현관문 손잡이를 잡은 상태는 'A가 집과 분리되지 않는 바로 옆'이라는 관점과 'A = 집'이라는 두 가지 관점이 공존한다고 볼 수 있다. 그래서 수직선에서 점 1을 제거한다고 해도 '0.999…'는 1에 도달한다고 보고, 또 '0.999… = 1'이라고 보는 것이다.

앞으로 수학 공부를 위해 '1로 가는 가무한', '1에 도달한 실무한' 그리고 '원래의 수 1'을 서로 구분해야 한다. 당장은 구분이 어렵고 쓸데없다고 생각할 수도 있다. 하지만 고등 수학에서 극한은 이 세 가지 관점을 모두 사용한다. 그러니 세 가지를 구분해가며 공부한다면 극한이 명확히 이해되는 시점이 올 것이다. 만약 세 가지를 구분하지 못하는 상태에서 함수까지 부족하면 극한부터 혼란이 시작되어 미적분을 배우는 내내 벗어날 수 없다.

같은 수를 곱해가면서 만드는 수열

수열을 만드는 손쉬운 방법은 계속 더해가는 것과 계속 곱해가는 것이다. 앞서 계속 더해가면서 무한대를 만드는 수열들을 보았다. 이번에는 같은 수를 곱해가면서 만드는 수열들을 살펴보자.

0을 계속 곱하면 0이고, 1을 계속 곱하면 1이다. 모두 같은 수가 되는 것이다. -1을 계속 곱하면 절댓값은 같고 양수, 음수가 번갈아 나오는 특수한 경우가 만들어진다. 따라서 계속 곱하는 수를 r이라고 할 때 r의 범위를 분류해보면 다소 규칙이 보인다.

$r > 1$, $0 < r < 1$, $-1 < r < 0$, $r < -1$의 경우 r을 곱해서 만드는 규칙을 살펴보자. 다음은 2에다가 1보다 큰 수, 0보다 크고 1보다 작은 수, -1보다 크고 0보다 작은 수, -1보다 작은 수를 곱해서 수열을 만드는 것을 보여주는 대표적인 예시다.

$\{a_n\}$: $2, 2^2, 2^3, \cdots, 2^{10}$

$\{b_n\}$: $2, 2^2, 2^3, \cdots, 2^n$

$\{c_n\}$: $2, 2^2, 2^3, \cdots, 2^n, \cdots$

$\{d_n\}$: $2, 1, \dfrac{1}{2}, (\dfrac{1}{2})^2, (\dfrac{1}{2})^3, \cdots, (\dfrac{1}{2})^{n-2}, \cdots$

$\{e_n\}$: $2, -1, \dfrac{1}{2}, -\dfrac{1}{4}, \dfrac{1}{8}, \cdots, -(-\dfrac{1}{2})^{n-2}, \cdots$

$\{f_n\}$: $2, -2^2, 2^3, -2^4, \cdots, 2 \times (-2)^{n-1}, \cdots$

수열의 끝에 줄임표가 있어야 끝이 없는 무한수열이다. 그러므로 $\{a_n\}$과 $\{b_n\}$은 끝이 있는 유한수열이다. $\{c_n\}$은 2에 1보다 큰 수인

2를 계속 곱해가면서 만드는 수열로 양의 무한대이니 발산한다.

$\{d_n\}$은 2에 0보다 크고 1보다 작은 수인 $\frac{1}{2}$을 계속 곱해간다. 0보다는 크면서 0에 무한히 가까워지니 수렴한다. $\{e_n\}$은 2에 0보다는 작고 -1보다 큰 수인 $-\frac{1}{2}$을 계속 곱해가고 있다. 양수와 음수가 번갈아 나타나지만 절댓값은 점점 작아져서 0에 가까워지니 역시 수렴한다. $\{f_n\}$은 2에 -1보다 작은 수인 -2를 곱해가는 것이다. 양수와 음수가 번갈아 나타나고 절댓값은 점점 커지는 상태가 되어 발산한다.

이번에는 조금 특이한 수열을 살펴보자.

$\{g_n\}$: 3, 3, 3, $\cdots$

$\{h_n\}$: 3, -3, 3, -3, $\cdots$

$\{i_n\}$: 1, $\frac{1}{2}$, $\frac{1}{3}$, $\frac{1}{4}$, $\cdots$, $\frac{1}{n}$, $\cdots$

$\{j_n\}$: 1, 2, 3, 1, 2, 3, 1, 2, 3, $\cdots$

$\{g_n\}$은 3이 계속된다. 3에 0을 계속 더해가는 것으로도, 또는 3에 1을 계속 곱해가는 것으로도 볼 수 있다. 아이들이 극한 개념과 혼동해 3에 가까이 간다고 생각할 수 있다. 그러나 $\{g_n\}$은 3에 가까이 가는 것이 아니라 계속 3이고, 끝까지 가도 3이다.

$\{h_n\}$은 3에다가 -1을 계속 곱하는 것이다. 항들 간의 간격이 좁혀질 가능성은 없다. $\{i_n\}$은 앞의 항에다가 더하거나 곱해서 만든 수열이 아니다. 분자는 그대로이고, 분모에 1씩 더해서 만든 수열로 0에 수렴한다. $\{j_n\}$은 주기수열로 같은 숫자의 반복이라는 관점에서

$\{h_n\}$과 같이 발산한다.

한 번 더 정리해보자. 무한수열들이 끝까지 갔다고 볼 때, 그 값이 무한대로 발산하거나 순환한다면 우리가 여기에서 더 알아낼 것은 극히 적다. 따라서 무한수열의 끝이 어느 하나의 상수에 가까이 가는 수렴이 주된 관심의 대상이 된다. 이제 수열의 극한을 식으로 해석해보자.

무한수열의 극한:
무엇인지 몰라도 방법은 있다

수열의 극한은 해석 파트에 해당한다. 수학적 엄밀함을 추구하는 대수 파트와 달리, 해석 파트는 전체적인 모습을 조망하는 능력을 요구한다. 그래서 어떤 눈으로 수식을 바라보느냐에 따라 쉽고 어려움이 결정된다.

Q 다음 수열의 극한값을 추정하시오.

① $1, \dfrac{1}{2}, \dfrac{1}{3}, \dfrac{1}{4}, \cdots$

② $\dfrac{1}{2}, \dfrac{2}{3}, \dfrac{3}{4}, \dfrac{4}{5}, \cdots$

③ $2, \dfrac{3}{2}, \dfrac{4}{3}, \dfrac{5}{4}, \cdots$

④ $\dfrac{2}{1^2}, \dfrac{3}{2^2}, \dfrac{4}{3^2}, \dfrac{5}{4^2}, \cdots$

⑤ $\dfrac{1^3}{4}, \dfrac{2^3}{5}, \dfrac{3^3}{6}, \dfrac{4^3}{7}, \cdots$

⑥ $\dfrac{1}{3}, \dfrac{2}{5}, \dfrac{3}{7}, \dfrac{4}{9}, \cdots$

① 0   ② 1   ③ 1   ④ 0   ⑤ 발산한다   ⑥ $\dfrac{1}{2}$

①~③은 그냥 추측만으로도 극한값이 보일 것이다. ①은 점차 0 보다 크면서 0에 가까워지니 극한값이 0이지만, 극한값의 성분까지 본다면 0^+다. ②는 점차 분모와 분자의 크기가 같아져 극한값은 1이 지만, 성분을 보면 항상 진분수이니 1^-다. ③은 가분수를 대분수로 바꾸면 잘 보인다. '2, $\frac{3}{2}$, $\frac{4}{3}$, $\frac{5}{4}$, …'를 '2, $1\frac{1}{2}$, $1\frac{1}{3}$, $1\frac{1}{4}$, …'로 바 꿀 수 있다. 그런데 '1, $\frac{1}{2}$, $\frac{1}{3}$, $\frac{1}{4}$, …'의 극한값이 0이므로, '2, $1\frac{1}{2}$, $1\frac{1}{3}$, $1\frac{1}{4}$, …'은 1보다 크면서 1에 가까워지니 극한값은 1이고 성분 은 1^+다.

④의 분모는 제곱으로 많이 커지는 데 반해 분자는 조금씩 커진 다. 따라서 극한값은 0이지만 극한값의 성분은 0^+다. 극한값만 구하 면 되는데 극한값의 성분까지 연습하는 이유는 수능에서 어렵게 출 제되는 '합성함수의 극한' 문제 때문이다. 번거롭더라도 눈여겨보기 바란다.

⑤는 반대로 분자가 커지는 데 비해 분모가 조금씩 커지니 ∞다. 수렴을 추정하라고 했으니 '발산한다' 또는 '수렴하지 않는다'고 해 야 한다. 그런데 이런 식으로 수열의 극한을 추정하다가는 곧 어려 움에 처할 것 같다는 예감이 들지 않는가? ⑥은 그 어려울 것 같다 는 예감이 적중한 순간이다. 저 정도의 수열만으로도 추정하기가 어 렵다. 규칙에 따르면 10번째 수열이 $\frac{10}{21}$, 20번째 수열이 $\frac{1}{2}$이니 잘 하면 답을 $\frac{20}{41}$로 맞힐 수도 있다. 그런데 이런 식으로 추정하는 것은 수학을 제대로 공부하는 게 아니다. 수열의 극한값을 어떻게 구하는 지 배워보자. 그다음 이 문제를 다시 풀어보도록 하자.

무한수열의 극한값을 구하는 방법

무한수열의 극한값을 구하는 방법은 한마디로 $\lim\limits_{n\to\infty} a_n$이다. 먼저 이 식의 의미를 알아보자.

lim은 '$limit$(한계)'를 의미하며 그 아래 $n \to \infty$는 n이 '1, 2, 3, …, n'을 거쳐서 무한히 간다는 말로, 즉 '1, 2, 3, …, n, …'을 뜻한다. 그런데 n은 a_n에도 있다. 'a_n은 a_1, a_2, a_3, …'에서 n번째의 항이고 이것을 '일반항'이라고 한다. 결국 $\lim\limits_{n\to\infty} a_n$은 '어떤 무한수열이 있을 때 일반항을 구하고, 그 일반항을 극한으로 보내서 극한값을 구한다'를 나타낸 식이다.

그러니 $\lim\limits_{n\to\infty} a_n$, 즉 '일반항의 극한'을 구하려면 가장 먼저 일반항인 a_n을 구해야 한다.

Q 다음 수열의 일반항을 구하시오.

① $1, \dfrac{1}{2}, \dfrac{1}{3}, \dfrac{1}{4}, \cdots$

② $\dfrac{1}{2}, \dfrac{2}{3}, \dfrac{3}{4}, \dfrac{4}{5}, \cdots$

③ $2, \dfrac{3}{2}, \dfrac{4}{3}, \dfrac{5}{4}, \cdots$

④ $\dfrac{2}{1^2}, \dfrac{3}{2^2}, \dfrac{4}{3^2}, \dfrac{5}{4^2}, \cdots$

⑤ $\dfrac{1^3}{4}, \dfrac{2^3}{5}, \dfrac{3^3}{6}, \dfrac{4^3}{7}, \cdots$

⑥ $\dfrac{1}{3}, \dfrac{2}{5}, \dfrac{3}{7}, \dfrac{4}{9}, \cdots$

① $a_n = \dfrac{1}{n}$　② $a_n = \dfrac{n}{n+1}$　③ $a_n = \dfrac{n+1}{n}$

④ $a_n = \dfrac{n+1}{n^2}$　⑤ $a_n = \dfrac{n^3}{n+3}$　⑥ $a_n = \dfrac{n}{2n+1}$

일반항 a_n을 연습하는 이유는 나중에 '일반항의 극한'을 구하기 위해서다. ①은 분수로 놓으면 '$\frac{1}{1}, \frac{1}{2}, \frac{1}{3}, \frac{1}{4}, \cdots$'이다. 분모는 1에서 시작해 1씩 커지고 분자는 항상 1이다. 따라서 '$\frac{1}{1}, \frac{1}{2}, \frac{1}{3}, \frac{1}{4}, \cdots$'의 n번째 수열은 $\frac{1}{n}$로, '$\frac{1}{1}, \frac{1}{2}, \frac{1}{3}, \frac{1}{4}, \cdots, \frac{1}{n}, \cdots$'이라고 할 수 있다. $a_n = \frac{1}{n}$이니, '$1, \frac{1}{2}, \frac{1}{3}, \frac{1}{4}, \cdots$'의 극한값과 '$\lim\limits_{n \to \infty} \frac{1}{n}$'은 같은 말이다.

②는 분모의 수가 1씩, ③은 분자의 수가 1씩 커지니 각각 $a_n = \frac{n}{n+1}$, $a_n = \frac{n+1}{n}$이다. ④와 ⑤는 거듭제곱이지만 분모와 분자가 각각 1씩 커지는 수열이라서 어렵지 않게 구할 수 있다.

⑥은 필자에게 '수세기 정의'나 '등차수열을 직선으로 보는 법'을 배웠다면 쉬울 것이다. 등차수열을 직선으로 보는 법을 간단하게나마 설명한다. 수열 '$3, 5, 7, 9, \cdots$'를 $b_1 = 3$, $b_2 = 5$, $b_3 = 7$, $\cdots$로, 다시 점 $(1, 3)$, $(2, 5)$, $(3, 7)$, $\cdots$로 보자. 두 점 $(1, 3)$과 $(2, 5)$를 지나는 직선은 $y - 3 = \frac{5-3}{2-1}(x-1) \Rightarrow y = 2x + 1$이다. 이런 관점에서 보면 수열 '$3, 5, 7, 9, \cdots$'의 일반항은 $b_n = 2n + 1$이다. 이렇게 분모와 분자를 따로 구해보면 ⑥의 일반항 $a_n = \frac{n}{2n+1}$이다.

- 가장 먼저 a_n을 구한다.

- $\lim\limits_{n \to \infty} a_n$으로 놓는다.

- n에 대한 식인 a_n을 분수로 놓고 분모의 최고차항으로 나눈다. 그러면 다음 세 가지 형태가 나올 것이다.
  ① (분자의 차수) = (분모의 차수)이면 최고차항의 계수의 비.
  ② (분자의 차수) < (분모의 차수)이면 0.
  ③ (분자의 차수) > (분모의 차수)이면 ± ∞로 극한값이 없다.

무한수열의 극한값을 구하는 방법을 배웠으니 실제로 구해보자.

Q 다음 무한수열의 극한값을 $\lim\limits_{n\to\infty} a_n$의 꼴로 바꾸어 구하시오.

① $1, \dfrac{1}{2}, \dfrac{1}{3}, \dfrac{1}{4}, \cdots$

② $\dfrac{1}{2}, \dfrac{2}{3}, \dfrac{3}{4}, \dfrac{4}{5}, \cdots$

③ $2, \dfrac{3}{2}, \dfrac{4}{3}, \dfrac{5}{4}, \cdots$

④ $\dfrac{2}{1^2}, \dfrac{3}{2^2}, \dfrac{4}{3^2}, \dfrac{5}{4^2}, \cdots$

⑤ $\dfrac{1^3}{4}, \dfrac{2^3}{5}, \dfrac{3^3}{6}, \dfrac{4^3}{7}, \cdots$

⑥ $\dfrac{1}{3}, \dfrac{2}{5}, \dfrac{3}{7}, \dfrac{4}{9}, \cdots$

① 0 ② 1 ③ 1

④ 0 ⑤ 발산한다 ⑥ $\dfrac{1}{2}$

답은 이미 알고 있겠지만 추정하는 것과 '일반항의 극한'으로 구하는 것의 차이를 깨닫기 바란다.

①은 $a_n = \dfrac{1}{n}$이니 $\lim\limits_{n\to\infty}\dfrac{1}{n}$이다. $\dfrac{1}{n}$에서 분모의 차수가 크니 극한값은 0이다. ②는 $a_n = \dfrac{n}{n+1}$이니 $\lim\limits_{n\to\infty}\dfrac{n}{n+1}$이고, 분모와 분자의 차수가 같으니 분모의 최고차항으로 나누면 $\lim\limits_{n\to\infty}\dfrac{\frac{n}{n}}{\frac{n}{n}+\frac{1}{n}} \Rightarrow \lim\limits_{n\to\infty}\dfrac{1}{1+\frac{1}{n}} = 1$이다. ③은 $a_n = \dfrac{n+1}{n}$이니 $\lim\limits_{n\to\infty}\dfrac{n+1}{n}$이다. 분모와 분자의 차수가 같으니 최고차항의 계수만 비교하면 극한값은 1이다.

④는 $a_n = \dfrac{n+1}{n^2}$, $\lim\limits_{n\to\infty}\dfrac{n+1}{n^2}$이며, 분모의 차수가 더 크니 극한값은 0이다. ⑤는 $a_n = \dfrac{n^3}{n+3}$, $\lim\limits_{n\to\infty}\dfrac{n^3}{n+3}$이고 분자의 차수가 크니 ∞로 발산한다. ⑥은 $a_n = \dfrac{n}{2n+1}$이니 $\lim\limits_{n\to\infty}\dfrac{n}{2n+1}$이다. 분모와 분자의 차수가 같으니 분모와 분자를 최고차항으로 나누거나 아니면 최고차항의 계수

의 비를 극한값으로 하면 된다.

극한값을 구하는 방법을 다 설명했다. 만약 이해하지 못하는 부분이 조금이라도 있다면 '극한값 $\lim\limits_{n \to \infty} a_n$의 성질'을 알아야 한다.

$\lim\limits_{n \to \infty} \dfrac{1}{n}$은 '$\dfrac{1}{1}$, $\dfrac{1}{2}$, $\dfrac{1}{3}$, $\dfrac{1}{4}$, $\cdots$, $\dfrac{1}{n}$, $\cdots$'로 극한값이 $\lim\limits_{n \to \infty} \dfrac{1}{n} = 0$임을 직관적으로 알 수 있다. 그런데 복잡해서 추정이 어려울 때는 수열의 일반항을 분할해서 $\lim\limits_{n \to \infty}$을 분배해야 한다. 그에 따른 극한값의 성질을 살펴보자.

$\lim\limits_{n \to \infty} a_n = \alpha$, $\lim\limits_{n \to \infty} b_n = \beta$일 때, 즉 각각 α, β에 수렴할 때(단, k는 상수)

- $\lim\limits_{n \to \infty} k a_n = k \lim\limits_{n \to \infty} a_n = k\alpha$
- $\lim\limits_{n \to \infty} (a_n + b_n) = \lim\limits_{n \to \infty} a_n + \lim\limits_{n \to \infty} b_n = \alpha + \beta$
- $\lim\limits_{n \to \infty} a_n b_n = \lim\limits_{n \to \infty} a_n \lim\limits_{n \to \infty} b_n = \alpha\beta$
- $\lim\limits_{n \to \infty} \dfrac{b_n}{a_n} = \dfrac{\lim\limits_{n \to \infty} b_n}{\lim\limits_{n \to \infty} a_n} = \dfrac{\beta}{\alpha}$ (단, $\lim\limits_{n \to \infty} a_n \neq 0, \alpha \neq 0$)

극한값의 성질을 한마디로 표현하면 제한 없이 찢어진다고 할 수 있다. 함수의 극한에서도 '극한값의 성질'은 똑같이 적용된다. 고등학교 수학 교과서에서도 증명 없이 받아들이라고 하는데, 다음과 같이 예를 들어 생각해보면 너무도 당연한 말이다.

부정형 무한수열의 극한

$\displaystyle\lim_{n\to\infty} a_n$에서 a_n의 분모와 분자의 차수가 같을 때를 '부정형'이라고 한다. 차수가 다르면 항상 그 값이 무한대나 무한소로 가기 때문이다. a_n의 분모와 분자의 차수가 같을 때, n 대신에 ∞를 대입하면 $\dfrac{\infty}{\infty}$의 꼴로 나타난다.

$\infty + \infty$와 $\infty \times \infty$의 꼴은 그 결과가 ∞로 나타나지만 $\dfrac{\infty}{\infty}$와 $\infty - \infty$의 꼴은 수렴할 가능성이 있어서 '아직은 정할 수 없다'는 뜻의 '부정형不定形'이라고 한다. $\dfrac{\infty}{\infty}$의 꼴은 단순해 보이지만 확장하면 의외로 무척 다양한 식이 만들어진다. $\dfrac{\infty}{\infty}$를 변형하면 $\dfrac{1}{\infty} \times \infty \Rightarrow 0$(무한소) $\times \infty$ 꼴이 될 수 있다. 또한 $\dfrac{\infty}{\infty} \Rightarrow \dfrac{\frac{1}{\infty}}{\frac{1}{\infty}}$로 변형하면 결국 $\dfrac{0(무한소)}{0(무한소)}$ 꼴이 된다. 그래서 무한대와 무한소는 만난다는 말이 나오는 것이다.

결국 아이들은 $\dfrac{\infty}{\infty}$, $\infty - \infty$, 0(무한소) $\times \infty$, $\dfrac{0(무한소)}{0(무한소)}$ 꼴 등 다양한 모습의 문제들을 만나게 된다. 그리고 많은 아이가 0(무한소) $\times$

∞를 0(영) × ∞로 보고 왜 답이 0이 아닌지 알 수 없다고 하는 것이다. 이런 혼동을 막기 위해 앞에서 무한소를 다루었다(155쪽 참조).

이 책에서는 ∞ − ∞ 꼴은 다루지 않지만 ∞ − ∞를 $\frac{\infty}{\infty}$ 꼴로 바꿔 푸는 방법을 알려주려고 한다. $\frac{\infty}{\infty}$ 꼴의 부정형 대표 문제 두 개만 풀어보자.

Q $\lim\limits_{n \to \infty} \dfrac{3n^2 - 5n}{n^2 + 5}$ 의 값을 구하시오.

3

먼저 $\lim\limits_{n \to \infty} \dfrac{3n^2 - 5n}{n^2 + 5}$ 에서 n에 대한 분모와 분자의 차수가 같은지를 확인해야 한다. 그러면 $\frac{\infty}{\infty}$ 꼴이라는 것을 알 수 있다. 분모의 최고차항으로 나누어주면 $\lim\limits_{n \to \infty} \dfrac{\frac{3n^2}{n^2} - \frac{5n}{n^2}}{\frac{n^2}{n^2} + \frac{5}{n^2}} = \lim \dfrac{3 - \frac{5}{n}}{1 + \frac{5}{n^2}}$ 다. 이제 n을 ∞로 보내면 $\lim\limits_{n \to \infty} \dfrac{3 - \frac{5}{n}}{1 + \frac{5}{n^2}} = \dfrac{3 - \frac{5}{\infty}}{1 + \frac{5}{\infty}} = 3$ 이다.

그런데 매번 이렇게 번거롭게 계산할 수는 없다. 분모와 분자의 차수가 같아서 부정형 $\frac{\infty}{\infty}$ 꼴임을 확인하면, 최고차항만 살아남는다는 '정글의 법칙(176쪽 참조)'에 따라 $\lim\limits_{n \to \infty} \dfrac{3n^2 - 5n}{n^2 + 5}$ 을 $\lim\limits_{n \to \infty} \dfrac{3n^2 - \cdots}{n^2 + \cdots}$ 으로 보면 최고차항의 비, 즉 $\dfrac{3}{1} = 3$ 이 극한값이 된다.

Q $\lim\limits_{n \to \infty} \dfrac{an^2 + bn + 1}{3n + 2} = 3$ 일 때, 상수 a, b의 값을 구하시오.

$a = 0,\ b = 9$

$\lim\limits_{n \to \infty} \dfrac{an^2 + bn + 1}{3n + 2} = 3$ 처럼 극한값이 존재한다는 말은 바꿔 말하면 (분모의 차수) ≥ (분자의 차수)라는 것이다. 분모는 일차식으로 변함

이 없으니 분자가 일차식이거나 상수항이어야만 한다.

$an^2 + bn + 1$이 일차식이려면 $a = 0$이어야 하고, $b \neq 0$이어야 하니 $\lim\limits_{n \to \infty} \dfrac{bn+1}{3n+2} = 3$이다. 여기에 정글의 법칙을 적용하면 $\dfrac{b}{3} = 3 \Rightarrow b = 9$다. 만약 $an^2 + bn + 1$이 상수항이려면 a, b 모두 0이어야 하는데, 그러면 $\lim\limits_{n \to \infty} \dfrac{1}{3n+2} = \dfrac{1}{\infty} = 0$이 되니 문제의 조건에 맞지 않는다. 따라서 답은 $a = 0$, $b = 9$다.

무한수열 $\begin{cases} \text{수열}\cdots \quad \lim\limits_{n \to \infty} a_n = a(\text{극한값 상수 } a) \\ \\ \text{발산}\cdots \begin{cases} \lim\limits_{n \to \infty} a_n = \infty(\text{양의 무한대로 발산한다}) \\ \lim\limits_{n \to \infty} a_n = -\infty(\text{음의 무한대로 발산한다}) \\ 3, \ -3, \ 3, \ -3, \cdots \text{과 같은 진동} \end{cases} \end{cases}$

한마디로 정리하면 극한값이 상수로 가는 수열은 수렴한다고 하고, 진동을 포함해 수렴하지 않는 모든 수열을 발산한다고 한다. 앞서 설명했던 ∞에 대해 좀 더 보강하겠다. 다음 내용을 차분히 읽어보면 모두 이해할 수 있을 것이다.

무한대(∞)는 수가 아니다.

수학에서는 수만 계산할 수 있다. 무한대는 수가 아니라 무한히 커지거나 무한히 작아지는 상태를 기호로 나타낸 것일 뿐이다. 그러므로 $\dfrac{\infty}{\infty} = 1 (\times)$처럼 계산할 수는 없다. $\infty + 3 = \infty$ 또한 계산한 것이 아니다. 엄청나게 큰 ∞에 유한 확정값인 3을 더한다고 해도 해석학적 관점에서는 크기에 영향을 미치지 못한다고 본다.

똑같이 무한대로 표시되어도 크기가 다를 수 있다.

$\infty + 3 = \infty$에서 좌변에 있는 무한대와 우변에 있는 무한대는 '상태'라서 크기를 논할 수 없다. 만약 크기가 같다고 한다면 양변에 무한대를 빼서 $\infty + 3 - \infty = \infty - \infty \Rightarrow 3 = 0$이라는 말도 안 되는 등식이 된다. 이처럼 무한대는 크기가 다르기에, 예를 들어 $\lim_{n \to \infty} n^2 = \infty$, $\lim_{n \to \infty} n = \infty$에서 $\lim_{n \to \infty} n^2 \neq \lim_{n \to \infty} n$일뿐 아니라 $\lim_{n \to \infty} n^2 > \lim_{n \to \infty} n$이 성립한다.

무한대 연산의 해석학적 관점(k는 상수).

- $\infty \pm k = \infty$

- $\infty + \infty = \infty$

- $\infty \times k = \infty \, (k > 0)$, $\infty \times k = -\infty \, (k < 0)$

- $\infty \times \infty = \infty$

- $\sqrt[k]{\infty} = \infty \, (k > 0)$

- $\dfrac{k}{\infty} = 0$

- $\dfrac{\infty}{k} = \infty \, (k > 0)$, $\dfrac{\infty}{k} = -\infty \, (k < 0)$

극한값에 대한 문제를 풀기에 앞서 알려줘야 할 것은 거의 설명했다. 하지만 노파심에서 수렴하는 무한수열에 대해 주의해야 할 점을 다시 정리한다.

- 상수로만 이루어진 수열도 수렴한다. 예를 들어 $\lim\limits_{n \to \infty} 5 = 5$다.

- 무한대(∞)는 '한없이 커지는 상태'로 수가 아니니 계산할 수 없으며, 특정한 값으로 지정해줄 수 없다.

- $\lim\limits_{n \to \infty} a_n = \infty$, $\lim\limits_{n \to \infty} b_n = \infty$라고 해서 $\lim\limits_{n \to \infty} a_n = \lim\limits_{n \to \infty} b_n$이라고 생각하면 안 된다. 똑같이 무한대로 표시되어도 크기가 다를 수 있기 때문이다.

- 수열의 수렴과 발산은 n의 값을 크게 했을 때의 수 변화에 대한 관찰이므로 수열의 앞쪽에 있는 유한개의 항을 없애도 수렴과 발산에 영향을 주지 않는다.

- $\lim\limits_{n \to \infty} a_n = a$이면 $\lim\limits_{n \to \infty} a_{n-1}$이나 $\lim\limits_{n \to \infty} a_{n+1}$ 등도 모두 a로 수렴한다. 다시 말해 수렴하는 수열 $\{a_n\}$에 대해 $\lim\limits_{n \to \infty} a_n$, $\lim\limits_{n \to \infty} a_{n-1}$, $\lim\limits_{n \to \infty} a_{n+1}$의 극한값은 모두 같다. $\lim\limits_{n \to \infty} a_n$은 a_n에서 n을 무한대까지 수를 크게 하겠다는 의미다. 그렇게 큰 번째 수열들인 a_{n-1}, a_n, a_{n+1}, a_{n+2} 등의 크기는 엄밀한 의미에서 다르겠지만 해석학적 관점에서는 모두 같다고 본다.

- $\lim\limits_{n \to \infty} a_n = a$이면 $\lim\limits_{n \to \infty} a_{2n} = a$, $\lim\limits_{n \to \infty} a_{3n} = a$가 맞지만, 반대로 $\lim\limits_{n \to \infty} a_{2n} = a$이면 $\lim\limits_{n \to \infty} a_n = a$라는 것은 알 수 없으니 틀린 말이다. 예를 들어 a_n: 5, 2, 7, 2, 9, 2, …에서 $\lim\limits_{n \to \infty} a_{2n}$은 짝수 번째 항의 수열만을 의미하니 $\lim\limits_{n \to \infty} a_{2n} = 2$이지만 $\lim\limits_{n \to \infty} a_n$은 수렴하지 않으니 발산한다.

- 발산한다고 하면 자칫 양의 무한대와 음의 무한대만을 생각하는 경우가 많은데 반드시 진동도 고려해야 한다.

Q 수렴하는 무한수열 $\{a_n\}$에 대해 $\lim\limits_{n \to \infty} \dfrac{2a_n + 3}{a_{n+1}} = 5$일 때, $\lim\limits_{n \to \infty} a_n$의 값을 구하시오.

1

'수렴하는 무한수열 $\{a_n\}$'이라는 말이 이 문제의 핵심이다. $\lim\limits_{n \to \infty} a_n = \lim\limits_{n \to \infty} a_{n+1} = a$로 놓는다면 이 문제는 다 푼 거나 마찬가지다. 수렴하는 수열들 사이의 사칙연산은 실수에서의 사칙연산과 같다. $\lim\limits_{n \to \infty} \dfrac{2a_n + 3}{a_{n+1}} = 5$에 극한의 성질을 적용하고 극한값을 대입하면,

$$\frac{2\lim\limits_{n \to \infty} a_n + \lim\limits_{n \to \infty} 3}{\lim\limits_{n \to \infty} a_{n+1}} = 5$$

$$\Rightarrow \frac{2a + 3}{a} = 5$$

$$\Rightarrow 2a + 3 = 5a$$

$$\Rightarrow a = \lim\limits_{n \to \infty} a_n = 1$$

정글의 법칙

어떤 수를 10000에서 10001로 변화시켰다고 하자. 이때 10000과 10001의 절대적 차이는 1이고, 상대적 차이는 $\frac{1}{10000}$이다. 그런데 만약 ∞에서 $\infty+1$로 변화시킨다면 절대적 차이는 1이지만 상대적 차이는 $\frac{1}{\infty}$로 무한소, 즉 0^+이 된다.

차이가 0에 가깝다는 것은 결국 거의 같다는 의미다. 다시 말해 $n+1>n$인 것은 변함이 없지만 아주 큰 수에서는 $n+1 = n(1+\frac{1}{n})\approx n$으로 큰 차이가 없다. 이것을 이해했다면 극한의 중요한 개념을 이해한 것이다. 그런데 ∞는 그 크기를 가늠하기 어려울 만큼 커서 어떤 상수, 예를 들어 100억을 더한다고 해도 변화가 없다. 그래서 $\infty+k=\infty(k$는 상수)라는 말이 된다.

또 n^2과 n에서 $n\to\infty$이면 $y=x^2$과 $y=x$ 그래프를 생각하지 않아도 n^2의 변화에 비해 n의 변화는 미미할 것이다. 즉 $n\to\infty$일 때 $n^2+n = n^2$ $(1+\frac{1}{n})\approx n^2$이 된다. 그래서 무한의 세계에서는 강자만 살아남는다는 '정글의 법칙'이 성립한다.

이 두 가지 사실로부터 $a_n = (n$에 관한 다항식)에서 n이 무한대로 가고 있을 때 '일차항과 상수항의 합에서 상수항은 무시해도 된다'와 '이차항과 일차항의 합에서 일차항은 무시해도 된다'를 얻었다. 계속해서 유추하면 다항식의 무한을 다루는 극한에서는 최고차항만이 의미가 있다는 것을 알 수 있다. 이것을 정확하게 이해한다면 분모의 최고차항으로 나누는 번거로운 작업이 훨씬 줄어들게 된다.

그렇다면 변화율이 가장 높은 최고차항만 살아남는다는 정글의 법칙은 다항식에만 적용될까? 확인해보자. 2^n과 3^n 중 무엇이 더 빨리 커지는가? 당연히 3^n이 크니 '2^n과 3^n 합의 꼴' 극한에서는 3^n이라는 항만이 살아남게 될 것이다. 무리식을 지수가 있는 식으로 바꿀 수 있으니 지수식이나 무리식 등 복잡한 식에서도 강자만 살아남는다는 정글의 법칙이 적용된다.

Q $\lim\limits_{n \to \infty} \dfrac{2 \times 3^n + 3 \times 4^n}{4^n + 3^n}$ 의 값을 구하시오.

3

$\lim\limits_{n \to \infty} \dfrac{2 \times 3^n + 3 \times 4^n}{4^n + 3^n}$ 에서 분모와 분자를 4^n으로 나누면 $\dfrac{2 \times (\frac{3}{4})^n + 3}{1 + (\frac{3}{4})^n}$이다. 그런데 $\lim\limits_{n \to \infty} (\dfrac{3}{4})^n = 0$이니 $\dfrac{3}{1}$, 답은 3이다. 정글의 법칙을 적용하면 $\lim\limits_{n \to \infty} \dfrac{2 \times 3^n + 3 \times 4^n}{4^n + 3^n} = \lim\limits_{n \to \infty} \dfrac{3 \times 4^n}{4^n}$임을 알 수 있다. 정글의 법칙 관점으로 보면 답이 그냥 보인다.

2장

함수의 극한

함수의 극한에도
3가지 관점이 있다

함수의 극한을 처음 공부할 때 많은 고등학생이 참으로 쓸데없는 것을 배운다는 느낌을 받는다고 한다. 그래프를 보면 직관적으로 극한값이나 함숫값이 보인다. 연속의 문제를 보면서 '그래프 선이 이어져 있거나 끊어져 있는 것이 당연한데 왜 이런 것들을 배우지?'라고 생각하는 것이다.

물론 극한과 연속의 개념을 잡은 상태에서 주어지는 쉬운 문제에서는 아이들의 말이 맞다. 항상 하는 말이지만, 처음 보는 문제나 어려운 문제는 개념으로 접근하는 방법 외에는 없다. 그런데 그래프가 주어지지 않으면서 식이 복잡해 매번 그래프를 그려야 하는 번거로움이 동반되거나 아예 그래프를 그릴 수 없다면 좌극한, 우극한, 함숫값들을 사용하는 정의만으로 문제를 풀어야 한다. 나아가 함수의 곱, 합성, 치환 등에서는 더 귀찮은 작업이 동반된다.

특히 극한값이 0일 때는 주의를 해야 한다. 가무한, 실무한, 함숫값, 무한소 등이 0이랬다 아니랬다 하면 극한의 개념이 약한 아이들은 죽을 맛이다. 그럼에도 불구하고 함수의 극한과 연속은 헷갈리는 모든 것을 확실하게 해야 한다. 헷갈리는 모든 것이 문제로 나오고, 앞으로 배울 미적분의 기초이기 때문이다. 거듭 말하지만 미분과 적분은 모두 극한의 개념으로 정의된다. 극한이라는 말은 이미 수열의 극한을 통해 익혔지만, 함수의 극한을 통해 더 깊은 의미를 배울 차례다. 공부는 배운 것에 덧붙이는 방법이 좋으니, 극한 또한 무한수열의 극한과 함수의 극한을 비교하며 배워보자.

먼저, 수열의 극한에서는 정의역이 자연수였는데, 함수의 극한은 정의역이 실수 전체다. $\lim_{n \to \infty} a_n$과 $\lim_{x \to \infty} f(x)$의 차이점이다. 수열의 극한에서는 자연수 n이 쓰였지만 함수의 극한에서는 실수 x가 주로 쓰이게 된다. '수열도 정의역을 자연수로 하는 함수'라는 말을 이해했다면 조금 더 쉽게 받아들일 수 있다.

다음은 '함수의 극한'이라는 말에서 알 수 있듯 함수의 그래프가 추가된다. 함수는 수학에서 피해 갈 수 없는 영역이다. 그만큼 반드시 해결하고 넘어가야 한다. 함수에 어려움을 겪는 아이들은 두 부류로 나눠진다. 함수 자체가 약한 경우와 극한의 개념이 설익은 경우다.

마지막으로, 수열의 극한에는 $n \to \infty$와 $n \to -\infty$만 있었지만 함수의 극한에는 $x \to \infty$, $x \to -\infty$, $x \to a$가 쓰인다. $x \to \infty$, $x \to -\infty$는 수열의 극한과 큰 차이가 없다. 그래서 함수의 극한에서 주된 관심사는 $x \to a$다.

함수의 극한에 대한 정의

"함수 $f(x)$에서 ① x의 값이 a가 아니면서 a에 한없이 가까워질 때, ② $f(x)$의 값이 일정한 값 a에 한없이 가까워지면 함수 $f(x)$는 a에 수렴한다고 하고, 기호로는 ③ '$\lim\limits_{x \to a} f(x) = a$' 또는 '$x \to a$일 때, $f(x) \to a$'와 같이 나타낸다. 이때 a를 $x = a$에서의 $f(x)$의 극한값 또는 극한이라고 한다. 특히 ④ 상수함수 $f(x) = c$(c는 상수)는 모든 x의 값에 대해 함숫값이 항상 c이므로 a의 값과 상관없이 $\lim\limits_{x \to a} c = c$라는 식이 성립한다."

많은 아이가 이런 정의를 읽으면 이해하고 압축해 한마디로 명쾌하게 정리하려다가 낭패를 겪는다. 국어나 암기 과목에서 유용한 공부 방법이겠지만 수학을 이 방법으로 공부하려고 한다면 100퍼센트 실패한다. 수학자들이 3천 년에 걸쳐서 압축한 것을 초심자가 단번에 줄이겠다는 발상인데, 수학의 정의나 개념은 많은 의미를 함축하고 있고, 이미 최대한 압축되어 있어 더 이상 줄일 수 없다. 만약 억지로 압축하면 결국 중요한 개념들을 빼먹어 껍데기를 공부하게 된다.

수학의 정의나 개념은 시간이 걸리더라도, 분량이 늘어나더라도 하나하나 풀어서 완전하게 이해해야 한다. 그 과정에서 어렵고 헷갈리는 순간이 분명 있지만 그 모든 것이 문제들로 출제되어 보상을 받게 된다.

앞에 나온 정의를 하나하나 철저히 이해해보자.

① x의 값이 a가 아니면서 a에 한없이 가까워질 때

모든 수는 수직선에 있다. x축 위의 실수 x가 a가 아니면서 a에 한없이 가까워지니 가무한이다. a보다 작으면서 가까워지는 것과 a보다 크면서 가까워지는 두 가지가 있으며, 이 두 가지를 모두 포함하는 말이다.

② $f(x)$의 값이 일정한 값 a에 한없이 가까워지면 함수 $f(x)$는 a에 수렴한다

x축 위의 실수 x가 a에 한없이 가까워지면 그에 따른 y축 위의 $f(x)$도 상수 a와 가까워진다. 물론 a보다 크면서 가까워지거나 작으면서 가까워지는 두 가지가 있다. 그런데 x가 a가 될 수 없으니 $f(a)=a$라는 함숫값과는 별개라고 생각해야 한다.

③ '$\lim_{x \to a} f(x)=a$' 또는 '$x \to a$일 때, $f(x) \to a$'

x가 a보다 작으면서 a에 한없이 가까워지는 것을 $x \to a-0$ 또는 $x \to a^-$라 하고, 그때의 극한값 $\lim_{x \to a-0} f(x)$ 또는 $\lim_{x \to a^-} f(x)$를 좌극한값 또는 좌극한이라 한다.

x가 a보다 크면서 a에 한없이 가까워지는 것을 $x \to a+0$ 또는 $x \to a^+$라 하고, 그때의 극한값 $\lim_{x \to a+0} f(x)$ 또는 $\lim_{x \to a^+} f(x)$를 우극한값 또는 우극한이라 한다.

$\lim_{x \to a^-} f(x) = \lim_{x \to a^+} f(x) = a$(일정)이면, 즉 좌극한과 우극한이 상수로 같으면 $\lim_{x \to a} f(x) = a$라 한다. 즉 극한값이 존재하며, 좌극한값과 우극한값이 같다는 말이다.

④ 상수함수 $f(x) = c$(c는 상수)는 모든 x의 값에 대해 함숫값이 항상 c

'3, 3, 3, …'이란 수열이 있을 때 $\lim\limits_{n\to\infty} 3 = 3$이라고 표현할 수 있다. 함수의 극한에서도 $f(x) = 3$과 같은 상수함수에서는 x가 어떤 값을 가지더라도 항상 함숫값이 3이다.

극한값과 함수 그래프
—

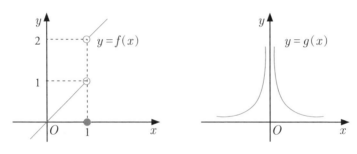

〈극한값이 존재하지 않는 함수의 그래프〉

앞에서 '0.999…'의 세 가지 관점인 '가무한', '실무한', '실제의 수'를 구분해야 한다고 했는데, 여기에서도 도움이 된다. 위 오른쪽 그래프는 극한값이 존재하지 않는 대표적인 경우다. x가 1보다 작으면서 1에 가까이 갈 때 $f(x)$도 1보다 작으면서 1에 가까이 가는 중인 것은 가무한이고, 1에 도달한 것은 극한값이며 실무한이다. 그것을 표현한 것이 $\lim\limits_{x\to1^-} f(x) = 1$이다. 그런데 실제의 수라고 할 수 있는 함숫값 $f(1) = 0$이다. 우극한도 같은 방식으로 보면 $\lim\limits_{x\to1^+} f(x) = 2$다. 함숫값과 상관없이 좌극한은 1이고 우극한은 2라서 극한값 $\lim\limits_{x \to 1} f(x)$는 존재하지 않는다.

이제 $y = g(x)$의 $x \to 0$에서의 극한값을 보자. x가 0보다 작으면서 0에 가까이 갈 때 함숫값 $f(x)$는 양의 무한대로 가고 있으니 $\lim\limits_{x \to 0^-}$ $g(x) = \infty$다. 우극한을 조사해보면 역시 $\lim\limits_{x \to 0^+} g(x) = \infty$다. 좌극한과 우극한이 같다고 해서 극한값을 ∞라고 하면 안 된다. 극한값은 상수여야 하니 좌극한도 우극한도 존재하지 않는다.

정리하면 좌극한과 우극한이 상수로서 존재해야 하고 그 상수가 같아야 극한값이 존재한다.

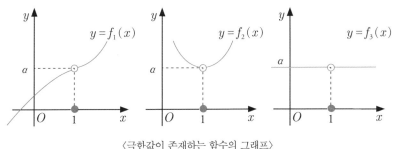

〈극한값이 존재하는 함수의 그래프〉

이 그래프들의 선을 좌우로 이어 그리다가 서로 충돌할 것 같으면 극한값이 존재하고 그렇지 않으면 극한값이 존재하지 않는다. 이처럼 그래프를 보고 극한값의 존재 유무를 쉽게 파악할 수 있는데, 그럼에도 세가지 경우를 보여주는 이유는 극한값의 성분 때문이다.

- $\lim_{x \to 1^-} f_1(x) = a^-$, $\lim_{x \to 1^+} f_1(x) = a^+$

- $\lim_{x \to 1^-} f_2(x) = a^+$, $\lim_{x \to 1^+} f_2(x) = a^+$

- $\lim_{x \to 1^-} f_3(x) = a$, $\lim_{x \to 1^+} f_3(x) = a$

모두 좌극한과 우극한이 상수로서 같으니 극한값이 존재한다. 그러나 극한값의 성분은 a^-, a^+, a로 다르다.

Q 함수 $f(x)$의 그래프가 다음과 같다. $\lim_{x \to -1^-} f(x) + f(0) + \lim_{x \to 1^-} f(x)$의 값을 구하시오.

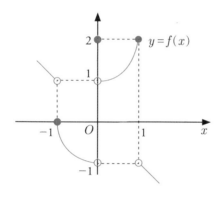

$$2$$

그래프를 보면 $x = -1, 0, 1$에서 극한값은 없지만 좌극한값, 우극한값, 함숫값은 모두 존재한다. $\lim_{x \to -1^-} f(x)$는 $x = -1$에서의 좌극한값을 묻는 것이다. $x = -1$보다 작으면서 -1로 가며 만들어내는 함숫값 $f(x)$는 1보다 큰 값에서 점차 1로 가까이 가고 있으니 $\lim_{x \to -1^-} f(x) = 1^+$다.

$f(0)$은 그냥 함숫값이니 $f(0) = 2$다. $\lim\limits_{x \to 1^+} f(x)$는 $x = 1$에서의 우극한값을 묻는 것이다. 함숫값이 -1보다 작은 값에서 점차 -1로 가까이 가니 우극한값 $\lim\limits_{x \to 1^+} f(x) = -1$이다. 따라서 답은 $\lim\limits_{x \to -1-0} f(x) + f(0) + \lim\limits_{x \to 1+0} f(x) = 1 + 2 - 1 = 2$다.

어려운가? 매년 수능에서 2점짜리로 출제되는 쉬운 문제다. 이런 문제를 못 푸는 아이들은 글씨가 작고 기호가 헷갈리기 때문이라고 말하지만 근본적인 원인은 중학 함수를 놓친 탓이다. 만약 극한값을 이해했는데도 이런 문제가 어렵다면 중학 함수가 부족하다는 사실을 깨닫고 연습해야 한다. 함수를 놓치면 이런 쉬운 문제도 어렵거나 헷갈린다. 이런 문제는 주로 평행이동, 대칭, 주기, 합성 등을 이용해 난도를 높이는데, 그래도 대부분 함수의 개념을 활용한다.

극한값이 결정되지 않았다면
먼저 대입부터 하자

앞서 무한수열의 극한을 구하기 위해 n을 ∞로 보내서 $\frac{\infty}{\infty}$, $\infty \times 0$(무한소), $\frac{0(무한소)}{0(무한소)}$의 꼴들이 나올 때 이들을 극한값이 결정되지 않은 '부정형'이라고 했다. 함수의 극한에서도 똑같이 적용된다. 단, 함수의 극한에서 x를 ∞로 보내기도 하지만, x를 a(상수)로 보내는 경우가 많다. 부정형 함수의 극한이 무엇인지 문제부터 풀고 정리해보자.

Q 다음 중 부정형을 모두 고르시오.

① $\lim\limits_{x \to \infty} \dfrac{x^2-1}{x-1}$ ② $\lim\limits_{x \to \infty} \dfrac{x-1}{x^2-1}$ ③ $\lim\limits_{x \to \infty} \dfrac{x^2+1}{x^2-x}$

④ $\lim\limits_{x \to 0} \dfrac{x^2+1}{x+1}$ ⑤ $\lim\limits_{x \to -1} \dfrac{x^2-1}{x+1}$ ⑥ $\lim\limits_{x \to 1} \dfrac{x^2-1}{x+1}$

③, ⑤

분수에서 분자가 커지면 분수 자체가 커지고, 분모가 커지면 분수 자체는 작아진다. 따라서 $x \to \infty$라면 분모와 분자의 차수가 같아야 계수의 비를 극한값으로 하는 부정형이다. 이런 의미에서 ①과

②는 분모와 분자의 차수가 달라서 부정형이 아니고, ③은 분모와 분자의 차수가 같아서 부정형이다.

④는 x를 ∞가 아니라 0으로 보내고 있다. 0을 먼저 대입하면 $\frac{0^2+1}{0+1}=1$이다. 이 과정에 이상한 것은 전혀 없으니 $\lim\limits_{x\to 0}\frac{x^2+1}{x+1}=1$이고 부정형은 아니다. ⑤는 -1을 대입하면 $\frac{(-1)^2-1}{-1+1}=\frac{0}{0}$이다. x를 -1로 보내는 것이니 엄밀한 의미에서는 $\frac{0}{0}$이 아니라 $\frac{0(무한소)}{0(무한소)}$ 꼴로 부정형이다. ⑥은 1을 대입하면 $\frac{1^2-1}{1+1}=\frac{0}{2}$이 나온다. $\frac{0}{2}$은 0으로 이상한 수가 아니다. 이것을 이상한 수라고 생각하는 아이들이 있는데, 자주 안 써서 그렇지 $\frac{1}{2}-\frac{1}{2}=\frac{0}{2}=0$처럼 이상한 수가 아니다.

따라서 문제에서 구하라고 한 부정형은 ③, ⑤다. 그런데 내친김에 조금 더 설명하겠다. 먼저 이 문제 보기의 극한값을 전부 구해보자. ①~③까지는 분모의 최고차항으로 나눠주면 되니 ① $\lim\limits_{x\to\infty}\frac{x^2-1}{x-1}=$ ∞, ② $\lim\limits_{x\to\infty}\frac{x-1}{x^2-1}=0$, ③ $\lim\limits_{x\to\infty}\frac{x^2+1}{x^2-x}=1$을 어렵지 않게 구할 수 있다.

④는 앞에서 구한 대로 1이다. ⑤는 부정형 $\frac{0(무한소)}{0(무한소)}$ 꼴이 나오는데 극한값을 어떻게 구해야 할까? 그 방법을 알아보자. 먼저 $\frac{x^2-1}{x+1}$은 $\frac{(x+1)(x-1)}{x+1}$이고 분수이니 필자의 '분수의 위대한 성질', 즉 '분모와 분자에 0이 아닌 같은 수를 더하거나 나누어도 그 크기는 같다'를 활용하면 된다. 그런데 이 성질을 이용하려면 0이 아닌 수로만 약분이 가능하니 $x+1\neq 0 \Rightarrow x \neq -1$이어야 한다. 그런데 $x\to -1$이라는 말은 $x\neq -1$이면서 -1로 가까이 가는 것이다. 따라서 $\lim\limits_{x\to -1}\frac{x^2-1}{x+1}$ $=\lim\limits_{x\to -1}\frac{(x+1)(x-1)}{x+1}=\lim\limits_{x\to -1}\frac{x-1}{1}=\frac{-1-1}{1}=-2$다. ⑥도 앞에서 구한 대로 $\lim\limits_{x\to 1}\frac{x^2-1}{x+1}=\frac{0}{2}=0$이다. 문제를 바꿔서 보기 중 극한값을 갖는 식을 고르라고 한다면 답은 ①을 제외한 ②~⑥이다.

절댓값: 절댓값 '□' 안의 수를 양수로 만들라는 명령 기호

$$\sqrt{x^2} = |x| = \begin{cases} x \ (x \geq 0) \\ -x \ (x < 0) \end{cases}$$

절댓값은 절댓값 안의 수를 양수로 만들라는 명령 기호이니, 절댓값 안의 수가 양수인지 음수인지를 알아내 해제하고 문제를 풀면 되는데, 좌극한값과 우극한값에 따라 양수, 음수가 바뀌는 문제가 주로 나온다. 문제를 직접 풀어보자.

Q 다음 중 극한값을 갖는 것을 모두 고르시오.

① $\lim\limits_{x \to 0} \dfrac{|x|}{x}$ ② $\lim\limits_{x \to 0} \dfrac{x^2}{|x|}$ ③ $\lim\limits_{x \to 0} \dfrac{|x|}{x^2}$

④ $\lim\limits_{x \to 1} \dfrac{x^2 - 1}{|x - 1|}$ ⑤ $\lim\limits_{x \to 1} \dfrac{|x^2 + x| - 2}{x - 1}$

②, ⑤

극한값을 가지려면 좌극한값과 우극한값이 각각 존재하며 그 값이 상수로서 같아야 한다. 그런데 하나하나 따져보기 귀찮아하는 아이가 많다. 극한은 앞으로 할 공부의 가장 기초적인 부분이다. 빠르고 정확하게 풀 수 있는 실력이 될 때까지 하나하나 확실하게 배워야 한다.

①의 좌극한값은 $\lim\limits_{x \to 0^-} \dfrac{-x}{x} = \lim\limits_{x \to 0^-}(-1) = -1$, 우극한값은 $\lim\limits_{x \to 0^+} \dfrac{x}{x}$ $= \lim\limits_{x \to 0^+} 1 = 1$로 서로 달라서 극한값을 갖지 않는다. ②의 좌극한값은 $\lim\limits_{x \to 0^-}$ $\dfrac{x^2}{-x} = \lim\limits_{x \to 0^-}(-x) = 0$, 우극한값은 $\lim\limits_{x \to 0^+} \dfrac{x^2}{x} = \lim\limits_{x \to 0^+} x = 0$으로 서로 같아서 극한값을 갖는다.

③은 $\lim\limits_{x \to 0^-} \dfrac{-x}{x^2} = \lim\limits_{x \to 0^-}\left(-\dfrac{1}{x}\right) = \infty$, $\lim\limits_{x \to 0^+} \dfrac{x}{x^2} = \lim\limits_{x \to 0^+} \dfrac{1}{x} = \infty$로 좌극한값

과 우극한값이 존재하지 않는다. ④의 좌극한값은 $\lim\limits_{x \to 1^-} \dfrac{(x-1)(x+1)}{-(x-1)}$ $=\lim\limits_{x \to 1^-}\{-(x+1)\}=-2$, 우극한값은 $\lim\limits_{x \to 1^+} \dfrac{(x-1)(x+1)}{x-1}=\lim\limits_{x \to 1^+}(x+1)=2$로 서로 달라서 극한값을 갖지 않는다.

⑤를 보며 $\lim\limits_{x \to 1} \dfrac{-(x^2+x)-2}{x-1}$ 와 $\lim\limits_{x \to 1} \dfrac{(x^2+x)-2}{x-1}$ 로 생각해서는 안 된다. $x \to 1$은 $x=1$의 근방에서만 중요하다. $x=1$을 x^2+x에 대입하면 2라는 함숫값을 가진다. 따라서 $x \to 1$에서 좌극한과 우극한 모두 x^2+x는 2 근방의 값을 갖는다. 그러므로 절댓값 안의 수는 좌극한이든 우극한이든 양수라서 $|x^2+x|=x^2+x$다. 주어진 식은 그냥 $\lim\limits_{x \to 1}$ $\dfrac{x^2+x-2}{x-1}$ 와 같다. 그래서 $\lim\limits_{x \to 1} \dfrac{(x-1)(x+2)}{x-1}=\lim\limits_{x \to 1}(x+2)=3$이라는 극한값을 갖는다.

$\dfrac{0(무한소)}{0(무한소)}$ 꼴로
부정형의 극한을 구하는 방법

$\lim\limits_{x \to a} \dfrac{f(x)}{g(x)}=a$($a$는 상수)이고 $\lim\limits_{x \to a} g(x)=0$일 때, $\lim\limits_{x \to a} f(x)=0$이다.

극한값이 상수이고 분모가 0(무한소)이면, 분자도 0(무한소)이어야 한다. 대입해서 0이 되었다는 말은 분모와 분자에 0을 만들 수 있는 식이 있다는 것이다. 따라서 분모와 분자를 소인수분해하고, 약분하고, 대입하면 극한값이 구해진다. 만약 약분한 뒤에 다시 대입해서 여전히 $\dfrac{0(무한소)}{0(무한소)}$ 꼴이 나온다면 인수분해, 약분, 대입의 과정을 계속하면 된다.

$\lim\limits_{x \to a} \dfrac{f(x)}{g(x)} = a\,(a \neq 0$인 상수$)$이고 $\lim\limits_{x \to a} f(x) = 0$일 때, $\lim\limits_{x \to a} g(x) = 0$이다.

극한값이 0이 아닌 상수이고 분자가 0(무한소)이라면, 분모도 0(무한소)이어야 한다. 만약 분자가 0이 아닌 상수고 분모가 0이면 즉 $\dfrac{5}{0}$ 꼴과 같은 것은 인간이 처리할 능력이 안 되어 '불능'이라고 한다. 당연히 문제로 나오는 일조차 없다.

$\lim\limits_{x \to a} \dfrac{f(x)}{g(x)} = 0$이고 $\lim\limits_{x \to a} f(x) = 0$일 때, $\lim\limits_{x \to a} g(x)$는 **어떤 식도 가능하다.**

극한값이 0이고 분자가 0이면, 분모는 어떤 식도 가능하다. 예를 들어 $\dfrac{5}{0}$ 꼴이라서 구분할 필요도 없이 분수의 값이 0이다. 정확히 말하면 앞의 두 가지는 $\dfrac{0(무한소)}{0(무한소)}$ 꼴의 부정형이고, 이것은 부정형이 아니지만, 전체를 이해하기 위해 여기에서 같이 다룬다.

극한값을 구하는 문제는 먼저 대입부터 하는 습관을 가져야 한다. 대입해서 분모가 0(무한소)이 아니면 그 값이 극한값이다. 그런데 분모가 0(무한소)인데, 분자가 0(무한소)이 아니면 불능인 상태가 된다. 따라서 분모가 0(무한소)이면 분자도 0(무한소)이어야만 극한값을 갖는다.

그러나 역으로 분자가 0(무한소)이라 할지라도 꼭 분모가 0(무한소)이어야 하는 것은 아니다. 분자가 0(무한소)이고 분모가 0(무한소)이 아니면 항상 0이라는 극한값을 갖기 때문이다. 물론 분자가 0(무한소)이고 극한값이 0이 아닌 수라면 분모가 0(무한소)이어야만 한다.

극한값을 이용한
다항식의 미정계수 결정하기

—

이번에는 $\frac{\infty}{\infty}$ 문제를 풀어보자.

Q $\lim\limits_{x \to \infty} \dfrac{x^3 - f(x)}{x^2 + x - 1} = 3$을 만족시키는 다항식 $f(x)$가 될 수 있는 것을 고르시오.

① $f(x) = 3x^2 + 4x + 5$

② $f(x) = -3x^2 + 4x + 5$

③ $f(x) = x^3 + 3x^2 + 4x + 5$

④ $f(x) = x^3 - 3x^2 + 4x + 5$

⑤ $f(x) = -x^3 - 3x^2 + 4x + 5$

④

무한수열의 극한에서 최고차항만 살아남는다는 '정글의 법칙'이 함수의 극한에서도 똑같이 적용된다. $x \to \infty$인 $\frac{\infty}{\infty}$ 꼴이 만약 분모와 분자의 차수가 다르다면 극한값은 ∞나 0이 나온다. 그런데 극한값이 상수 3이 나왔다는 것은 분모와 분자의 차수가 같고, 분모와 분자의 최고차항의 계수의 비가 3이어야 한다는 말이다.

이렇게 글로만 설명하면 아이들이 자칫 부호를 헷갈릴 수 있으니 분자에 있는 식을 써보자. $x^3 - f(x) = 3x^2 + ax + c$다. $f(x)$에 대해 정리하면 $f(x) = x^3 - 3x^2 - ax - c$다. 보기 중에서 ④가 이 꼴과 같다. 보통 이것은 분수식 미정계수 결정에서 '극한값을 이용해 다항식 결정하기'와 같은 문제로 나온다. 극한값을 이용해 다항식의 미정계수 결정하는 방법을 정리하면 다음과 같다.

$x \to \infty$에서 극한값이 상수인 경우, 즉 $\lim\limits_{x \to \infty} \dfrac{f(x)}{g(x)} = a$ ($a \neq 0$인 상수)일 때

① ($f(x)$의 차수) = ($g(x)$의 차수)

② 극한값 a는 분모와 분자의 최고차항의 계수의 비

Q 다항함수 $f(x)$가 $\lim\limits_{x \to \infty} \dfrac{f(x)}{2x^2 - x - 2} = 1$, $\lim\limits_{x \to 2} \dfrac{f(x)}{x^2 - x - 2} = 1$을 만족시킬 때, $f(1)$의 값을 구하시오.

$$-1$$

극한에서 '다항식의 미정계수 결정하기' 문제다. $f(x)$가 다항함수라는 조건을 놓치면 안 된다. $f(x)$가 다항함수이고 $f(1)$의 값을 구하라고 했으니, 두 조건을 통해서 구체적으로 $f(x)$가 무엇인지 구해야 한다.

$\lim\limits_{x \to \infty} \dfrac{f(x)}{2x^2 - x - 2} = 1$은 $\dfrac{\infty}{\infty}$ 꼴로 수렴하고 극한값을 가지니 분모와 분자의 차수가 같아야 해서 $f(x)$는 이차식이다. 최고차항의 계수가 2라서 약분한 값이 1이기 위해서는 $f(x) = 2x^2 + \cdots$라는 것을 알 수 있다. 이 식은 여기까지 알려주는 것으로 임무를 다한 것이다.

이제 $\lim\limits_{x \to 2} \dfrac{f(x)}{x^2 - x - 2} = 1$을 보자. $x = 2$를 대입하면 분모가 0이다. 그러므로 분자는 $f(2) = 0$이어야 $\dfrac{0(무한소)}{0(무한소)}$ 꼴로 극한값을 갖게 된다. 그런데 $f(x) = 2x^2 + \cdots$이고 이것이 $x - 2$를 인수로 가지니, $f(x) = 2(x - 2)(x + a)$를 $\lim\limits_{x \to 2} \dfrac{f(x)}{x^2 - x - 2} = 1$에 대입해보자.

$$\lim_{x \to 2} \frac{2(x-2)(x+a)}{(x-2)(x+1)} = 1$$

$$\Rightarrow \lim_{x \to 2} \frac{2(x+a)}{x+1} = 1$$

$$\Rightarrow \frac{2(2+a)}{2+1} = 1$$

$$\Rightarrow a = -\frac{1}{2}$$

따라서 $f(x) = 2(x-2)(x-\frac{1}{2})$이니, 답은 $f(1) = -1$이다.

극한값과 함숫값이 같아야 연속이다

수직선은 연속이다. 이처럼 연속이란 직선이나 곡선이 이어져 있음을 의미한다. 그래서 직선인 일차함수, 포물선인 이차함수 등 모든 다항함수는 연속이다. 아이들에게 이렇게 설명하면 직관적이고 쉽게 이해하지만, '어떤 함수의 그래프가 연속임을 보여라'는 말은 차원이 다르다. 어떤 함수의 전체가 연속이냐고 묻는 문제는 실제로 인간이 알아낼 수 없다. 그래서 어떤 함수의 특정한 점에서 연속인지 불연속인지를 다룰 뿐이다. 지금부터 제대로 배워보자.

$x = a$에서 함수의 연속

함수의 극한을 배우면서 $x = a$에서 극한값과 함숫값이 서로 다를 수 있다는 것을 알았다. 이제 $x = a$에서 극한값과 함숫값이 같을 때를 배울 차례인데, 이것을 '$x = a$에서 함수의 연속'이라고 한다. 어떤 함수의 전체 연속 여부가 아니라 어느 특정한 점에서 연속을 조사하는 것이다.

만약 다항함수만 있다면 연속을 다룰 일이 없었을 것이다. 모든 곳이 연속인 다항함수에서는 낼 만한 문제가 거의 없다. 그래서 분수함수, 구간함수 등 불연속의 가능성이 있는 지점만 알아보는 문제들밖에 없다. 그렇다면 지금 함수의 연속, 불연속을 왜 알아야 할까? 나중에 아이들이 좀 더 다양한 함수들을 배우고 다시 그 함수들을 조합해 새로운 함수를 만들어내는 과정에 극한, 연속, 미분이 다양하게 그리고 더 파워풀하게 사용되는 날이 오기 때문이다.

또한 함수가 연속임을 알면 좋은 이유가 있다. 가장 큰 장점이 극한값을 그냥 함숫값으로 대체시킬 수 있다는 것이다. 연속인 범위에서의 극한값은 그냥 대입해서 만드는 함숫값으로 대체시킬 수 있다. 그래서 극한에 대해 배울 때 $\lim_{x \to 1}(x^2 + 3x + 5) = 9$, $\lim_{x \to 1}\sqrt{x+3} = 2$, $\lim_{x \to 1}\dfrac{x^2-1}{x-1}$ $= 0$ 등 같이 대입해서 이상하지 않으면 그것이 극한값이라고 했다. $f(x) = x^2 + 3x + 5$는 모든 곳에서 연속이다. $f(x) = \sqrt{x+3}$은 루트 안이 0 이상이어야 하니 $x \geq -3$ 범위에서 연속이다. $f(x) = \dfrac{x^2-1}{x-1}$은 분모가 0이 아니어야 하니 $x \neq 1$ 범위에서 모두 연속이다.

어려운 함수에도
적용 가능한 연속의 정의
—

이제 '연속이란 이어진 것'이라는 직관적 의존에서 벗어나 나중에 어려운 함수에도 적용할 수 있는 정의를 장착해보자.

> **$x = a$에서 연속**: 함수 $f(x)$가 실수 a에 대해 3가지 조건을 만족시
> 킬 때 함수 $f(x)$는 $x = a$에서 연속이라고 한다
> ① $x = a$에서 함숫값 $f(a)$가 정의되어 있다
> ② 극한값 $\lim_{x \to a} f(x)$가 존재한다
> ③ $\lim_{x \to a} f(x) = f(a)$

이 조건 중 어느 하나라도 만족시키지 않으면 함수 $f(x)$는 $x = a$에서 불연속이라고 한다. 한마디로 말하면 극한값과 함숫값이 같다는 말이고, 식으로는 $\lim_{x \to a} f(x) = f(a)$가 핵심이다. 그런데 수학은 정확하게 공부하려면 항상 파헤쳐야 한다. 세 가지 조건이 의미하는 바를 각각 살펴보자.

어떤 함수는 어느 특정한 값에 정의되지 않을 수도 있기 때문에 조건① '$x = a$에서 함숫값 $f(a)$가 정의되어 있다'는 것이다. 함숫값이 존재하지 않는다면 당연히 불연속이 된다. 조건② '극한값이 존재한다'는 극한값의 정의에 따라 좌극한과 우극한이 같아야 한다는 말이다. 조건③ '$\lim_{x \to a} f(x) = f(a)$'는 극한값과 함숫값이 같아야 한다는 의미다. 그런데 극한값이 존재한다는 것은 좌극한과 우극한이 같다는 것이니, $\lim_{x \to a} f(x) = f(a)$는 좌극한, 우극한, 함숫값이 모두 같아야 비로소 $f(x)$는 $x = a$에서 연속이라 정리할 수 있다.

그래프를 예로 보여주려고 하는데, 흔히 보는 연속이 되는 그래프보다 연속이 안 되는, 즉 불연속의 상황을 보는 것이 더 이해하기

쉽다. 연속과 반대로 불연속이 되는 조건은 ① $f(a)$가 없다, ② 극한 값 $\lim\limits_{x \to a} f(x)$가 존재하지 않는다, ③ $\lim\limits_{x \to a} f(x) \neq f(a)$ 세 가지다.

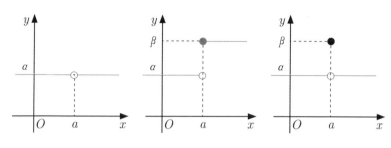

⟨$f(a)$가 없어서 불연속⟩   ⟨$\lim\limits_{x \to a} f(x)$가 없어서 불연속⟩   ⟨$\lim\limits_{x \to a} f(x) \neq f(a)$라서 불연속⟩

첫번째 그래프는 함숫값이 없고, 두 번째 그래프는 극한값이 없으며, 세 번째 그래프는 극한값과 함숫값이 다르다. 정리하면 직관적으로 그래프가 한 점의 구멍도 없이 이어져 있어야 하며, 좌극한과 우극한이 일치하는 그 지점에 함숫값이 존재해야만 비로소 연속이 된다. 문제를 풀면서 확인해보자.

Q 함수 $f(x) = \begin{cases} \dfrac{x^2 + x - 12}{x - 3} & (x \neq 3) \\ a & (x = 3) \end{cases}$ 가 모든 실수 x에 대해 연속일 때, 상수 a의 값을 구하시오.

7

문제의 $f(x)$는 다항함수일까, 아니면 분수함수일까? 둘 모두의 성격의 가지고 있지만 교과서에서 부르는 이름이 없어서 이 책에서는 이런 함수를 '구간별로 정의된 함수'라고 하겠다. 문제에서 연속이라고 했으니 극한값과 함숫값은 같다.

우선 $f(3) = a$라는 함숫값을 갖는다. 그리고 $x \neq 3$이면서 3에 가까이 가는 극한값 $\lim_{x \to 3} \dfrac{x^2 + x - 12}{x - 3}$와 함숫값 a가 같아야 한다. 극한값은 먼저 대입부터 하라고 했다. 대입해보면 $\dfrac{0(무한소)}{0(무한소)}$이니 인수분해하고 약분해야 한다.

$$\lim_{x \to 3} \frac{x^2 + x - 12}{x - 3} = \lim_{x \to 3} \frac{(x - 3)(x + 4)}{x - 3} = \lim_{x \to 3}(x + 4) = 7$$

연속함수의 정의에 따라 $\lim_{x \to 3} f(x) = f(3)$이니 상수 $a = 7$이다. 이번에는 함수 그래프로 이해해보자.

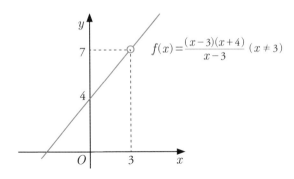

$$f(x) = \frac{(x-3)(x+4)}{x-3} \quad (x \neq 3)$$

가장 먼저 $x \neq 3$일 때의 그래프가 모두 이어져 있으니, 3이 아닌 모든 x에 대해 연속이다. 따라서 모든 실수 x에 대해 연속이려면 $x = 3$에서의 극한값과 함숫값이 같아야 한다. 극한값을 구해보자.

$$\lim_{x \to 3} \frac{x^2 + x - 12}{x - 3} = 7 = f(3) = a$$

문제가 복잡할수록 $\lim\limits_{x \to a} f(x) = f(a)$라는 연속의 조건을 사용해야 한다. 연속함수의 정의를 잘 보면 어떤 구간이 아니라 a라는 한 점에서의 연속이다. 다시 말하지만 점이 아니라 어떤 구간, 실수 전체에서 연속의 정의는 없다. 주어진 함수 각각의 점에서 일일이 연속인지 아닌지 조사하는 것도 불가능하다. 결국 연속이 되는 상황을 가정하고 '불연속이 의심되는 점에서 조사해보고 그 지점이 연속이면 구간에서 연속이다'라는 식으로 전개된다. 따라서 연속이 되는 함수 구간을 정리해야 한다. 그동안 배운 함수의 그래프들을 머릿속에서 그려보면서 정리해보자.

- 다항함수 $y = f(x)$는 모든 실수 x에 대해 연속이다. 다항함수끼리 더하고 빼고 곱해서 만든 식도 다항함수이고 당연히 모두 연속이다.

- 분수함수 $y = \dfrac{f(x)}{g(x)}$ ($f(x)$, $g(x)$는 다항식)는 $g(x) \neq 0$인 모든 실수 x에 대해 연속이다. 다항함수끼리 나누었을 때 나누는 다항식이 0이 될 때는 불연속이다. 물론 $f(x)$, $g(x)$를 다항식이 아니라 연속인 함수라고 지정해도 같다. 분수함수를 배운 적이 없다고 말하는 아이들이 있을 수 있다. 중학교에서 배우는 반비례 그래프가 분수함수의 일종이다.

- 무리함수, 삼각함수, 지수함수, 로그함수, 가우스함수 등의 그래프들을 배우게 되면 하나하나 연속인 범위를 정리하기 바란다.

Q 함수 $f(x) = \dfrac{x-1}{x^2 + 5x + a}$ 이 모든 실수 x에 대해 연속이 되도록 하는 정수 a의 최솟값을 구하시오.

7

함수 $f(x) = \dfrac{x-1}{x^2+5x+a}$ 이 연속이려면 분모인 x^2+5x+a가 0이어서는 안 된다. 그래서 문제가 묻고 있는 것은 $x^2+5x+a \neq 0$을 만족시키는 최소의 정수 a다. $x^2+5x+a \neq 0$은 방정식도 아닌데, 도대체 무엇일까? $x^2+5x+a \neq 0$은 두 함수 $y=x^2+5x+a$와 $y=0(x$축)이 만나지 않아야 한다는 것이다.

만약 이 설명조차 어렵다고 느낀다면 $x^2+5x+a > 0$을 만족하는 절대부등식을 풀면 된다. 방정식, 부등식, 함수 등을 설명할 때 대부분은 '함수의 그래프'로 하는 것이 가장 좋고, 그다음으로는 '완전제곱식'이 좋다. 보통 판별식 $D < 0$으로 가장 짧게 설명하는 일이 가장 많지만, 이것은 기술이다.

여기에서는 완전제곱식으로 설명하겠다.

$$x^2 + 5x + a > 0$$
$$\Rightarrow x^2 + 5x + \frac{25}{4} - \frac{25}{4} + a > 0$$
$$\Rightarrow (x + \frac{5}{2})^2 - \frac{25}{4} + a > 0$$

$(x + \frac{5}{2})^2$은 '실수의 성질'로 이미 0 이상이다. 그러므로 $-\frac{25}{4} + a$가 0보다 크면 된다. 따라서 $-\frac{25}{4} + a > 0 \Rightarrow a > 6\frac{1}{4}$을 만족하는 최소의 정수는 7이다.

분모가 0이 아닌 이상 연속인 함수끼리의 연산은 연속함수가 된다. 그렇다면 다른 것들은 어떨까? 예를 들어 연속인 함수와 불연속인 함수의 사칙연산과 합성, 불연속인 함수끼리의 사칙연산과 합성은 어떻게 될까? 이럴 때 절대 속단하면 안 된다. '연속의 정의'대로 하나하나 극한값과 함숫값을 구하고 같은지 조사해야 한다.

유한에 갇힌 무한

거듭 말하지만 모든 수는 수직선에 있다. 수직선 두 개를 교차해서 좌표평면을 만들었고, 좌표평면에 함수와 함수 그래프를 가르치면서 함숫값은 공역인 y축에 있다는 것을 절대 잊으면 안 된다고 했다. 0.999…를 다루면서 '가무한'과 '실무한'을 구분해야 한다고도 말했다. 함수의 극한값은 x축이 아니라 y축에 있고, 또 극한값은 함숫값과 관계없이 좌극한과 우극한이 상수로 같으면 존재한다고도 가르쳤다. 이것저것 배웠으니 모두 정리해보자.

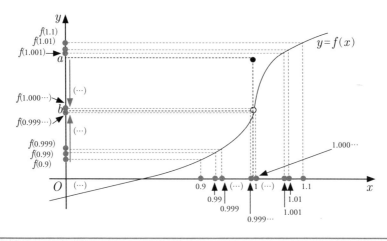

이 그래프를 보면서 반드시 잡고, 구분해야 하는 개념들을 설명하 겠다.

$x\to 1^-$, $x\to 1^+$, $f(x)\to b^-$, $f(x)\to b^+$는 가무한의 관점이다.

예를 들어, 가무한의 관점에서는 '(0.999⋯)+(무한소) = 1'이다. A가 학교에서 집에 갈 때 집 근처, 즉 현관문 앞에서 문손잡이를 아직 잡지 않았을 때다(160쪽 참조).

$x\to 1$일 때, $f(x)\to b$는 실무한의 관점이다.

(0.999⋯) = (1.000⋯) = 1이다. 1의 좌우에서 무한히 가까이 가 결국 은 1에 닿았고, 그 순간의 함숫값 $f(x)$도 극한값 b에 닿은 것이다. 무한히 다가가서 유한에 도달하고 넘어설 수는 없으니 '무한이 유한에 갇혔다' 고 표현한다. A가 학교에서 집으로 갈 때 집 현관의 문손잡이를 잡은 순 간이다. A가 집과 붙어 있으니 물리적으로 둘이 동일시되는 것이 극한 이다.

다시 말해 실무한의 극한의 세계에서는 (0.999⋯)+0(영) = 1로 0.999⋯와 1 사이에 간극이 존재하지 않는다. 그런데 무한소 0^+는 0보다 약간 크다는 것이니, 개념적으로 극한값과 무한소는 양립할 수 없는 관 계다. 그래서 현재 고등학교에서는 무한소의 개념을 가르치지 않지만,

수백 년간 설명과 이해의 편리성 때문에 무한소를 가르쳤었다. 이 책에서도 각각을 구분하기 위해 무한소의 개념을 설명했다.

함숫값과 극한값은 다른 개념이다.

$y = f(x)$ 그래프는 $x = 1$에서 일단 불연속으로 보인다. 그래프에서 함숫값 $f(1) = a$이고, 극한값 $\lim_{x \to 1} f(x) = b$이기 때문이다. 그리고 만약 $a \to b$가 되면 함숫값과 극한값이 같아서 연속이라고 할 수 있기에 '일단'이라고 말한 것이다.

A가 학교에서 집으로 갈 때 집 현관문 앞에서 문손잡이를 잡은 순간이 극한값이라면 문을 열고 집 안에 들어간 것은 함숫값이라고 할 수 있다. 점을 집에 비유했기에 점 안이나 집 안으로 들어갈 수는 없다. 그러나 우리는 무한을 알 수 없어도 상상은 할 수 있다. 극한값과 함숫값의 관계를 정확하게 비교할 수는 없지만 그래프의 점을 집에 비유해 극한값과 함숫값을 구분했듯이 말이다. 극한값과 함숫값을 구분해 접근하지 않으면 혼동하기 쉽다.

3장

미분

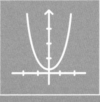

부드러운 변화를
예측하게 하는 '미분'

이 책에서 가장 먼저 수직선을 배웠고, 그다음 함수의 조건과 그래프, 극한, 연속을 배웠다. 이 모든 것이 미분 가능한 함수와 미분을 배우기 위한 전제 조건이다. 우리는 미분에 이르기 위해 그 과정을 거쳐온 것이다. 미분 가능 함수는 한마디로 연속이면서 부드러운 그래프를 말한다.

그런데 함수의 그래프가 부드럽다는 것이 무슨 의미일까? 생각해보자. 우리의 일상에서도 흔히 부드럽게 이어지는 연속적인 변화를 볼 수 있다. 비행기나 새의 움직임, 흘러가는 강물이나 전파, 온도나 계절의 변화 그리고 혜성이나 행성 등의 거대한 움직임까지. 이런 어떤 힘을 가진 것의 운동은 거의 대부분 우리가 놀라지 않도록 부드럽게 일어난다.

물론 이런 부드러운 운동만 있는 것은 아니다. 잘 가다가 넘어지거나 절벽에서의 추락, 자동차 충돌 등 급격한 변화를 가진 운동들도 있다. 하지만 미분이 가능한 부드러운 운동이 훨씬 많고, 불연속이나 급격한 변화 등은 전체적으로 볼 때 극히 예외적인 현상이며 미분되지 않아서 예측할 수 없다. 즉, 특이 지점을 제외한 대부분의 구간에서는 부드럽기 때문에 기울기라고 일컫는 미분이 가능하고 어느 정도 앞날을 예측할 수 있는 것이다.

본격적으로 미분을 배우기 전에 앞에서 배운 내용들을 다시 떠올려보자. 맨 처음 수학은 점의 연속인 선 또는 그림으로 공부하면 어려워져도 쉽게 이해할 수 있다고 했다. 미적분 역시 점의 연속인 선, 그림으로 공부해야 한다고도 말했다. 그러니 점부터 돌아보자.

·

점은 길이, 넓이, 부피가 없이 위치만 존재한다. 실제로는 존재하는 게 아니지만 점이라고 보자고 약속한 것으로, 점을 포함한 모든 도형은 마음속에만 있다. 당연히 아무것도 없는 점에는 방향성도 있을 수 없다. 방향성을 기울기라고 하고, 기울기는 직선에만 있다.

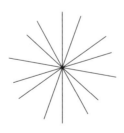

점에 방향성을 주고 싶어 한 점을 지나는 직선을 그려보면 무수히 많은 직선을 그릴 수 있다. 여기서 '한 점을 지나는 무수히 많은

직선= 한 점에서 돌고 있는 직선'을 떠올린다면(110쪽 참조), 이 책
을 제대로 보고 있는 것이다. 무수히 많은 직선 중 하나를 기울기가
0인 직선이라고 하자.

그리고 직선에 있는 점들을 모두 수라고 보는 것이 수직선이다.
수직선 위에 A라는 점(수)이 움직이는 방향은 + 방향과 − 방향이
라는 두 가지만 존재한다. 그리고 이 기울기를 0이라고 하자.

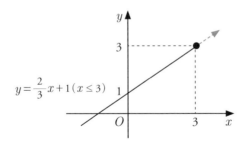

$$y = \frac{2}{3}x + 1 \,(x \leq 3)$$

이번에는 좌표평면 위에 있는 직선을 보자. 이 직선은 $x \leq 3$에서
그려진 반직선이고 마지막 점은 (3, 3)이다. 이 직선을 연장한다고
했을 때, 특별한 이유가 아니면 점 (3, 3)을 지나고 기울기가 $\frac{2}{3}$인
직선이 될 것이다. 여기까지의 지식을 가지고 곡선 위에 점을 바라
보자.

곡선 위의 한 점에서의 방향성 = 미분

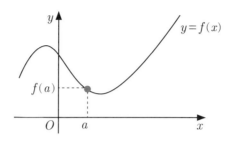

함수 $y=f(x)$ 그래프에 한 점 $(a, f(a))$가 있다. '점 $(a, f(a))$에서의 방향성'을 묻는다면 배운 대로, "방향성은 기울기고, 기울기는 직선에만 있어 질문이 잘못됐다"고 말할 줄 알아야 한다. 그렇다면 곡선 위의 한 점에서의 방향성은 알 수 없는 걸까? 그것을 잡기 위해 수학자들이 고민했고, 그 결과가 '미분'이다.

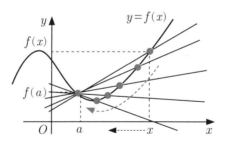

그래프 위의 한 점 $(a, f(a))$와 또 다른 한 점 $(x, f(x))$를 잡았다고 하자. 두 점 $(a, f(a))$, $(x, f(x))$를 이은 직선의 기울기는 $\frac{\Delta y}{\Delta x} = \frac{f(x) - f(a)}{x - a}$ 인데, 곡선에서는 기울기가 없으니 이것을 기울기라고 표현할 수 없

다. 대신 '평균변화율'이라고 한다. 그래프를 보면 x가 a에 조금씩 가깝게 다가가면서 점들을 찍고 계속해서 평균변화율을 만들고 있다.

$x \to a$에서 $f(x) \to f(a)$라는 극한값이 떠오를 것이다. 그런데 그래프에서는 x가 a에 가까워지니 우극한만 보인다. 이때 평균변화율 $\dfrac{f(x) - f(a)}{x - a}$의 극한 $\displaystyle\lim_{x \to a}\dfrac{f(x) - f(a)}{x - a}$를 순간변화율이라고 한다. 평균변화율의 극한 $\displaystyle\lim_{x \to a}\dfrac{f(x) - f(a)}{x - a}$를 풀기 위해 x 대신에 a를 대입하면 $\dfrac{0(무한소)}{0(무한소)}$의 꼴이 나온다. 다시 약분해 극한값을 구하면 어떤 숫자가 나오는데, 그것이 '순간변화율'이다.

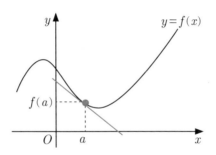

그래프를 보면 순간변화율은 점 $(a, f(a))$를 지나는 직선의 기울기다. 이 곡선에 접하는 직선을 '접선'이라고 한다. 그래서 점 $(a, f(a))$는 곡선 위의 점이면서 순간변화율(기울기)을 갖게 되었다. 곡선 위의 한 점에서 방향을 찾은 것이다.

- 두 점 $(a, f(a))$, $(x, f(x))$를 지나는 직선의 기울기를 모든 함수의 그래프에서는 '평균변화율'이라고 한다.

- $\frac{f(x)-f(a)}{x-a}$라는 평균변화율의 극한, 즉 $\lim\limits_{x \to a} \frac{f(x)-f(a)}{x-a}$의 값을 '순간변화율'이라고 한다.

- 연속함수 $f(x)$에 대해 $\lim\limits_{x \to a} \frac{f(x)-f(a)}{x-a}$에서 좌극한과 우극한이 같으면, $f(x)$는 '$x = a$에서 미분 가능하다'고 하고, 그 극한값을 '$x = a$에서의 미분계수'라고 한다. 또한 간단히 $f'(a)$(에프프라임에이)라고 표기해 $\lim\limits_{x \to a} \frac{f(x)-f(a)}{x-a} = f'(a)$라고 한다.

- $\lim\limits_{x \to a} \frac{f(x)-f(a)}{x-a} = f'(a)$에서 $x-a = h$로 치환하면 $x = a+h$이고, $x \to a$이면 $h \to 0$이니 식은 다시 $\lim\limits_{h \to 0} \frac{f(a+h)-f(a)}{h} = f'(a)$다. 미분식은 $\lim\limits_{x \to a} \frac{f(x)-f(a)}{x-a}$, $\lim\limits_{h \to 0} \frac{f(a+h)-f(a)}{h}$ 밖에 없다. 이 두 개의 식을 기반으로 다항함수는 물론 모든 초월함수의 수많은 공식이 만들어졌다.

- $\frac{\Delta y}{\Delta x}$는 평균변화율이고 $\frac{dy}{dx}$는 순간변화율이다. 이 둘의 차이를 가르쳐도 여러 가지 기호를 사용하면 아이들이 순간적으로 헷갈려하는 경우가 있다. 영어 $Difference$의 D에 해당하는 그리스 문자 Δ(델타)는 대문자다. 소문자는 영어 표기와 같은 d다. 대문자 Δ는 큰 차이에, 소문자 d는 작은 차이에 사용한다고 생각하면 덜 헷갈릴 것이다. 또, $\lim\limits_{h \to 0} \frac{f(a+h)-f(a)}{h} = f'(a)$에서 a 대신 x를 대입하면 $\lim\limits_{h \to 0} \frac{f(x+h)-f(x)}{h} = f'(x)$가 된다. 그래서 미분은 $\frac{dy}{dx}, f'(x)$로 나타낼 수 있다.

- (평균변화율의 극한) = (순간변화율) = (미분계수) = (미분값) = (접선의 기울기)다. 중요한 것들은 이름이 많다. 죽어라 공부했는데 이름을 몰라서 혹은 헷갈려서 틀리게 된다면 억울할 것이다. 많은 아이가 그러니 이 이름들을 혼동하지 않도록 숙지해야 한다.

미분을 배웠으니 다음 문제를 풀어보자.

Q $x \leq a$인 범위에서만 정의된 함수 $y = f(x)$의 그래프가 다음 그림과 같이 있다. $x > a$의 범위에서 $y = f(x)$의 그래프가 그려질 모습에 대한 설명으로 가장 유용한 것을 고르시오.

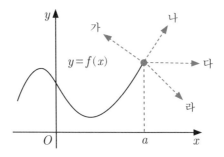

① $x = a$까지의 그래프가 계속 앞 방향으로 갔으니 역으로 〈가 방향〉으로 갈 것이다.

② $x = a$에서 접선의 기울기인 〈나 방향〉으로 당분간은 갈 것 같다.

③ 그래프가 올라갈지 내려갈지 모르니 차라리 기울기가 0인 〈다 방향〉으로 갈 것이다.

④ 그래프가 올라가던 중이었으니 이제 급격히 추락하는 〈라 방향〉으로 갈 것이다.

⑤ 가 방향을 빼고 나, 다, 라의 어느 방향으로 갈지 아무도 모른다.

②

가장 옳은 보기를 찾는다면 ⑤가 맞다. 앞으로 그래프의 모양이 어떨지는 아무도 모른다. 그런데 이것은 '수학 시험을 치르면 반드시 0점에서 100점까지 점수가 나올 것이다'라는 말처럼 유용하지 않고 쓸데없다. 문제가 요구하는 것은 옳고 그름이 아니라 유용한 보기를 찾는 것이다.

①에서 말하는 〈가 방향〉은 문제에서 말하는 함수라는 조건에 위배되어 무조건 틀린다. 그렇다면 답은 ②, ③, ④ 중에 있다. 살다 보면 갑자기 뜻밖의 사고로 죽을 수 있으니 앞날을 준비할 필요가 없다고 할 수는 없다. 지금까지 살아왔듯이 앞으로도 살 확률이 더 높아서 앞날을 준비하지 않으면 힘들어질 수 있기 때문이다. ③과 ④의 확률도 있지만, ②처럼 그래프가 움직인 대로 진행될 확률이 더 높다는 말이다. 만약 $y = f(x)$의 그래프가 연속이고 부드럽다는 가정이 있었다면 ②는 완전히 유용해진다. 앞으로 배우겠지만, 그래프가 연속이고 부드럽다면 미분의 가능성과 유용성은 극대화된다.

도함수는
기울기를 유도하는 함수다

먼저 도함수의 정의를 보자. 교과서에 도함수의 정의는 다음과 같다. "$f(x)$에 대해 $f'(x) = \lim_{h \to 0} \dfrac{f(x+h) - f(x)}{h}$가 존재하면 $f'(x)$를 $f(x)$의 도함수라고 한다."

$f(x)$를 미분하여 얻은 $f'(x)$는 여전히 두 변수를 포함하는 함수로, 도함수라고 한다. 그런데 필자가 '미분은 기울기'라고 한 말을 기억하는가? 그래서 $f'(x)$와 기울기(미분계수)의 관계를 정확히 하지 않으면 헷갈릴 것이다. 정리하면 $f'(x)$는 기울기이기도 하고 함수이기도 하다.

도함수: 기울기를 유도하는 함수

$f'(x)$라는 도함수에서 도導가 '인도하다'는 의미이기에 필자는 '기울기를 유도하는 함수'라고 정의한다. $f(x) = x^2$ 그래프를 직접 보며 이해해보자.

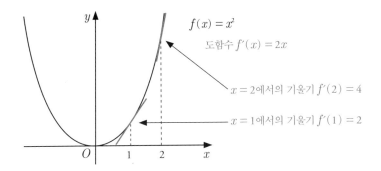

우선 $f(x) = x^2$의 도함수를 구해보자. $f'(x) = \lim\limits_{h \to 0} \dfrac{f(x+h) - f(x)}{h}$ 에 맞춰 $f(x) = x^2$을 대입하면,

$$f'(x) = \lim_{h \to 0} \frac{(x+h)^2 - x^2}{h}$$
$$\Rightarrow f'(x) = \lim_{h \to 0} \frac{x^2 + 2hx + h^2 - x^2}{h}$$
$$\Rightarrow f'(x) = \lim_{h \to 0} \frac{2hx + h^2}{h}$$
$$\Rightarrow f'(x) = \lim_{h \to 0} (2x + h)$$
$$\Rightarrow f'(x) = 2x$$

간단한 함수 $f(x) = x^2$의 도함수를 구하기도 귀찮다. 이런 것은 앞으로 공식으로 처리하게 될 테니 어려워하지 말고 개념에만 집중하자.

도함수 $f'(x) = 2x$는 '기울기를 유도하는 함수'라고 했다. $x = 1$에서 기울기가 $f'(1) = 2 \times 1 = 2$이고, $x = 2$에서 기울기가 $f'(2) = 2 \times 2 = 4$다. 이런 방법으로 $f(x) = x^2$ 그래프의 곡선의 점들에서 기울기를 모두 구해낼 수 있다. 그래서 '도함수는 기울기를 유도하는 함수'

라고 한 것이다. 도함수를 빨리 구하기만 하면 곡선의 어느 곳이든 x 의 값을 대입해 기울기를 구할 수 있다.

도함수를 빨리 구하는 미분법

어떤 점에서 미분계수를 구하는 방법을 알았으니 그냥 구하면 되는데 왜 도함수를 구한 다음 다시 대입하는 과정을 거치냐고 말하는 사람들이 있다. 틀린 말은 아니다. 미분계수가 필요할 때마다 정의대로 구하는 일은 너무 귀찮다. 그런데 만약 일반형이라 할 수 있는 도함수를 빨리 구하는 방법이 있다면 도함수를 통해 미분계수를 구하는 것이 빠르다. 그래서 이번에는 도함수를 빨리 구하는 방법인 미분법 공식을 알려주겠다.

다항함수의 미분법: $y = x^n \implies y' = n x^{n-1}$

$\lim\limits_{x \to a} \dfrac{f(x) - f(a)}{x - a}$ 에서 x 대신 t, a 대신 x를 대입해서 만든 $f'(x)$ $= \lim\limits_{t \to x} \dfrac{f(t) - f(x)}{t - x}$를 이용해서 $y = x^n$(n은 자연수)을 미분하면 $y' = n x^{n-1}$이 된다는 것을 증명하려고 한다.

- $f'(x) = \lim\limits_{t \to x} \frac{f(t) - f(x)}{t - x}$ 로 바꾼 이유는 $t = x$에서의 기울기(미분계수)를 구하기 위해서다.

- $f(x) = x^n$을 $f'(x) = \lim\limits_{t \to x} \frac{f(t) - f(x)}{t - x}$ 에 대입해 $f'(x) = \lim\limits_{t \to x} \frac{t^n - x^n}{t - x}$을 구하면 된다. 그러려면 $t^n - x^n$을 인수분해해야 한다. 다음에 소개하는 규칙성은 교과서에 나오지 않지만 고등학교 1학년 때 가르쳐주는 선생님이 많다.

$$t^2 - x^2 = (t - x)(t + x)$$
$$t^3 - x^3 = (t - x)(t^2 + x t + x^2)$$
$$t^4 - x^4 = (t - x)(t^3 + x t^2 + x^2 t + x^3)$$
$$\vdots$$
$$t^n - x^n = (t - x)(t^{n-1} + x t^{n-2} + x^2 t^{n-3} + \cdots + x^{n-3} t^2 + x^{n-2} t + x^{n-1})$$

따라서 $\lim\limits_{t \to x} \frac{t^n - x^n}{t - x}$
$$= \lim_{t \to x} \frac{(t - x)(t^{n-1} + x t^{n-2} + x^2 t^{n-3} + \cdots + x^{n-3} t^2 + x^{n-2} t + x^{n-1})}{t - x}$$
$$= \lim_{t \to x} (t^{n-1} + x t^{n-2} + x^2 t^{n-3} + \cdots + x^{n-3} t^2 + x^{n-2} t + x^{n-1})$$
$$= n x^{n-1} (\because t \text{ 대신 } x \text{를 대입하면 } x^{n-1} \text{이 } n \text{개 더해진다.})$$

- $y = c$(c는 상수)이면 $y' = 0$

$f(x) = c$라 하면 $f(x + h) = c$이므로, $f'(x) = \lim\limits_{h \to 0} \frac{f(x + h) - f(x)}{h} = \lim\limits_{h \to 0} \frac{c - c}{h}$
$= \lim\limits_{h \to 0} \frac{0}{h} = 0$이다. 따라서 상수를 미분하면 항상 0이 된다.

- $y = f(x) + g(x)$이면 $y' = f'(x) + g'(x)$

$$y' = \lim_{h \to 0} \frac{\{f(x + h) + g(x + h)\} - \{f(x) + g(x)\}}{h}$$
$$= \lim_{h \to 0} \frac{\{f(x + h) - f(x)\} + \{g(x + h) - g(x)\}}{h}$$
$$= \lim_{h \to 0} \frac{f(x + h) - f(x)}{h} + \lim_{h \to 0} \frac{g(x + h) - g(x)}{h}$$
$$= f'(x) + g'(x)$$

이로써 합의 꼴의 함수에서 미분은 각각을 미분해서 더하면 된다는 것을 증명한다.

- $y = f(x) g(x)$이면 $y' = f'(x) g(x) + f(x) g'(x)$로 곱미분이라고 한다

$$y' = \lim_{h \to 0} \frac{f(x + h) g(x + h) - f(x) g(x)}{h}$$

$$= \lim_{h \to 0} \frac{f(x+h)g(x+h) - f(x)g(x+h) + f(x)g(x+h) - f(x)g(x)}{h}$$

$$= \lim_{h \to 0} \frac{\{f(x+h) - f(x)\}g(x+h) + f(x)\{g(x+h) - g(x)\}}{h}$$

$$= \lim_{h \to 0} \frac{\{f(x+h) - f(x)\}g(x+h)}{h} + \lim_{h \to 0} \frac{f(x)\{g(x+h) - g(x)\}}{h}$$

$$= \lim_{h \to 0} \frac{\{f(x+h) - f(x)\}}{h} \times \lim_{h \to 0} g(x+h) + \lim_{h \to 0} f(x) \times \lim_{h \to 0} \frac{\{g(x+h) - g(x)\}}{h}$$

$$= f'(x)g(x) + f(x)g'(x)$$

함수 $f(x)$를 미분한 것에는 $f'(x)$와 $\frac{dy}{dx}$가 있다. $\frac{dy}{dx}$는 '디와이디엑스'라고 읽으며 dy(디와이)를 dx(디엑스)로 나눈다는 의미가 아니라 단순히 y를 x에 대해 미분한다는 뜻이다. 이외에 y', $(\ )'$, $\frac{d}{dx}f(x)$ 등으로 미분을 표현한다. 이 공식의 유도 과정이 어렵다면 아직 배우지 않은 것이 있어서다.

미분법은 그냥 공식에 불과하니 우선 다항함수의 미분 공식만 외우고 고등학교에 가서 배우면서 이해해도 된다. 그리고 유리함수, 무리함수, 초월함수들이 추가되면 많은 공식이 만들어지지만 이 책에서는 다항함수의 미분법만 다루어서 공식이 몇 개 되지 않는다. 문제들을 풀면서 다항함수의 미분법 공식을 연습하자.

Q 다음 다항함수의 도함수를 구하시오.

① $y = 3x^5$

② $y = 7$

③ $y = 3x^3 + 4x^2 + 5x + 5$

④ $y = -2x^2 - 3x + 4$

⑤ $y = (x^2 + 3x + 7)(2x - 1)$

$$① \ y' = 15x^4 \quad ② \ y' = 0$$

$$③ \ y' = 9x^2 + 8x + 5 \quad ④ \ y' = -4x - 3$$

$$⑤ \ y' = (2x+3)(2x-1) + 2(x^2 + 3x + 7)$$

① $y = x^n$을 미분하면, 지수를 계수에 곱하고 지수에서 1을 뺀 $y' = nx^{n-1}$이다. $y = 3x^5$을 미분하면 지수인 5를 계수 3에 곱하고, 지수는 1을 빼주면 $y' = 15x^4$이다. ② $y = 7$을 $y = 7x^0$이라고 보고 미분하면 $y' = 7 \times 0 \times x^{-1}$이지만 0이 곱해졌으니 $y' = 0$이다. ③과 ④ 역시 $y = x^n$을 미분하면 지수를 계수에 곱하고 지수에서 1을 뺀 $y' = nx^{n-1}$이니 따로 설명하지 않고 넘어가겠다.

⑤는 곱미분 $y' = f'(x)g(x) + f(x)g'(x)$를 사용해야 한다. $y' = (x^2 + 3x + 7)'(2x-1) + (x^2 + 3x + 7)(2x-1)'$이니 $y' = (2x+3)(2x-1) + 2(x^2 + 3x + 7)$이다. 간혹 아이들이 도함수를 끝까지 정리하는데 보통 미분한 다음 미분계수를 구하기 때문에 굳이 정리하지 않아도 된다. 만약 곱미분이 생각나지 않는다면 전개해서 미분해도 된다.

Q 함수 $f(x) = 1 + x + x^2 + \cdots + x^9 + x^{10}$에 대해 $f'(1) - f(1)$의 값을 구하시오.

44

도함수의 정의로 풀려고 하면 끔찍한 문제다. 당연히 미분법 공식을 사용해야 한다. $f'(x) = 1 + 2x + 3x^2 + \cdots + 9x^8 + 10x^9$이므로, $f'(1) = 1 + 2 + \cdots + 9 + 10 = 55$다. $f(1) = 11$이니 답은 44다.

'$1 + x + x^2 + \cdots + x^9 + x^{10}$'의 항이 10개, $f(1)$을 10이라고 생각해서 다 푼 문제를 망치지 않기 바란다. 다음 문제는 극한과 곱미분을 활용하는 문제다. 약간 어렵겠지만 한번 풀어보자.

Q 다항함수 $f(x)$, $g(x)$에 대해 $\lim\limits_{x \to 1} \dfrac{f(x) - 6}{x - 1} = 10$, $\lim\limits_{x \to 1} \dfrac{g(x) - 8}{x - 1} = 12$를 만족시킬 때, 함수 $y = f(x)g(x)$의 $x = 1$에서의 미분계수를 구하시오.

152

함수 $y = f(x)g(x)$의 $x = 1$에서의 미분계수를 구하라고 했으니 도함수 $y' = f'(x)g(x) + f(x)g'(x)$에 1을 대입한 $f'(1)g(1) + f(1)g'(1)$의 값을 구해야 한다. 이 값을 구하기 위해서는 $f(1)$, $f'(1)$, $g(1)$, $g'(1)$을 모두 구해야 한다. 그런데 주어진 두 개의 식을 통해서 이들을 모두 구할 수 있다.

$\lim\limits_{x \to 1} \dfrac{f(x) - 6}{x - 1} = 10$처럼 극한으로 정의된 것은 항상 대입이 먼저라고 말했다. 분모가 0(무한소)이고 극한값을 가지니 분자가 0(무한소)이어야 한다. 그러므로 $f(1) = 6$이란 식을 얻을 수 있다. $\lim\limits_{x \to 1} \dfrac{f(x) - 6}{x - 1} = 10$의 6 대신에 $f(1)$을 대입하면 $\lim\limits_{x \to 1} \dfrac{f(x) - f(1)}{x - 1} = 10$이다. 도함수의 정의에 따라 $f'(1) = 10$이다.

같은 방법으로 $\lim\limits_{x \to 1} \dfrac{g(x) - 8}{x - 1} = 12$에서 $g(1) = 8$이고, $g'(1) = 12$다. 따라서 답은 $f'(1)g(1) + f(1)g'(1) = 10 \times 8 + 6 \times 12 = 152$다.

미분 가능성:
미분이 될 조건

미분은 예측하는 학문이어서 그래프의 모습이 특별하지 않고 통상적이어야만 한다는 전제를 가진다. 예를 들어 그래프를 길이라고 하자. 길이 깊게 파여 있거나 단층작용을 하듯 끊어져 있거나 지진이 난 것처럼 꺾여 있다면 가볍게 산책하기에 적당한 길은 아니다. 즉 길이 자연스럽거나 통상적이지 않은 것이다. 물론 길이 깊게 파이거나 끊어지거나 꺾이지 않아도 갑자기 절벽이 나타난다면 그 역시 일반적이지 않다. 지금 당장은 이 말이 이해가 안 될 수도 있지만 앞으로 설명할 미분 불가능한 사례들을 보면 무슨 의미인지 알게 될 것이다.

미분 가능성과 연속의 관계:
함수 $y=f(x)$가 $x=a$에서 미분 가능하면
함수 $y=f(x)$는 $x=a$에서 연속이다.

(연속함수)
(미분 가능)

그러나 $x=a$에서 연속이면서 미분 가능하지 않은 함수도 있다

많은 아이가 미분 가능성에 대한 문제를 어려워하는데, '극한'을 이해하지 못한 채로 기계적으로 외워서 풀기 때문이다. 미분 가능성과 극한과의 관계를 살펴보자.

불연속점에서는 항상 미분 불가능이다.

연속이 아닌 점, 즉 불연속점에서 좌미분계수와 우미분계수가 같다고 해도 미분이 된다고 할 수 없다. (좌미분계수와 우미분계수는 교과서에 나오는 용어가 아니지만 이 책에서는 이해의 편의를 위해 사용한다.) 극한에서 연속이 아니더라도 좌극한과 우극한이 같다면 극한값이 존재했던 것과 혼동해서는 안 된다. 연속하지 않으면 미분은 존재 자체가 부정된다.

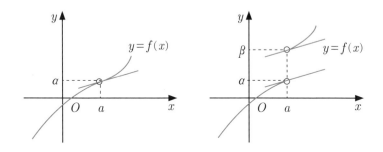

도함수, 미분계수 등이 이미 존재한다면 원함수는 미분이 가능한 함수다. 또한 원함수가 미분이 가능하다는 것은 연속이라는 말이다.

연속이지만 그래프가 뾰족하면 미분이 되지 않는다.

부드럽지 않다는 것을 나타내기 위해 뾰족하다고 표현했다. 부드럽지 않다는 것은 그림처럼 $x=a$의 $f(x)=|x-a|$의 좌미분계수 -1과 우미분계수 $+1$이 서로 다를 때를 말한다.

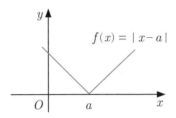

연속이고 부드럽다고 해서 모두 미분이 되는 것은 아니다.

앞에서 절벽에서는 미분이 되지 않는다고 말했다. 절벽에서는 부드럽게 떨어져도 죽는다. 다음 그림에서 보다시피 좌미분계수도 우미분계수도 ∞로 같지만, ∞는 수가 아니라서 미분되지 않는다.

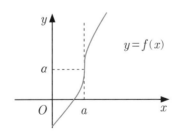

다음은 아이들이 많이 헷갈려하는 부분을 정리했다. 반드시 보고 넘어가자. 이어서 문제도 풀어보자.

- 극한값 $\lim\limits_{x \to a} \dfrac{f(x)-f(a)}{x-a}$를 보고, 좌미분 $\lim\limits_{x \to a^-} \dfrac{f(x)-f(a)}{x-a}$와 우미분 $\lim\limits_{x \to a^+} \dfrac{f(x)-f(a)}{x-a}$ 가 같으니 $y=f(x)$의 그래프는 $x=a$에서 미분 가능하다고 판단하면 틀릴 수 있다. $y=f(x)$의 그래프가 $x=a$에서 연속이라는 보장이 없기 때문이다.

- 미분이 가능한 함수는 당연히 연속이고 함숫값을 가지며 부드러운 그래프 다. 예를 들어 문제에서 '$\lim\limits_{x \to a} \dfrac{f(x)-f(a)}{x-a} = f'(a)$'처럼 미분계수가 주어진다면 $x=a$에서 미분이 가능하다는 것이며, 따라서 그 점에서 불연속이나 뾰족점 또는 절벽일 수는 없다.

Q 함수 $f(x) = \begin{cases} x^2\,(x<2) \\ ax+b\,(x \geq 2) \end{cases}$ 가 $x=2$에서 미분 가능하게 하는 두 상수 a, b의 값을 구하시오.

$$a=4,\ b=-4$$

미분과 연속의 관계를 묻는 대표적인 문제 유형이다. $x=2$에서 미분 가능하려면 우선 연속해야 한다. 연속의 정의 (극한값) = (함숫 값)에 따라, $\lim\limits_{x \to 2-0} x^2 = \lim\limits_{x \to 2+0} (ax+b) = f(2)$이므로 $4=2a+b$라는 식을 하 나 얻게 된다.

이번에는 미분이 가능해야 하니 좌미분계수와 우미분계수가 같 아야 한다. 도함수의 정의대로 해도 되지만 여기서는 그냥 미분법을 사용하자.

$$f'(x) = \begin{cases} 2x\,(x<2) \\ a\,(x \geq 2) \end{cases}$$
$$\Rightarrow f'(2) = \begin{cases} 4\,(x<2) \\ a\,(x \geq 2) \end{cases}$$

좌미분계수와 우미분계수가 같아야 하므로 $a = 4$다. 이것을 $4 = 2a + b$에 대입하면 $b = -4$다. 이해를 위해 길게 설명했지만 정확히 이해했다면 다음부터 이와 같은 문제를 풀 때 $f(x)$와 $f'(x)$에 각각 2를 대입해 같게 만드는 a, b 값을 구하면 된다.

미분은 기울기이니 증가와 감소를 알려준다

좌표평면에서 증가와 감소가 무엇인지부터 알아보자. 증가는 일상 생활에서도 흔히 사용하는 말인데 왜 알아야 할까? 일상에서의 증가와 좌표평면에서의 증가가 다르기 때문이다. 제대로 배우지 않으면 쉽게 헷갈릴 수 있고, 어려운 문제에서 난감해진다.

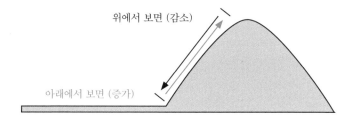

위에서 보면 (감소)

아래에서 보면 (증가)

한 언덕이 있다. 언덕 아래에서 보면 올라간다고 할 것이고, 위에서 보면 내려간다고 할 것이다. 따라서 아무 조건 없이 '기울어진 직선'을 바라볼 때 기준이 없어서 올라가는지 내려가는지 정확하게 말할 수 없다. 그렇지만 좌표평면에 있는 직선의 기울기는 다르다.

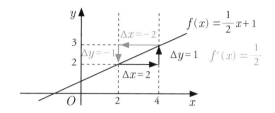

좌표평면에서 우상향의 그래프는 모두 '올라간다'. 즉 '증가'로 봐야 한다. 가로 수직선은 오른쪽으로 갈수록 커지고, 세로 수직선은 올라갈수록 커지게 정해져 있기 때문이다.

직선 $f(x) = \frac{1}{2}x + 1$의 기울기를 그래프에서 구해도 $\frac{\Delta y}{\Delta x} = \frac{-1}{-2} = \frac{1}{2}$ 이고, 미분한 $f'(x) = \frac{1}{2}$ 이다. 미분은 기울기이고, 기울기가 양수이면 증가하는 그래프다. 그러니 $f'(x) = \frac{1}{2}$ 만 보더라도 $f(x)$의 그래프가 실수 전체에 대해 증가한다는 것을 알 수 있다. 반대로 우하향의 그래프는 '내려간다', 즉 '감소'이며, 미분한 값이 음수다.

지금까지 배운 지식으로 다음 그림을 보며 질문에 답해보자.

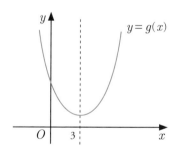

Q 그래프는 최종적으로 계속 증가하니 증가함수라고 할 수 있는가?

없다

Q 그래프가 증가하다가 감소한다고 할 수 있는가?

없다

Q 그래프가 증가하는 x의 범위는 무엇인가?

$x \geq 3$

첫 번째 문제는 감소하다가 증가하는 그래프를 증가한다고 할 수 없다. 아주 조금이라도 감소 구간이 있다면 전체가 증가한다고 말할 수 없다. 두 번째 문제는 수직선의 좌우를 바꿀 수 없다고 하는 순간 그래프를 왼쪽에서 오른쪽 순으로 해석해야 한다. 그러므로 그래프를 감소하다가 증가한다고 봐야 한다. 세 번째는 그래프만 봐도 x가 3보다 큰 범위에서 증가한다는 것을 알 수 있다. 그런데 "$x=3$에서 그래프가 증가하는가?"라는 질문에 많은 아이가 "아니다"라고 대답한다. 틀렸다. 필자가 수학 개념을 모르면 제대로 배운 게 아니라고 말하는 이유가 이것이다. 정의를 배우지 않으면 문제 앞에서 고민만 하게 된다. 증가와 감소의 정의를 제대로 배워보자.

증가: 임의의 실수 x_1, x_2에 대해 $x_1 < x_2$이면 $f(x_1) < f(x_2)$일 때, 함수 $f(x)$의 그래프는 증가한다

감소: 임의의 실수 x_1, x_2에 대해 $x_1 < x_2$이면 $f(x_1) > f(x_2)$일 때, 함수 $f(x)$의 그래프는 감소한다

이 정의를 가지고 생각해보면 증가의 범위가 왜 $x \geq 3$인지 알게

230

될 것이다. 아무리 생각해도 모르겠다는 독자들이 많다면 필자의 유튜브 채널에 해설 영상을 올리겠다. 참고로 현재 시중에서 유명한 중학교 수학 문제집들 대다수가 함수의 증가 범위를 틀리게 기술하고 있다. '증가'의 정의를 모르기 때문에 미분을 통한 원함수의 증가, 역함수의 증가, 대칭인 함수의 증가, 합성함수의 증가 등을 아무리 배워도 계속해서 이 부분을 건드리면 헷갈리고 어려운 것이다.

이차함수의 증가와 감소

이제 이차함수의 증가와 감소에 대해 구체적으로 살펴보자. 미분을 배우기 전까지는 함수 $f(x) = x^2 - 6x + 11$의 그래프를 그리려면 가장 먼저 표준형(기본형을 평행이동 시킨 것) $f(x) = (x-3)^2 + 2$를 구했다. 이것으로 폭 1, 꼭짓점 (3, 2)라는 정보를 얻었고, 그래프가 꼭짓점에서 한 번 꺾이는데 폭이 1이니 아래 방향으로 볼록한 개형임을 알았다. 그리고 이 그래프를 종이에 그리거나 머릿속에 떠올리면 대다수의 이차함수나 이차방정식 문제를 풀 수 있었다.

이처럼 그래프의 개형 그리기는 필수이며, 이차 이하의 다항함수에서 이런 식으로 표준형을 구하는 방법은 어렵지 않다. 그러나 삼차 이상의 고차함수는 표준형을 구하는 것 자체가 어렵다. 따라서 고차함수는 미분을 통해 범위마다 증가와 감소를 파악해 그래프의 개형을 유추해야 한다.

이번 시간에는 미분을 통해 우리가 익히 아는 이차함수 그래프

를 그려보고, 나아가 삼차함수의 그래프도 미분을 통해 개형을 그려
보는 것까지 다루자. 앞에서 이야기한 함수 $f(x) = x^2 - 6x + 11$의 그래
프부터 보자. 이 이차함수를 미분하면 기울기를 유도하는 함수인 도
함수 $f'(x) = 2x - 6$을 알 수 있다.

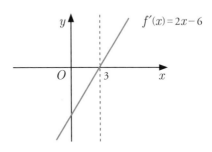

그래프에서 보듯이 $f'(x) = 2x - 6$은 함숫값이 $x < 3$인 범위에서
음수고 $x > 3$인 범위에서 양수다. 그런데 $f'(x)$는 기울기니 원함수
$f(x)$의 그래프는 $x < 3$인 범위에서 아래로 내려가고, $x > 3$인 범위에
서 위로 올라간다. 즉 $f(x)$의 그래프가 내려가다가 $f(3)$에서 최솟값을
갖고 다시 올라가는 그래프이고, 이것을 이차함수에서는 꼭짓점이
라고 한다. 그런데 고차함수에서는 꺾이는 지점이 여러 개 있으며 이
때의 함숫값을 '극값'이라고 한다. 극값에는 극댓값(극대)과 극솟값
(극소)이 있다.

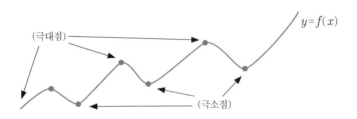

극댓값: 동네(그래프 근방)에서 가장 높은 곳으로 기울기가 양수
이다가 음수로 바뀌는 지점에서의 함숫값

$f'(x) = 0$을 만족하는 $x = a$에 대해, $x < a$에서 $f'(x) > 0$이고, $x > a$에서 $f'(x) < 0$이면 극댓값을 갖는다. 이 그림에서 표시는 하지 않았지만 극댓값과 극솟값은 함숫값이니 어딘가에 있을 y축 위에 있다.

극솟값: 동네(그래프 근방)에서 가장 낮은 곳으로 기울기가 음수
이다가 양수로 바뀌는 지점에서의 함숫값

$f'(x) = 0$을 만족하는 $x = a$에 대해, $x < a$에서 $f'(x) < 0$이고, $x > a$에서 $f'(x) > 0$이면 극솟값을 갖는다. 최댓값, 최솟값과 극댓값, 극솟값은 다른 것이다. 최댓값, 최솟값은 정해진 구간 전체에서의 함숫값에 대한 것이고, 극값은 필자가 정의에서 '동네'라고 표현한 것처럼 그래프의 굴곡에서 나온 개념이다.

극댓값이 최댓값인 경우, 극솟값이 최솟값이 경우가 있어서 아이들이 헷갈리는 것이다. 노파심에서 말한다. 증가와 감소의 정의에서 말했듯이 극값을 이루는 x의 값에서는 증가도 되고 감소도 된다. 이번에는 극대와 극소의 성질을 정리해보자.

- 함수의 극대와 극소에서는 함수의 연속이라는 전제가 있어야 한다. 만약 구간 안에 불연속적인 점이나 구간이 있다면 극대와 극소라는 말은 무의미하다.

- 꺾인 점에서도 극대나 극소가 될 수 있다. 극대, 극소와 미분은 아무 상관이 없다는 의미다.

- 극대와 극소가 각각 한 개씩이라면 당연히 극대가 극소보다 크다. 하지만 굴곡이 여러 개라면 어떻게 이루어질지 모르니 극댓값이 극솟값보다 크다고 할 수는 없다.

- 어느 구간 내에서의 최댓값, 최솟값은 구간의 양 끝 값과 극대와 극소의 비교로 구할 수 있다. 그런데 구간 내에서 극값이 하나라면, 그 극값이 극대이면 최댓값, 극소이면 최솟값이 된다.

- 극대, 극소를 알면 그래프의 개형을 그릴 수 있어 미분에서 가장 중요한 부분이라 할 수 있다.

- 도함수는 그래프의 기울기가 양수에서 음수로, 또는 음수에서 양수로 바뀔 때 필연적으로 중간에 있는 0을 지나게 된다. 도함수가 0이 되는 x의 값에서 반드시 극값을 가지는 것은 아니지만 가능성이 높다. 그래서 많은 사람이 어떤 함수가 주어지면 가장 먼저 도함수를 구하고, $f'(x)=0$을 만족하는 x의 값을 구하는 것이다.

도함수 $f'(x)=2x-6$의 그래프를 그리지 않고 식으로만 파악하면, 원함수의 그래프가 내려가는 영역은 $f'(x)=2x-6<0$으로 정리하면 $x<3$이다. 그래프가 올라가는 영역은 $f'(x)=2x-6>0$이며, 극값은 $f(3)$임을 알 수 있다. 이제 도함수를 그린 그래프 윗부분에 원함수의 개형을 그려보자.

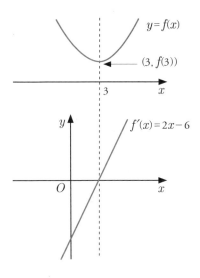

삼각함수의 개형은 문제를 풀면서 알아보자.

Q 함수 $f(x) = x^3 + ax^2 + bx + 6$은 $x = -1$에서 극댓값을 갖고, $x = 3$에서 극솟값을 갖는다. 이때 상수 a, b에 대해 $a - b$의 값을 구하시오.

6

이차함수의 그래프가 한 번 꺾였다면, 삼차함수의 그래프는 계속 증가나 감소를 하는 경우, 두 번 꺾이는 경우 두 가지가 전부다. 따라서 삼차함수가 '$x = -1$에서 극댓값을 갖고 $x = 3$에서 극솟값을 갖는다'는 말에서 $\diagup\diagdown\diagup$ 모양을 갖는다는 것을 알 수 있다.

다항함수의 극대, 극소에서의 접선은 x축과 평행하니 기울기는 0이다. 따라서 $f'(x) = 0$인 점을 경계로 좌우에서 증감이 바뀌면 극값을 갖는 것이고, 바뀌지 않으면 극값을 갖는 것이 아니다. 그렇다면 삼차함수의 도함수로 만든 이차방정식 $f'(x)=0$의 근은 $x=-1, 3$ 이다. $f'(x)=3x^2+2ax+b=0$의 근이 $-1, 3$이니 근과 계수와의 관계에 의해,

$$-\frac{2a}{3}=-1+3$$
$$\Rightarrow a=-3$$

$$\frac{b}{3}=-1\times 3$$
$$\Rightarrow b=-9$$

그러므로 $a-b=6$이다. 답은 구해졌지만 그래도 그래프를 그려 보자. a, b 값을 구했으니 함수에 대입해보면 $f(x)=x^3-3x^2-9x+6$ 이다. 증감표(증가와 감소 구간을 나타 내는 표)와 도함수 $f'(x)=3(x+1)(x-3)$ 그리고 $y=f(x)$ 그래프를 직접 그려 보자.

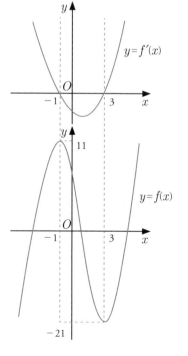

x	$\cdots$	-1	$\cdots$	3	$\cdots$
$f'(x)$	$+$	0	$-$	0	$+$
$f(x)$	$\nearrow$	11	$\searrow$	-21	$\nearrow$

많은 선생님이 증감표를 만들어서 아이들에게 설명한다. 고등학교에서 다항함수는 주로 사차함수까지만 다루니 삼차함수와 사차함수의 개형은 몇 개 안 된다. 그러니 그 개형을 모두 외우는 것이 좋다. 단, 처음 보는 함수도 그릴 수 있어야 하므로 증감표 만드는 연습을 조금은 해야 한다.

도함수의 활용1: 미결정직선

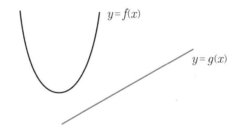

이 두 함수는 어떤 관계가 있을까? 서로 만나지 않으니 아무 관계도 없다. 따라서 두 함수가 관계를 맺으려면 만나야 한다.

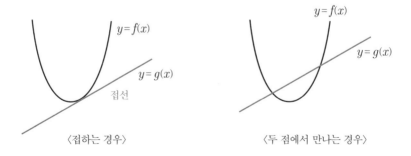

〈접하는 경우〉　　　　　　　　〈두 점에서 만나는 경우〉

접선이란 접하는 선이라는 뜻이고, 이때의 선은 항상 직선이다. 접하든 두 점에서 만나든 만나야 "어느 점에서 만났어?", "두 점에서 만날 때 x의 범위(또는 y의 범위)는 뭐야?", "$f(x) < g(x)$인 x의 범위는 뭐야?" 등 물어볼 말이 생긴다. 두 함수가 만나기는 하되 직선이 움직이면서 만남에 변화를 일으킨다면 문제는 더욱 풍성해진다.

한편, 앞서 '미결정직선'에서 직선이 한 점만 주어지는 경우, 직선의 기울기만 주어지는 경우를 배웠다. 만약 미결정직선의 정의와 두 가지 경우가 기억나지 않는다면 다시 앞으로 가서 반드시 외우고 와야 한다(114쪽 참조). 미결정직선이 움직여서 다른 함수와 접하는 순간이 중요해진다. 안 만나다가 직선이 움직여서 만나는 순간이다 보니 무엇을 물어보더라도 접선의 방정식을 생각할 수밖에 없고, 그러니 매년 보는 수능에 접선의 방정식이 출제되지 않은 적이 없을 만큼 중요하다.

직선의 결정 조건은 기울기와 한 점이고, 중학교 때는 기울기가 중요해 보인다. 그런데 미분만 하면 기울기가 구해지니 상대적으로 관심 밖에 두는데, 그중에 접점이 중요해진 것이다. 그러니 앞으로 문제에서 접점의 좌표가 주어지지 않으면 필요한 접점을 $(t, f(t))$라고 가정하자.

접선의 방정식

———

접선의 방정식은 크게 세 가지가 있다.

곡선 위의 한 점 (a, b)를 지나는 접선의 방정식이다.

미분만 하면 기울기가 주어지니 접점 (a, b)가 주어졌다는 것은 모든 것을 알려주는 쉬운 문제다. $x = a$에서 접선의 기울기는 $f'(a)$이니 접선의 방정식은, $y - b = f'(a)(x - a) \Rightarrow y = f'(a)(x - a) + b$다.

Q 곡선 $y = -x^3 + 4x$ 위의 한 점 $(1, 3)$에서 접선의 방정식이 $y = ax + b$다. $10a + b$의 값을 구하시오. (단, a, b는 상수)

12

직선의 결정 조건은 기울기와 한 점이다. 접점 $(1, 3)$을 알려주었으니 $x = 1$에서의 기울기, 즉 $f'(1)$만 구하면 된다. $f'(x) = -3x^2 + 4$이니 $f'(1) = 1$이다. 따라서 접선의 방정식은 $y - 3 = 1(x - 1) \Rightarrow y = x + 2$이니 $a = 1$, $b = 2$다. 그러므로 $10a + b = 12$다.

기울기 m이 주어진 접선의 방정식이다.

접점이 주어지지 않으니 약속대로 접점을 $(t, f(t))$라고 하자. 기울기가 m이라고 했으니 $f'(t) = m$이다. $f'(t) = m$으로부터 접점의 t와 $f(t)$를 순차적으로 구할 수 있다. 이제 m, t의 값을 접선의 방정식 $y - f(t) = m(x - t)$에 대입하면 된다.

Q 곡선 $y = x^3 - 2x$에 접하고 기울기가 1인 접선의 방정식을 구하시오.

$x - y + 2 = 0, \ x - y - 2 = 0$

미결정직선에서 기울기가 1인 직선은 '기울기가 1인 채 위아래로 움직이는 직선'으로 봐야 한다고 했다. 이 문제 역시 접점이 주어지지 않았으니 약속대로 $(t, f(t))$, 즉 $(t, t^3 - 2t)$로 놓자. 도함수 $f'(x) = 3x^2 - 2$로부터 $x = t$에서의 기울기 $f'(t) = 3t^2 - 2$는 1이니, $3t^2 - 2 = 1 \Rightarrow t = \pm 1$이다.

따라서 접점은 $(1, -1)$, $(-1, 1)$의 두 개이고, 접점이 두 개이니 접선의 방정식도 두 개다. 두 접점에서의 기울기가 모두 1이니 두 접선의 방정식은 $y - 1 = x + 1 \Rightarrow x - y + 2 = 0$, 그리고 $y + 1 = x - 1 \Rightarrow x - y - 2 = 0$이다.

곡선 밖의 한 점 (a, b)에서 곡선에 접하게 그은 접선의 방정식이다.

곡선 위의 접점을 $(t, f(t))$로 놓으면 접선의 방정식은 $y - f(t) = f'(t)(x - t)$다. 그런데 접선의 방정식이 (a, b)를 지나간다고 했다. (a, b)를 $y - f(t) = f'(t)(x - t)$에 대입하면 $b - f(t) = f'(t)(a - t)$, 이를 통해 $(t, f(t))$를 구함으로써 접점과 $f'(t)$를 차례로 구하고 최종 접선의 방정식을 구할 수 있다.

Q 점 $(2, 4)$에서 곡선 $y = -x^2 + 2x + 3$에 그은 접선의 접점을 각각 P, Q라고 할 때, 선분 PQ의 길이를 구하시오.

$$2\sqrt{5}$$

접점의 좌표를 $(t, -t^2 + 2t + 3)$, $f(x) = -x^2 + 2x + 3$으로 놓자. $f'(x) = -2x + 2$이니 $x = t$에서의 기울기는 $-2t + 2$다. 따라서 접선의

방정식은 $y-(-t^2+2t+3)=(-2t+2)(x-t)$이고, 이 접선이 다시 $(2,4)$를 지나니 대입하면,

$$4-(-t^2+2t+3)=(-2t+2)(2-t)$$
$$\Rightarrow \ t^2-2t+1=2t^2-6t+4$$
$$\Rightarrow \ t^2-4t+3=0$$
$$\Rightarrow \ t=1,3$$

따라서 접점의 좌표가 각각 $(1,4)$, $(3,0)$이니 피타고라스의 정리를 이용해 $\overline{PQ}=\sqrt{2^2+4^2}=2\sqrt{5}$ 다.

도함수의 활용2: 방정식

'방정식 $x^2 - 6x - k = 0$의 근이 모두 양수가 되도록 하는 k의 범위를 구하시오.' 중학교에서 이차방정식과 이차함수의 문제를 잘 푸는 우등생들에게 이런 문제를 내면 난감해한다. 아무리 중학교에서 이차방정식과 이차함수의 문제를 잘 푼다고 해도 방정식의 함수적 정의를 모르면 문제가 무엇을 요구하는지 이해하기 어렵기 때문이다.

중학교 수학 교과서에 나오는 방정식의 정의 "x의 값에 따라 참이 되고 거짓이 되는 등식"으로 풀 수 있는 중·고등학교 수학 문제는 없다고 봐야 한다. 그럼에도 큰 문제가 없는 것처럼 보이는 이유는 중학교 방정식이 절차적 기술만 알아도 될 만큼 쉽기 때문이다. 그런데 고등학교에서는 대부분의 방정식을 해석학적 정의로 풀어야하니 어렵다. 그래서 방정식은 늦어도 중학교 3학년부터는 업그레이드해야 한다. 앞에서 방정식의 정의를 한차례 설명했지만 다시 한번 정리하겠다.

방정식의 대수적 정의: 변수가 있는 등식

방정식의 해석학적 정의: 두 함수의 교점의 x좌표

방정식을 두 함수 그래프의 교점으로 보려면, 예를 들어 $x^2 - 6x - k = 0$과 같은 방정식을 먼저 두 함수로 분리해야 한다는 말이다. 분리하는 방법은 중학교 2학년에 배웠던 연립방정식의 형태인데, 함수이니 연립함수라고 해야 할지도 모르겠다. $x^2 - 6x - k = 0$을 분리하는 방법은 세 가지가 있다.

$$\begin{cases} y = x^2 - 6x - k \\ y = 0 \end{cases} \cdots ①$$

$$\begin{cases} y = x^2 \\ y = 6x + k \end{cases} \cdots ②$$

$$\begin{cases} y = x^2 - 6x \\ y = k \end{cases} \cdots ③$$

①과 ②는 중학교 3학년에서 이차함수와 x축과의 관계를 다루면서 사용된다. ③은 좀 더 어려운 방적식의 문제에서 모두 사용된다. 그러니 고등학교에서, 특히 미분을 배운 이후로는 ③의 방법을 선택해야 한다.

그러나 이차방정식을 근과 계수와의 관계나 판별식 등의 기술로 푸는 아이들이 많다. 기술이니 쉽고 빠르게 풀리겠지만 문제가 치명적으로 어려우면 속수무책인 것이 또 기술이다. 어렵다 싶은 고등방정식은 두 함수의 관점으로 바꾸고, 특히 ③의 방법을 사용해야

한다. ③은 방정식을 함수로 분리하되, 하나는 움직이지 않는 함수, 다른 하나는 움직이는 상수함수로 만드는 것이다.

다시 말해 $y = x^2 - 6x$, $y = k$에서 $y = x^2 - 6x$의 그래프는 결정되어 움직이지 않고, 미결정직선 $y = k$는 기울기가 0인 채 위아래로 움직이는 직선이다. 그래프를 그려서 이해해보자.

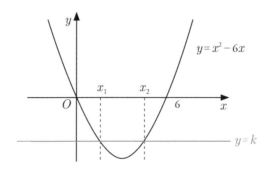

$y = k$의 그래프를 위아래로 움직여가며 두 함수의 교점의 x좌표들을 보면, 관련 문제들을 모두 풀어낼 수 있을 것이다. 문제 '방정식 $x^2 - 6x - k = 0$의 근이 모두 양수가 되도록 하는 k의 범위를 구하시오'의 답은 $y = x^2 - 6x$ $\Rightarrow$ $y = (x-3)^2 - 9$처럼 이차함수의 꼭짓점까지 구하고, $y = k$를 움직여보면 된다. 그래프에서 두 근이 모두 $x_1 > 0$, $x_2 > 0$인 것이 보인다면 k의 범위가 $-9 \leq k < 0$인 것을 알 수 있다.

그런데 $-9 \leq k < 0$에서 등호(=)가 사용된 이유는 무엇일까? 앞에서 항상 어떤 두 수가 있을 때는 같을 수도 있고 다를 수도 있음을 생각해야 한다고 말했다. 꼭짓점에서 접할 때도 두 점에서 만난다고

봐야 하기에 x_1과 x_2가 다르다는 조건이 명시되기 전에는 같을 수도 있다고 봐야 한다.

지금까지 설명에서 미분이 쓰이지 않아 언제 쓰이는지 궁금한 사람들이 있을 것이다. 고차방정식이나 고차함수가 사용되면 고차함수를 그리는 데 미분이 사용된다. 그러니 다음 삼차방정식 문제를 풀어보자.

> **Q** x에 대한 방정식 $x^3 - 6x^2 + 9x - k = 0$이 서로 다른 세 실근을 갖도록 하는 실수 k의 범위는 $a < k < b$다. 이때, 상수 a, b에 대해 $b - a$의 값을 구하시오.
>
> 4

$x^3 - 6x^2 + 9x - k = 0$을 $x^3 - 6x^2 + 9x = k$로 분리하면 연립함수가 된다.

$$f(x) = x^3 - 6x^2 + 9x$$
$$g(x) = k$$

이때 $f(x)$와 $g(x)$의 교점의 개수와 주어진 방정식의 실근의 개수가 같게 된다. $f(x)$에는 미지수가 없으니 극대와 극소를 이용해 그래프의 개형을 그려볼 수 있고, x축과 평행한 미결정직선 $y = k$를 움직여서 실근의 개수가 세 개가 되는 범위를 만들면 된다. 도함수 $f'(x) = 3x^2 - 12x + 9 = 3(x-1)(x-3)$을 보고 $f(x)$의 그래프의 개형을 그려보자.

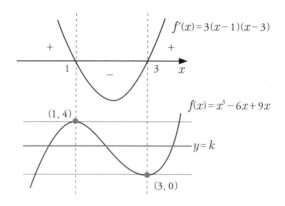

$f'(x) = 3(x-1)(x-3)$

$f(x) = x^3 - 6x + 9x$

$(1, 4)$

$y = k$

$(3, 0)$

$f'(x) = 0$이 되는 $x = 1$에서 극대가 되고, $x = 3$에서 극소가 된다. 그러니 삼차함수 $f(x)$의 그래프는 ╱╲╱ 모양이다. 이제 극값을 구해보면 $f(1) = 4$, $f(3) = 0$이므로 $y = k$가 세 개의 실근을 가지면서 움직일 수 있는 범위는 $0 < k < 4$로, $b - a = 4$다.

그런데 $x^2 - kx + 3 = 0$과 같은 방정식을 두 함수로 분리할 때, 기울기가 0인 미결정직선으로 만들 수 없으면 어떻게 해야 할까? $x^2 - kx + 3 = 0$의 x에 0을 대입해보면 $3 = 0$으로 0이 근이 아니다. 일단 $x^2 + 3 = kx$로 놓고 양변을 $x(\neq 0)$로 나누면 $x + \frac{3}{x} = k$가 된다.

그러면 $f(x) = x + \frac{3}{x}$, $g(x) = k$로 놓고 $f(x) = x + \frac{3}{x}$을 그리면 되는데, 처음 보는 함수를 어떻게 그리는지 모르는 아이들이 있다. 잊지 말자. 처음 보는 함수는 대입이 기본이다. $x \to 0^+$이면 $f(x) \to \infty$이고, $x \to \infty$이면 $f(x) \to \infty$다. 또한 $x \to 0^-$이면 $f(x) \to -\infty$이고, $x \to -\infty$이면 $f(x) \to -\infty$다. 그러니 정확하게는 몰라도 극한을 통해 다음과 같이 개형을 그릴 수 있다.

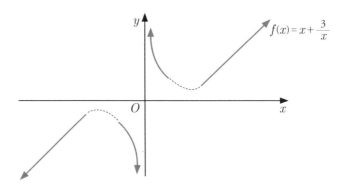

점점 실력이 늘어서 $f(x) = x + \dfrac{3}{x}$이 원점대칭 그래프라는 것을 알게 되면 그래프를 좀 더 쉽게 그릴 수 있다. 그리고 필연적으로 $x > 0$ 부분에서 아래 방향으로 볼록한 그래프가 될 것이고, 그렇다면 미분을 통해 극값을 구할 수 있다. 이 책에서는 분수함수의 미분은 다루지 않지만, 지금까지의 설명으로 충분히 그래프의 개형을 예상할 수 있다.

미분과 기울기는 정말 같을까?

미분이랑 접선의 기울기는 어떤 차이가 있어요?

 없어.

너무 단정하는 거 아니에요?
미분은 잘게 쪼갠 것이라고 들었는데요.

 적분과의 연계성 때문에 그렇게 말하는
거지 실제로는 기울기 이상도 이하도 아
니라고 봐야 한다. 미분과 기울기는 같아.

차이가 있다고 들었어요. 설명해주세요.

 음. 그럼 문제를 맞히면 이야기해줄게. 미분이 뭐야?

기울기요.

 기울기로 뭘 하지?

그래프를 그리는 데 도움이 돼요.

 정확히 무슨 도움?

2부_미분은 기울기다 — 249

그래프가 올라가고 내려가는 구간을 알 수 있어서 결국 극대, 극소를 알아요.

 극대는 뭐야?

그래프가 올라가다 내려오려고 꺾이는 지점에서의 함숫값이요.

 $y=x^3$의 그래프처럼 올라가다가 0이었다가 다시 올라가는 그래프는 극값을 가지니, 안 가지니?

안 가져요.

 $y=x^3$의 그래프는 중간에 기울기가 0인 지점이 있어. 그렇다면 이 그래프는 증가야 아니야?

증가예요. 다 맞았죠? 이제 말해주세요.

 그래프를 그릴 때는 기울기로 사용하다가 속도나 넓이의 '순간변화율'을 생각해볼 수 있어. 예를 들어 수직선을 움직이며 x축에 있는 수를 시간의 함수 $x(t)=2t+1$로 나타내보자. $t=1$이면, $x=3$이라는 위치다. 그런데 3을 지나는 순간의 위치 변화, 즉 속도는 $x'(t)=2$가 되지.

위치를 미분하면 속도가 된다는 거죠?

 그렇게 외우면 이해할 수 없어. 위치를 미분하면 위치의 순간변화율이고 이것이 속도라고 외워야 해. 이 관점으로 넓이를 미분하면 어떻게 될까?

250

넓이의 순간변화율?

 그래. 이런 식으로 확장해보면 변화하는 모든
것이 미분과 관계된다는 걸 알 수 있어.

그래서 쓰임새가 많다고 하셨군요.

 '모든 것은 변한다'는 말만 빼고
모두 변한다는 말이 있지.

무슨 말이에요?

 열심히 하면 네 수학 실력도 변할 수 있단다.

3부

적분은
넓이다

적분은 미분에 비해 공부해야 할 분량도 적고 몇 개의 고비만 넘으면 된다. 또한 미분과 달리 적분은 만들어지기까지의 역사적 배경을 아는 것이 전체를 이해하는 데 도움이 된다.

적분은 '나누어分 더한다積'는 의미다. 이것은 고대부터 원의 넓이를 피자 자르듯이 부채꼴로 나누고 붙여서 구하는 등의 여러 가지 방법으로 구현되었다. 이후 포물선, 타원, 쌍곡선 등 보다 복잡한 곡선으로 이루어진 넓이를 구하는 특별한 방법들이 고안되었다. 그런 문제가 점차 쌓이자 전체를 아우를 방법이 필요해졌고, 17세기경 뉴턴과 라이프니츠가 그 방법을 개발한 것이다.

두 수학자가 개발한 방법은 모든 경우를 좌표평면 위의 그래프로 나타내고, 그 그래프가 둘러싸고 있는 넓이를 작은 직사각형으로 자른 뒤, 그것을 모두 다시 더하는 방법(구분구적법)이다. 그런데 작게 잘라서 다시 더하는 방법이 갈수록 힘들어졌고, 그 문제를 해결하기 위해 '미적분의 기본 정리'가 만들어졌다.

미적분의 기본 정리를 한마디로 말하면 '미분과 적분은 서로 역연산의 관계에 있다'는 것이다. 미분이 적분보다 쉬운 경우가 많기 때문에 함수들의 미분을 조사해두었다가 거꾸로 적분이 필요할 때 가져다 쓴다. 실제로 많은 수학자가 수백 개의 공식을 미분표와 적분표로 만들어 참고한다.

정리하면 적분에서 가장 중요한 것은 넓이고, 곡선에서 정해진 구간까지의 넓이를 구하는 것을 정적분이라고 한다. 물론 정적분은 음수도 나오기에 넓이와 완전히 똑같다고 할 수는 없다. 하지만 적분법을 공부하다 보면 구분구적법, 부정적분 등의 용어가 나오고 그것들이 모두 정적분을 잘할 수 있게 도와준다. 구분구적법은 넓이를 구하는 방법이고, 부정적분은 미분의 역연산이다. 구분구적법을 좌표평면으로 가져온 게 정적분이며, 이 정적분의 계산을 미분의 역연산으로 쉽게 구할 수 있게 연결하는 것이 미적분의 기본 정리다.

1장

무한급수

합의 기호 시그마부터 알아보자

무한히 더해가면 어떻게 될까? 아무리 조금씩 더한다고 해도 무한히 더하면 ∞로 발산할 것이고, 우리는 그에 대해 더 이상 알지 못한다. 그래서 계속 더해서 그 합이 무한히 커지는 게 아닌 점점 어떤 수에 가까이 가는 수렴의 상황을 알고 싶어 한다.

이번 장은 무수히 많은 양을 더해 어떤 수에 접근하는 것, 즉 '무한수열의 합이 수렴하는 것'에 대한 이야기다. 먼저 수열의 합처럼 수를 하나씩 무한히 더하는 무한급수를 공부하고, 이어서 '연속적으로 더하는 적분'을 다룰 것이다.

$S_n = a_1 + a_2 + a_3 + \cdots + a_n$ 보다 쓰임새가 많은 시그마 'Σ'

시그마가 어렵다는 아이들이 의외로 많으니 시그마부터 자세히 배워보자.

시그마 'Σ'는 합을 뜻하는 *Summation*의 첫 글자 *S*를 그리스 문자로 쓴 것이다. 수열 $\{a_n\}$의 첫째 항부터 제n항까지의 합 $S_n = a_1 + a_2 + a_3 + \cdots + a_n$을 시그마로 나타내면, $\sum\limits_{k=1}^{n} a_k$다. 반대로 $\sum\limits_{k=1}^{n} a_k$를 보면 '($a_k$의 k에 1을 대입) + (a_k의 k에 2를 대입) + (a_k의 k에 3을 대입) + $\cdots$ + (a_k의 k에 n을 대입)'하라는 명령 기호로 봐야 한다.

이 과정에서 변수는 무엇일까? k가 1이 되었다가 2, 3도 되니 변수는 k다. 그렇다면 시그마 위에 있는 n은 변수일까, 상수일까? 당연히 상수다. 그런데 n을 변수라고 답하는 아이가 많다. 시그마를 어렵다고 하는 아이들 대부분이 이처럼 변수와 상수를 구분하지 못한다.

방정식이나 함수에서 변수와 상수를 구분하지 못하면 시그마에서도 못하는 게 당연하다. 시그마가 어려우니 급수는 물론이고 모든 적분이 어려운 것이다. 시그마가 어려운 게 아니라 몇 안 되는 지식이 없어서 어려워진 것이다. 용어부터 정리해보자.

위 끝/상수 ——→ $\displaystyle\sum_{k=1}^{n} a_k$ ←—— 일반항에서 변수를 n에서 k로 바꾼 것

변수 ——→ $k=1$ ←—— 아래 끝

합을 의미하는 S_n이 있는데 굳이 같은 의미인 $\sum\limits_{k=1}^{n} a_k$를 배울 필요가 있을까? 유용한 측면이 있기 때문이다. 예를 들어 제5항부터 제n항까지의 합을 $S_n - S_4$라고 표현할 수 있지만, 시그마를 쓰면 $\sum\limits_{k=5}^{n} a_k$라고 하면 된다. 게다가 홀수 번째 항들만의 합이라고 하면 S_n으로 표현하기 난감하지만, 시그마를 쓰면 $\sum\limits_{k=1}^{n} a_{2k-1}$이라고 간단히 표현할 수

있다.

$\sum\limits_{k=1}^{n} a_k$가 갖는 의미

- $\sum\limits_{k=1}^{n} a_k$는 '일반항 a_k의 k에 아래 끝인 1부터 2, 3, …을 계속 대입해 위 끝인 n까지 대입하고 각각을 더하라'는 명령 기호다. 이렇게 각각 떨어져 있는 이 산적인 합은 시그마를 쓰고, 연속적인 합은 나중에 적분을 통해 배우는 인테 그랄($\int_a^b f(x)\,dx$)을 쓴다.

- 시그마는 수열의 합을 축약해서 나타낸 기호다. 만약 시그마의 일반항(a_k) 을 보고 그 의미가 파악되지 않는다면 일일이 덧셈의 형태로 나열해봐야 한 다. 그런데 'Σ'가 무언가를 해줄 것이라고 기대하는 아이들이 있다. 다시 말 하지만 시그마는 '아래 끝부터 위 끝까지 대입하고 각각 더하라'는 명령 기 호일 뿐이다. 명령을 직접 수행해야 하는 것은 아이들 자신의 몫이다. 시그 마가 계산에 도움이 되는 부분은 자연수의 거듭제곱의 합들을 조금 더 빨리 구할 수 있다는 것밖에 없다.

- $\sum\limits_{k=1}^{n} a_k = S_n$이니 a_n을 구하려면 $a_n = S_n - S_{n-1}$ $(n \geq 2)$을 사용하거나 좀 더 빨리 구하려면 S_n을 통한 a_n을 구하면 된다. 시그마를 사용하기 위해서는 반드시 먼저 a_n을 구해야 한다.

- a_k의 k 대신 다른 문자를 써도 된다. 즉 $\sum\limits_{k=1}^{n} a_k = \sum\limits_{i=1}^{n} a_i = \sum\limits_{j=1}^{n} a_j$처럼 변수 k를 i나 j 등 다른 문자로 바꿔도 되는 것이다. 단, 변수가 아닌 것은 모두 상수항으로 간주해야 한다.

Q 다음 수열의 제n항까지의 합을 Σ를 사용해 나타내시오.

① $1^2 + 2^2 + 3^2 + \cdots$

② $1 \times 2 + 2 \times 3 + 3 \times 4 + 4 \times 5 + \cdots$

③ $1 \times 3 + 2 \times 5 + 3 \times 7 + 4 \times 9 + \cdots$

① $\sum\limits_{k=1}^{n} k^2$ ② $\sum\limits_{k=1}^{n} k(k+1)$ ③ $\sum\limits_{k=1}^{n} k(2k+1)$

Q $\sum\limits_{i=1}^{3} n(i+1)$의 합을 구하시오.

$9n$

거듭 말하지만 시그마는 '아래 끝부터 위 끝까지 대입하고 각각 더하라'는 명령 기호다. 그러므로 $i=1$에서 3까지 대입해 더하는 문제다. 이때 일반항에서 변수 i가 아닌 것은 모두 상수항으로 간주해야 한다.

$\sum\limits_{i=1}^{3} n(i+1) = n(1+1) + n(2+1) + n(3+1)$

$\sum\limits_{i=1}^{3} n(i+1) = 9n$

만약 $\sum\limits_{n=1}^{3}\{\sum\limits_{i=1}^{3} n(i+1)\}$이라면,

$\sum\limits_{i=1}^{3} 9n = 9 \times 1 + 9 \times 2 + 9 \times 3 = 9 \times 6 = 54$

∑의 성질

각 항의 합은 교환법칙과 결합법칙이 성립한다. 그래서 각각을 더하거나 뺀 다음 다시 합산을 해도 된다. 이것을 기본 성질이라고 한다.

- $\sum_{k=1}^{n}(a_k \pm b_k) = \sum_{k=1}^{n}a_k \pm \sum_{k=1}^{n}b_k$(복부호 동순)
- $\sum_{k=1}^{n}ca_k = c\sum_{k=1}^{n}a_k$(단, c는 상수)
- $\sum_{k=1}^{n}c = nc$(단, c는 상수)

첫 번째와 두 번째는 나열만 해보면 당연한 성질임을 알 수 있다. 그런데 세 번째 $\sum_{k=1}^{n}c = nc$를 알기 위해서는 $\sum_{k=1}^{n}c = \sum_{k=1}^{n}c \times k^0$이라고 생각해야 이해될 것이다. 기본 성질이 많아서 외우기 어렵다고 생각되면 다음과 같이 간단히 하나의 식으로 인식해도 된다.

- $\sum_{k=1}^{n}(pa_k + qb_k + r) = p\sum_{k=1}^{n}a_k + q\sum_{k=1}^{n}b_k + nr$(단, p, q, r은 상수)

일반항의 합이 분리되고 상수항의 곱이 분리되는 것을 확인할 수 있다. 그런데 무엇이 된다는 것은 그 밖의 것은 되지 않는다는 말과 같다. 일반항의 합과 상수항의 곱은 분리되지만 기본 성질에서 언급하지 않은 일반항의 곱이나 나누기는 분리할 수 없으니 주의해야 한다. 즉 $\sum_{k=1}^{n}a_k b_k \neq \sum_{k=1}^{n}a_k\sum_{k=1}^{n}b_k$, $\sum_{k=1}^{n}\frac{b_k}{a_k} \neq \frac{\sum_{k=1}^{n}b_k}{\sum_{k=1}^{n}a_k}$ 다.

극한의 성질과 혼동하지 않아야 한다. $n=2$일 때, $a_1b_1 + a_2b_2 \neq (a_1 + a_2)(b_1 + b_2) = a_1b_1 + a_2b_2 + a_2b_1 + a_1b_2$이고, $\frac{b_1}{a_1} + \frac{b_2}{a_2} \neq \frac{b_1 + b_2}{a_1 + a_2}$다. 직관적으로도 '곱들의 합'과 '합들의 곱'이 다르다는 걸 알 수 있다. 시그마의 성질은 나중에 적분에서 똑같이 합의 의미로 사용되기 때문에 인테그랄의 성질과 같다. 'Σ'의 성질을 통해 '$\int$'의 성질까지 배운 것이다.

수렴하는 무한급수: 더할수록 어떤 수에 가까워진다

수열을 무한히 더해가는 것을 무한수열의 합이라고 한다. 그런데 유한한 인간에게 수열을 무한히 더해가는 일은 물리적으로 불가능한데 어떻게 할 수 있을까? 무한급수의 정의부터 출발해보자.

무한급수: $a_1 + a_2 + a_3 + \cdots + a_n + \cdots$에서 제$n$항까지의 부분합을 $S_n = \sum_{k=1}^{n} a_k$라 할 때, 수열 $\{S_n\}$: $S_1,\ S_2,\ S_3,\ \cdots$ 즉 $\lim_{n \to \infty} S_n$을 무한급수라고 한다. 이때, S_n이 a에 수렴하면 무한급수도 a에 수렴한다고 한다. 이를 식으로 나타내면 $\sum_{k=1}^{\infty} a_k = \lim_{n \to \infty} \sum_{k=1}^{n} a_k = \lim_{n \to \infty} S_n = a$다

아이들이 '$\lim_{n \to \infty} S_n$'을 이해하지 못하고 문제를 푸는 경우가 많아서 하나하나 설명하겠다. 앞서 수열을 배울 때 유한수열과 무한수열을 다음과 같이 구분했다.

유한수열 $\{a_n\}$: a_1, a_2, a_3, $\cdots$, a_n

무한수열 $\{a_n\}$: a_1, a_2, a_3, $\cdots$, a_n, $\cdots$

유한수열과 무한수열을 구분했으니 유한수열의 합과 무한수열의 합도 구분해야 한다.

유한수열의 합 $S_n = a_1 + a_2 + a_3 + \cdots + a_n$

무한수열의 합 $\displaystyle\lim_{n \to \infty} S_n = a_1 + a_2 + a_3 + \cdots + a_n + \cdots$

무한수열의 합 '$\displaystyle\lim_{n \to \infty} S_n$'의 해석 때문에 여기까지 왔다. $a_1 + a_2 + a_3 + \cdots + a_n + \cdots$은 무한히 더해가는 가무한적인 상황이다. 가무한적인 상황은 유한한 인간인 우리가 알 수 없다. 그래서 '유한에 갇힌 무한'처럼 제n항까지의 부분합(유한합) S_n을 구하고, 여기에 극한으로 보낸 $\displaystyle\lim_{n \to \infty} S_n$을 무한합으로 보겠다는 의미다.

우리가 무한히 더해갈 수 없으니, 수학자들이 무한합의 처리를 '제n항까지의 합을 극한으로 보내는 것'으로 정했음을 반드시 기억해야 한다. 즉, 무한급수는 '부분합의 극한'이다. 따라서 먼저 부분합을 구하고, 그것을 다시 무한대로 보내는 과정으로 반드시 분할해 문제를 풀어야 한다.

1. $S_n = \displaystyle\sum_{k=1}^{n} a_k$ 구하기

2. $\displaystyle\lim_{n \to \infty} S_n$ 구하기

만약 '$\sum\limits_{k=1}^{\infty} \dfrac{2}{k(k+1)}$를 구하시오'라는 문제가 있다면, 시그마의 정의에 따라 아래 끝에서 위 끝까지 더해야 한다. 그런데 문제에서 아래 끝은 1이고 위 끝은 무한대다. 이럴 때 무한급수라고 하며, 문제를 풀려면 조금 전에 말한 것처럼 먼저 부분합을 구하고($S_n = \sum\limits_{k=1}^{n} a_k$), 다시 n을 무한대로 보내는($\lim\limits_{n \to \infty} S_n$) 이중 작업을 해야 한다. 즉, $\sum\limits_{k=1}^{\infty} \dfrac{2}{k(k+1)}$를 $\lim\limits_{n \to \infty} \sum\limits_{k=1}^{n} \dfrac{2}{k(k+1)}$로 봐야 하는 것이다. 귀찮겠지만 그래도 끝없이 계속 더해가는 것보다는 나을 것이다.

먼저 $\sum\limits_{k=1}^{n} \dfrac{2}{k(k+1)}$를 구해야 하는데, 그러기 위해서는 '부분분수(하나의 분수를 두 분수의 차로 바꾸는 것)'로 만들어야 한다. 필자에게 수학을 배우는 아이들은 초등학생 때부터 부분분수의 개념을 익혀 이 설명을 읽고 무엇을 해야 하는지 바로 알 것이다. 하지만 이 책에서 부분분수를 처음 접하는 아이들이 있을 테니 빠르게 짚고 넘어가겠다.

예를 들어, $\dfrac{1}{2} - \dfrac{1}{3}$은 $\dfrac{(1 \times 3) - (1 \times 2)}{2 \times 3}$ 과정을 거쳐 $\dfrac{1}{6}$을 만든다. 그렇다면 반대로 $\dfrac{1}{6}$을 $\dfrac{(1 \times 3) - (1 \times 2)}{2 \times 3}$로 보고 $\dfrac{1}{2} - \dfrac{1}{3}$을 만들 수 있다. 흔히 순방향을 알면 역방향도 할 수 있을 거라고 착각하는데, 반드시 둘 다 배워야 한다. 다시 문제로 돌아가보자. 부분분수로 바꾸면,

$$a_n = 2\left(\dfrac{1}{n} - \dfrac{1}{n+1}\right)$$

부분합을 구하면,

$$S_n = 2\left\{\left(\dfrac{1}{1} - \dfrac{1}{2}\right) + \left(\dfrac{1}{2} - \dfrac{1}{3}\right) + \cdots + \left(\dfrac{1}{n} - \dfrac{1}{n+1}\right)\right\}$$

$$\Rightarrow S_n = 2\left(1 - \frac{1}{n+1}\right)$$

S_n에서 n을 무한대로 보내면,

$$\lim_{n \to \infty} S_n = 2 \lim_{n \to \infty} \left(1 - \frac{1}{n+1}\right) = 2$$
$$\Rightarrow \sum_{k=1}^{\infty} \frac{2}{k(k+1)} = 2$$

한 문제만 더 풀어보자.

Q 무한급수 $\frac{1}{3^2-1} + \frac{1}{5^2-1} + \frac{1}{7^2-1} + \cdots$의 값을 구하시오.

$$\frac{1}{4}$$

수열 $3, 5, 7, \cdots$은 $2n+1$이니 무한급수는 $\sum_{n=1}^{\infty} \frac{1}{(2n+1)^2-1}$이다. 거듭 말하지만 무한급수는 부분합의 극한으로 풀어야 한다.

$$\frac{1}{(2n+1)^2-1} = \frac{1}{(2n+1+1)(2n+1-1)} = \frac{1}{4n(n+1)} = \frac{1}{4}\left(\frac{1}{n} - \frac{1}{n+1}\right)$$

부분합을 구하면,

$$\frac{1}{4}\sum_{k=1}^{n}\left(\frac{1}{n} - \frac{1}{n+1}\right) = \frac{1}{4}\left\{\left(\frac{1}{1} - \frac{1}{2}\right) + \left(\frac{1}{2} - \frac{1}{3}\right) + \cdots + \left(\frac{1}{n} - \frac{1}{n+1}\right)\right\} = \frac{1}{4}$$
$$\left(\frac{1}{1} - \frac{1}{n+1}\right)$$

부분합의 극한은,

$$\lim_{n \to \infty} \frac{1}{4}(\frac{1}{1} - \frac{1}{n+1}) = \frac{1}{4}$$

무한급수와 일반항의 관계

티끌 모아 태산이라는 말처럼 아주 조금이라도 계속 더하면 무한히 커진다. 그렇다면 더해지는 수가 점점 작아져서 0에 가까워져야만 될 것이다. 이것을 수학적으로 '무한급수가 수렴하려면 일반항의 극한이 0이어야 한다'고 표현한다. 그렇다면 역으로 일반항의 극한이 0으로 수렴하면 무한급수가 모두 수렴할까? 꼭 그렇지는 않다.

• 무한급수 $\sum_{n=1}^{\infty} a_n$이 수렴하면 $\lim_{n \to \infty} a_n = 0$이다. 그러나 그 역은 성립하지 않는다. 즉, $\lim_{n \to \infty} a_n = 0$이라고 해서 $\sum_{n=1}^{\infty} a_n$이 모두 수렴하는 것은 아니다.

• 위의 대우 명제인 '$\lim_{n \to \infty} a_n \neq 0$이면 무한급수 $\sum_{n=1}^{\infty} a_n$은 발산한다'도 역시 참이다.

$\lim_{n \to \infty} a_n = 0$인데도 $\sum_{n=1}^{\infty} a_n$이 수렴하지 않는 경우를 알아보자. 증명 과정이 특이하니 기억해놓으면 좋다.

$a_n = \frac{1}{n}$이면 $\lim_{n \to \infty} a_n = 0$으로 수렴한다. $\sum_{n=1}^{\infty} \frac{1}{n} = \lim_{n \to \infty}(\frac{1}{1} + \frac{1}{2} + \frac{1}{3} + \cdots + \frac{1}{n})$이다. 그런데 우리가 부분합 $(\frac{1}{1} + \frac{1}{2} + \frac{1}{3} + \cdots + \frac{1}{n})$을 정리할 방법이 없으며, 수학자가 사용하라고 알려준 '부분합의 극한'

으로 수렴 여부를 판정할 수 없다. 그래서 발산하는 하나의 식을 가져와 서로 비교하는 방법을 사용한다.

- $\sum\limits_{n=1}^{\infty} \dfrac{1}{n} = \dfrac{1}{1} + \dfrac{1}{2} + (\dfrac{1}{3} + \dfrac{1}{4}) + (\dfrac{1}{5} + \dfrac{1}{6} + \dfrac{1}{7} + \dfrac{1}{8}) + (\dfrac{1}{9} + \dfrac{1}{10}$
  $+ \dfrac{1}{11} + \dfrac{1}{12} + \dfrac{1}{13} + \dfrac{1}{14} + \dfrac{1}{15} + \dfrac{1}{16}) + \cdots$
- $\sum\limits_{n=1}^{\infty} \dfrac{1}{2} = \dfrac{1}{1} (= \dfrac{1}{2} + \dfrac{1}{2}) + \dfrac{1}{2} + (\dfrac{1}{4} + \dfrac{1}{4}) + (\dfrac{1}{8} + \dfrac{1}{8} + \dfrac{1}{8} + \dfrac{1}{8}$
  $) + (\dfrac{1}{16} + \dfrac{1}{16} + \dfrac{1}{16} + \dfrac{1}{16} + \dfrac{1}{16} + \dfrac{1}{16} + \dfrac{1}{16} + \dfrac{1}{16}) + \cdots = \infty$

두 식에서 각각 괄호 부분끼리 크기를 비교하면

$(\dfrac{1}{3} + \dfrac{1}{4}) > (\dfrac{1}{4} + \dfrac{1}{4})$

$(\dfrac{1}{5} + \dfrac{1}{6} + \dfrac{1}{7} + \dfrac{1}{8}) > (\dfrac{1}{8} + \dfrac{1}{8} + \dfrac{1}{8} + \dfrac{1}{8})$

$(\dfrac{1}{9} + \dfrac{1}{10} + \dfrac{1}{11} + \dfrac{1}{12} + \dfrac{1}{13} + \dfrac{1}{14} + \dfrac{1}{15} + \dfrac{1}{16}) > (\dfrac{1}{16} + \dfrac{1}{16} + \dfrac{1}{16} + \dfrac{1}{16} + \dfrac{1}{16}$
$+ \dfrac{1}{16} + \dfrac{1}{16} + \dfrac{1}{16})$

따라서 $\sum\limits_{n=1}^{\infty} \dfrac{1}{n} = \dfrac{1}{1} + \dfrac{1}{2} + \dfrac{1}{3} + \cdots > 1 + \dfrac{1}{2} + \dfrac{1}{2} + \cdots (= \infty)$ 관계가 성립한다. 그런데 우변이 무한대이니 그보다 더 큰 $\dfrac{1}{1} + \dfrac{1}{2} + \dfrac{1}{3}$ $+ \cdots$이 무한대로 발산함은 당연하다는 것이다.

최종 정리하면 무한급수 $\sum\limits_{n=1}^{\infty} a_n$의 수렴과 발산을 판정하려면 가장 먼저 $\lim\limits_{n \to \infty} a_n$을 조사한다. $\lim\limits_{n \to \infty} a_n \neq 0$이면 모두 발산하고, $\lim\limits_{n \to \infty} a_n = 0$이면 $\lim\limits_{n \to \infty} S_n$을 구해 수렴과 발산 여부를 판정한다.

Q $(3a_1 - 1) + (3a_2 - 1) + (3a_3 - 1) + \cdots = 11$을 만족시키는 무한급수에

대해 $\lim_{n \to \infty} a_n$의 값을 구하시오.

$$\frac{1}{3}$$

이 문제에서 11이라는 숫자보다 중요한 것이 '수렴한다'는 사실 자체다. 문제의 식을 시그마로 표현하면 $\sum_{n=1}^{\infty}(3a_n - 1) = 11$이다. 일반항 $\{3a_n - 1\}$이 0으로 수렴해야 무한급수가 수렴하니,

$$\lim_{n \to \infty}(3a_n - 1) = 0$$
$$\Rightarrow 3 \lim_{n \to \infty} a_n - 1 = 0$$
$$\Rightarrow \lim_{n \to \infty} a_n = \frac{1}{3}$$

수열의 대소와 극한

부등식에 리미트를 취하면
등호가 생긴다

$a_n \leq b_n$이면 부등식의 성질에 따라 $\lim\limits_{n \to \infty} a_n \leq \lim\limits_{n \to \infty} b_n$임은 당연하다. 그렇다면 $a_n < b_n$에서도 $\lim\limits_{n \to \infty} a_n < \lim\limits_{n \to \infty} b_n$이 성립할까? 보통 수열이 크면 그 극한값도 크지만, 아주 드물게 $\lim\limits_{n \to \infty} a_n = \lim\limits_{n \to \infty} b_n$이 성립하는 경우가 있다.

예를 들어 $a_n = 1 - \dfrac{1}{n}$, $b_n = 1 + \dfrac{1}{n}$ 이면 $a_n < b_n$이지만, $\lim\limits_{n \to \infty}(1 - \dfrac{1}{n}) = 1$, $\lim\limits_{n \to \infty}(1 + \dfrac{1}{n}) = 1$, 즉 $1 = 1$로 $a = \beta$가 된다. 따라서 $a_n < b_n$이면 $\lim\limits_{n \to \infty} a_n \leq \lim\limits_{n \to \infty} b_n$이다. 부등식의 양변에 'lim'을 취하면 등호가 생긴다는 것을 기억하자!

Q 수렴하는 수열 $\{a_n\}$, $\{b_n\}$, $\{c_n\}$에 대해 다음 중 옳지 않은 것을 고르시오.

① $a_n \leq b_n$이면 $\lim\limits_{n \to \infty} a_n \leq \lim\limits_{n \to \infty} b_n$이다.

② $a_n < b_n$이면 $\lim\limits_{n \to \infty} a_n < \lim\limits_{n \to \infty} b_n$이다.

③ $a_n < b_n$이면 $\lim\limits_{n \to \infty} a_n \leq \lim\limits_{n \to \infty} b_n$이다.

④ $a_n \leq b_n \leq c_n$이면 $\lim\limits_{n \to \infty} a_n \leq \lim\limits_{n \to \infty} b_n \leq \lim\limits_{n \to \infty} c_n$이다.

⑤ $a_n < b_n < c_n$이면 $\lim\limits_{n \to \infty} a_n \leq \lim\limits_{n \to \infty} b_n \leq \lim\limits_{n \to \infty} c_n$이다.

②

$a_n < b_n$이고 $\lim\limits_{n \to \infty} a_n = a$, $\lim\limits_{n \to \infty} b_n = \beta$이면 $a \leq \beta$라고 바로 앞에서 설명했다. 당연히 수렴하는 세 수열에서도 같은 조건이 성립한다.

샌드위치 정리

$2 \leq x \leq 2$를 만족하는 x의 값은 어쩔 수 없이 2가 되고, $2 < x < 2$를 만족하는 x의 값은 존재하지 않는다. 그런데 바로 앞에서 $a_n < p_n < b_n$의 각 변에 $\lim\limits_{n \to \infty}$을 취하면 등호가 생겨난다고 했으니 $\lim\limits_{n \to \infty} a_n \leq \lim\limits_{n \to \infty} p_n \leq \lim\limits_{n \to \infty} b_n$이 된다. 그런데 만약 $\lim\limits_{n \to \infty} a_n = \lim\limits_{n \to \infty} b_n = 2$라면 $2 \leq \lim\limits_{n \to \infty} p_n \leq 2$가 되어 $\lim\limits_{n \to \infty} p_n = 2$가 된다.

이처럼 양쪽에서 압박하면 그 사이에 샌드위치처럼 끼여 있는 값은 어쩔 수 없이 그 값이 결정되는데, 이것을 '샌드위치 정리'라고 한다.

샌드위치 정리: $a_n < p_n < b_n$이고 $\lim\limits_{n \to \infty} a_n = a$, $\lim\limits_{n \to \infty} b_n = a$이면 $\lim\limits_{n \to \infty} p_n = a$이다

샌드위치 정리는 단순해 보이지만 어려운 증명에 자주 사용된다.

2장

곡선으로
이루어진
도형의 넓이

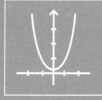

구분구적법

여러 가지 사각형, 삼각형 그리고 원 등의 넓이를 공식까지 만들어 구하고 나면, 그다음은 다양한 곡선의 형태를 갖는 도형의 넓이를 구할 차례다.

확장할 때는 항상 두 가지 과정을 거친다. 새로운 방법으로 난관을 극복하거나 아니면 지금까지 배웠던 것들의 기본을 확장될 때까지 튼튼히 하는 것이다. 곡선으로 된 도형의 넓이는 적분이라는 이름으로 배우지만, 안으로 들어가면 결국 후자의 과정을 거친다. 잘 생각해보면 모든 도형은 기본적으로 직사각형의 모양이어야만 넓이를 구할 수 있음을 알 수 있다.

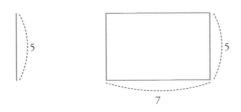

직사각형의 넓이는 (가로) × (세로)로 구한다. 그러므로 이 직사각형의 넓이는 $7 \times 5 = 35$다. 이때 선분의 넓이는 무엇일까?

선은 폭이나 넓이가 없이 오로지 '길이'만 갖는다. 가로의 길이가 무한소(0^+)이고, 세로가 5이기 때문이다. 그런데 면은 길이가 움직인 자취다. 왼쪽에 있는 선분을 직사각형의 왼편에 붙였다가 오른편에 닿을 때까지 평행이동을 했다고 보자. 그럼 직사각형의 넓이는 무수히 많은 선분의 합이 된다. 겉으로 보기에 적분이라는 이름으로 구하겠지만, 실제로 곡선 도형을 좌표평면 위에 올려놓고 선분들의 합으로 넓이를 구하는 것이다.

미분과 적분의 관계는 잠시 접어두고, 곡선 도형의 넓이에 집중해보자.

분할해 통치하라

———

구분구적법은 도형을 잘게 나눠 각각의 도형의 넓이나 부피의 근삿값을 구하고 근삿값의 극한으로 전체 도형의 넓이나 부피를 구하는 방법이다. 이 방법은 '유레카'로 널리 알려진 그리스 수학자 아르키메데스가 발견했다. 일반적으로 아이들은 적분을 한참 배워서 힘이 빠져 있을 때 구분구적법을 만난다. 하지만 구분구적법을 배운 다음 적분을 알면 적분의 소중함을 체감할 수 있으니 이 책에서는 아이들의 힘이 빠지기 전에 먼저 다루겠다.

다음 좌표평면에서 빗금이 그어진 부분, 즉 $y = f(x)$의 그래프와 x

축, 직선 $x=a$, 직선 $x=b$로 둘러싸인 부분의 넓이를 구하려고 한다.

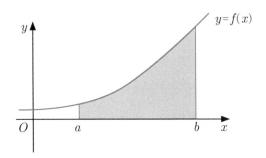

빗금 부분은 직사각형이 아니다. 직사각형을 만들고 싶어도 방법이 없다. 그래서 빗금 부분을 구분구적법으로 여러 개의 직사각형으로 나눈 다음 다시 모두 더해서 전체의 넓이를 구하려고 한다. 너무 잘게 자르면 이해하기 어려우니 일단 사각형 네 개로 나누자.

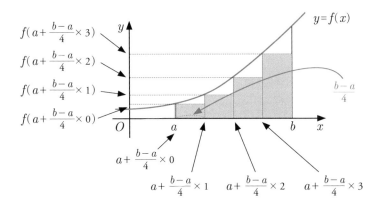

빗금 부분을 직사각형 네 개로 나눠보았으나, 원래의 넓이와 차이가 많이 난다. 치환하지 않아서 그림이 복잡해 보일 수 있으나 하

나하나 살펴보면 더 이해하기 편할 것이다. 네 개의 직사각형 가로 길이는 모두 a에서 b까지의 거리를 사등분한 $\frac{b-a}{4}$다. 각 직사각형의 세로 길이는 각 위치에서의 함숫값이다. 왼쪽을 살펴보자. 첫 번째 직사각형의 넓이를 (세로) × (가로)로 표현하면 $f(a+\frac{b-a}{4}\times 0)\times \frac{b-a}{4}$, 두 번째 직사각형의 넓이는 $f(a+\frac{b-a}{4}\times 1)\times \frac{b-a}{4}$, 세 번째 직사각형의 넓이는 $f(a+\frac{b-a}{4}\times 2)\times \frac{b-a}{4}$, 네 번째 직사각형의 넓이는 $f(a+\frac{b-a}{4}\times 3)\times \frac{b-a}{4}$다. 이것을 시그마로 표현하면,

$$\sum_{k=0}^{3} f(a+\frac{b-a}{4}\times k)\times \frac{b-a}{4}$$

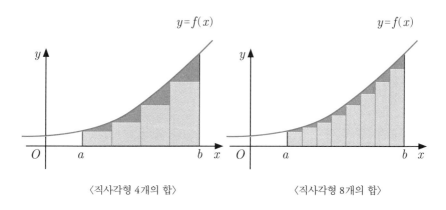

〈직사각형 4개의 합〉　　　〈직사각형 8개의 합〉

　　그림에서 초록색으로 칠한 부분이 원래 구하고자 한 부분과의 차이다. 직사각형 네 개의 합보다는 여덟 개의 합이 원래의 넓이에 더 가깝다. 직사각형 여덟 개의 합을 시그마로 표현하면,

$$\sum_{k=0}^{7} f(a+\frac{b-a}{8}\times k)\times \frac{b-a}{8}$$

직사각형 무한개의 합으로 표현하기 위해서는 우선 n개의 합으로 만들고, n을 무한대로 보내면 된다. 우선 제n항까지의 부분합을 구하면,

$$\sum_{k=0}^{n-1} f\left(a + \frac{b-a}{n} \times k\right) \times \frac{b-a}{n}$$

극한으로 보내면,

$$\lim_{n \to \infty} \sum_{k=0}^{n-1} f\left(a + \frac{b-a}{n} \times k\right) \times \frac{b-a}{n}$$

그런데 앞에서 말했지만 각 직사각형의 세로 길이는 각 위치에서의 함숫값이다. 즉, 직사각형의 세로 길이를 직사각형 오른쪽 함숫값으로 잡을 수도 있다.

함수 $y = f(x)$가 닫힌 구간 $[a, b]$에서 연속일 때, 구간 $[a, b]$를 n등분해 양 끝 점과 분점을 차례로 $x_0(=a)$, x_1, x_2, x_3, $\cdots$, $x_n(=b)$이라고 하고, $\Delta x = \frac{b-a}{n}$라고 하자.

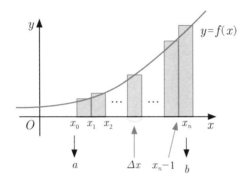

그림에서 직사각형들의 합은 $\sum_{k=1}^{n} f(x_k)\Delta x$에서 n을 무한대로 보낸 $\lim_{n \to \infty} \sum_{k=1}^{n} f(x_k)\Delta x$다. $\lim_{n \to \infty} \sum_{k=1}^{n} f(x_k)\Delta x$를 처음 알려준 방식으로 표현하면 $\lim_{n \to \infty} \sum_{k=1}^{n} f(a + \dfrac{b-a}{n} \times k) \times \dfrac{b-a}{n}$다. 이들 $\lim_{n \to \infty} \sum_{k=0}^{n-1} f(a + \dfrac{b-a}{n} \times k) \times \dfrac{b-a}{n}$와 $\lim_{n \to \infty} \sum_{k=1}^{n} f(a + \dfrac{b-a}{n} \times k) \times \dfrac{b-a}{n}$의 극한값이 우리가 구하려고 한 빗금 부분의 넓이다. 이것을 '리만합의 극한'이라고도 한다.

많이 어렵다기보다는 귀찮게 느껴질 것이다. 미분과 적분의 관계를 알게 되기 전까지는 이처럼 번거롭게 구분구적법을 해야 했다. 지금이야 그런 번거로움이 없지만 그래도 수능을 본다면 구분구적법은 알아야 한다. 시험 출제자들은 아이들이 수학을 올바르게 공부해왔는지를 확인하고 싶어 하기 때문이다.

구분구적법과 정적분의 관계를 배우기 전에 정적분부터 알아보자.

무한급수를 정적분으로 바꾸기

정적분: 리만합의 극한으로 적분의 구간이 정해진 것

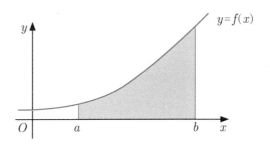

이 그림에서 빗금 그어진 부분의 넓이를 $\int_a^b f(x)dx$라고 한다. $f(x)$ $dx = f(x) \times dx$로, $f(x)$는 세로의 길이이자 함숫값이고, dx는 가로의 길이이자 무한소다. 즉 $f(x)dx$는 선분들이라고 할 수 잇다.

인테그랄 '$\int$'은 합을 의미하는 *Summation*의 첫 글자 *S*를 위아래로 길게 늘인 것이다. 참고로 시그마 'Σ'는 *Summation*의 첫 글자 *S*를 그리스 문자로 쓴 것이다. 그래서 시그마와 용도가 같은데, 시그마가 불연속인 정의역을 가진다면 인테그랄은 연속인 정의역을 가진다는 차이가 있다. 시그마에서 아래 끝과 위 끝이 있듯이 인테그랄에 아래 끝은 a고, 위 끝은 b다. 그러니 $\int_a^b f(x)dx$는 'a에서 b까지 있는 세로선들'을 모두 더하면 빗금 그어진 부분의 넓이가 된다는 의미다.

정적분의 정의는 $\lim_{n \to \infty} \sum_{k=1}^{n} f(a + \frac{b-a}{n} \times k) \times \frac{b-a}{n} = \int_a^b f(x)dx$처럼 좌변의 무한급수의 형태를 우변의 정적분으로 바꿀 수 있다는 것이다. 무한급수를 정적분으로 바꾸어서 푸는 문제가 빈번히 출제되고, 아이들은 번번이 틀린다. 치환과 극한을 이용하면 되니 다음 내용을 정확하게 이해하고 넘어가자.

무한급수에 $\frac{pk}{n}$ 꼴은 대부분 정적분으로 바꾸어 푼다.

시그마에서 변수는 k다. 무한급수에 $\frac{pk}{n}$ 꼴이 보인다면 거의 전부 정적분으로 바꾸어 풀라는 말이다. 직사각형의 넓이를 뜻하는 가로 '$f(a + \frac{b-a}{n}k)$' $\times$ 세로 '$\frac{b-a}{n}$'에서 항상 $\frac{b-a}{n}k$가 존재해야 하기 때문이다. $f(a + \frac{b-a}{n}k)$에서 $\frac{k}{n}$를 포함하는 식을 변수 x로 놓아야 한다. 예를 들어 $a + \frac{b-a}{n}k$, $\frac{b-a}{n}k$, $\frac{1}{n}k$ 중에 어느 것을 x로 놓아도 괜찮다.

$\dfrac{k}{n}$를 포함하는 식을 x로 치환하고, k가 1씩 늘어날 때마다 x가 증가하는 양을 Δx로 바꾸어준다.

결국 k의 변화량은 k의 계수 $\dfrac{1}{n}$이 되고, 이것이 직사각형의 가로에 해당해 n을 ∞로 보내면 Δx가 dx로 바뀐다.

무엇을 변수 x로 할지 결정했다면 아래 끝과 위 끝을 알아본다.

① $a + \dfrac{b-a}{n}\,k = x$로 치환하는 방법

$\lim\limits_{n \to \infty} \sum\limits_{k=1}^{n} f\!\left(a + \dfrac{b-a}{n} \times k\right) \times \dfrac{b-a}{n}$에서 $a + \dfrac{b-a}{n}k$ 대신 x를 대입하면, $\int f(x) \times \dfrac{b-a}{n}$다. 이제 아래 끝과 위 끝을 정해주면 된다.

$a + \dfrac{b-a}{n}k$에 시그마의 아래 끝 $k=1$을 대입하고 n을 ∞로 보내면 $a + \dfrac{b-a}{n} \to a$이니, 인테그랄의 아래 끝은 a다. 다시 $a + \dfrac{b-a}{n}k$에 시그마의 위 끝 $k=n$을 대입하고 n을 ∞로 보내면, $a + (b-a) \to b$이니 인테그랄의 위 끝은 b다.

$\int_a^b f(x) \times \dfrac{b-a}{n}$에서 $a + \dfrac{b-a}{n}k$에서 k의 계수 $\dfrac{b-a}{n} = \Delta x$이니 n을 ∞로 보내면, Δx는 dx다. 따라서 정적분은 $\int_a^b f(x)dx$다. 가장 일반적인 방법이다.

② $\dfrac{b-a}{n}k = x$로 치환하는 방법

$\lim\limits_{n \to \infty} \sum\limits_{k=1}^{n} f\!\left(a + \dfrac{b-a}{n} \times k\right) \times \dfrac{b-a}{n}$에서 $\dfrac{b-a}{n}k$ 대신 x를 대입하면 $\int f(a+x) \times \dfrac{b-a}{n}$다.

$\dfrac{b-a}{n}k$에 시그마의 아래 끝 $k=1$을 대입하고 n을 ∞로 보내면 $\dfrac{b-a}{n} \to 0$이니, 인테그랄의 아래 끝은 0이다. 다시 $\dfrac{b-a}{n}k$에 시그마의 위 끝 $k=n$을 대입하고 n을 ∞로 보내면, $(b-a) \to b-a$이니, 인테

그랄의 위 끝은 $b-a$다.

$\int_0^{b-a} f(a+x) \times \frac{b-a}{n}$에서 $\frac{b-a}{n}k$의 k 계수는 $\frac{b-a}{n}=\Delta x$이니 n을 ∞로 보내면, Δx는 dx다. 따라서 정적분은 $\int_0^{b-a} f(x+a)dx$다.

③ $\frac{k}{n}=x$로 치환하는 방법

$\lim\limits_{n\to\infty}\sum\limits_{k=1}^{n} f(a+\frac{b-a}{n}\times k) \times \frac{b-a}{n}$에서 $\frac{k}{n}$ 대신 x를 대입하면 $\int f(a+(b-a)x)\times\frac{b-a}{n}$ 다.

$\frac{k}{n}$에 시그마 아래 끝 $k=1$을 대입하고 n을 ∞로 보내면 $\frac{1}{n}\to 0$이니, 인테그랄의 아래 끝은 0이다. 다시 $\frac{k}{n}$에 시그마의 위 끝 $k=n$을 대입하고 n을 ∞로 보내면 $1\to 1$이니, 인테그랄의 위 끝은 1이다.

$\int_0^1 f(a+(b-a)x) \times \frac{b-a}{n}$에서 $\frac{1}{n}k$의 k 계수는 $\frac{1}{n}=\Delta x$이니 n을 ∞로 보내면, Δx는 dx다. 따라서 정적분은 $(b-a)\int_0^1 f((b-a)x+a)dx$다. 이것은 강제적으로 피적분함수를 변경해 적분구간을 0에서 1까지로 만드는 방법이다.

문자를 사용해서 읽기 힘들 것이다. 그만큼 여러 번 반복해서 봐야 한다. 개별적인 숫자들보다 문자들을 사용해서 연습하는 게 힘들지만 기억에는 더 오래 남는다. 이제 구체적인 숫자들을 사용하는 $\lim\limits_{n\to\infty}\sum\limits_{k=n}^{3n+1}(\frac{2k}{n}+3)^2\frac{1}{n}$을 연습해보자. 이 책에서는 $x=\frac{2k}{n}+3$으로 치환하는 방법만 설명할 것이다. $x=\frac{2k}{n}$로 치환하는 방법은 각자해보기 바란다.

1. $x=\frac{2k}{n}+3$으로 치환하기

2. 적분구간 정하기

먼저, $x = \dfrac{2k}{n} + 3$으로 치환하면 피적분함수는 x^2이다.

그다음 적분구간인 아래 끝과 위 끝을 정한다. $\dfrac{2k}{n} + 3$에 시그마의 아래 끝 $k = n$을 대입해 얻은 5가 정적분의 아래 끝이다. 다시 $\dfrac{2k}{n} + 3$에 시그마의 위 끝 $k = 3n + 1$을 대입해 $\dfrac{6n+2}{n} + 3$에서 n을 ∞로 보내면 $\dfrac{\infty}{\infty} + 3$이니, 위 끝은 9로 $\int_5^9 x^2$이다.

$\dfrac{2k}{n} + 3$에서 k의 계수는 $\dfrac{2}{n} = \Delta x$이니 $\dfrac{1}{n}$을 $\dfrac{1}{2} \times \dfrac{2}{n}$로 바꾸고 $\dfrac{2}{n}$를 dx로 바꾸면 $\dfrac{1}{2}dx$다. 따라서 $\int_5^9 \dfrac{1}{2}x^2 dx$라는 정적분이 된다.

- 정적분은 확정값이 아닌 극한값으로 정의되어 있다는 사실을 반드시 기억해야 한다.

- $\displaystyle\lim_{n\to\infty} \sum_{k=1}^{n} f(x_k)\Delta x = \lim_{n\to\infty} \sum_{k=0}^{n-1} f(x_k)\Delta x = \int_a^b f(x)\,dx$

- 정적분 $\int_a^b f(x)\,dx$에서 시그마처럼 a를 아래 끝, b를 위 끝, $f(x)$를 피적분함수, dx에서 x를 적분변수라고 한다.

- 정적분 $\int_a^b f(x)\,dx$의 결과값은 상수다. 그런데 함수 f와 아래 끝 a, 위 끝 b로 결정되므로 적분변수와는 상관없다. 그래서 $\int_a^b f(x)\,dx = \int_a^b f(y)\,dy = \int_a^b f(t)\,dt$는 변수와 상관없이 상수로서 같다. 이 점은 정적분을 계산하면 바로 이해될 것이다.

- 아직 정적분의 계산 방법은 배우지 않았다.

적분은 미분과 비교해 공부할 분량도 적고, 세 가지 고비만 넘으

면 된다. 바로 구분구적법, 구분구적법을 정적분으로 바꾸는 것, 미적분의 기본 정리다. 그리고 지금 그중 두 가지인 구분구적법과 구분구적법을 정적분으로 바꾸는 것을 배웠다. 따라오느라 고생 많았다. 이제 미적분의 기본 정리만 남았다.

적분은 미분을 거꾸로 하면 된다

적분은 만들어지기까지의 역사적 배경을 알면 전체 단원을 이해하는 데 도움이 된다. 보통 미분을 먼저 배운 다음 적분을 배우지만 실제로 적분이 미분보다 훨씬 이전에 만들어졌고, 미분의 역사는 그리 길지 않다.

적분은 기원전 3세기부터 구분구적법으로 해왔고, 미분은 적분을 발견하고 2천 년 후인 17세기에 발견되었다. 처음에는 미분과 적분이 서로 관계가 없다고 생각했다. 하지만 미적분의 기본 정리에 의해 서로 역연산의 관계에 있다는 사실을 알게 되었다. 이제 미분의 역연산인 부정적분에 대해 배워보자.

> **부정적분**: 함수 $F(x)$의 도함수가 $f(x)$일 때, 즉 $F'(x) = f(x)$일 때, $F(x)$를 $f(x)$의 부정적분 또는 원시함수라고 한다. $f(x)$의 부정적분을 $\int f(x)dx = F(x) + C$(단, C는 적분상수)로 나타낸다

부정적분은 함수다.

부정적분이든 원시함수든 결국 함수다. 그래서 이것을 미분할 수도 있고 적분할 수도 있다. 그런데 부정적분이 적분상수 때문에 함수가 정해지지 않아서 만든 말이라고 잘못 아는 사람들이 많다. 부정적분은 적분구간이 정해지지 않았다는 뜻이며, 원시함수는 미분하기 전의 원래의 함수를 강조하는 말이다.

적분의 방법은 미분의 역연산이다.

부정적분의 정의는 적분의 방법이 '미분의 역연산'이라고 말하고 있다. 어떤 함수를 어떤 규칙에 따라 미분해 도함수를 얻었다면 역으로 그 규칙을 잘 관찰하거나 적었다가 다시 원래의 함수(원시함수)를 알아낼 수 있다는 것이다. 아이들이 초등학교에서 배운 덧셈과 뺄셈의 관계 또는 곱셈과 나눗셈의 관계처럼 역연산을 사용한다는 의미다.

부정적분은 항상 적분상수 C가 생긴다.

$(3x^2)' = 6x,\ (3x^2 - 7)' = 6x,\ (3x^2 + 100)' = 6x$ 등 어떤 함수를 미분했을 때 상수항이 없어진다. 그러면 도함수 $6x$의 원시함수에서 상수항이 무엇이었는지를 알 수 없다. 그래서 $6x$의 부정적분 $\int 6x\,dx = 3x^2 + C$처럼 임의의 상수가 올 수 있다는 의미로 적분상수 C가 붙게 된다. 결국 문제를 풀면 적분상수를 구할 단서가 주어지게 되니 부정적분에서 적분상수 C를 붙이는 것을 잊어버려서는 안 된다.

부정적분과 미분과의 관계

> - $\frac{d}{dx}\!\int f(x)\,dx = f(x)$
> - $\int\!\left(\frac{d}{dx}f(x)\right)dx = f(x) + C$

미분을 하든 부정적분을 하든 항상 함수가 된다. 그러니 적분하고 미분하거나 미분하고 적분하거나 해도 상관없다. 하지만 마지막에 적분을 하면 항상 적분상수가 생긴다.

Q 연속함수 $f(x)$가 $\int(x-1)f(x)\,dx = x^3 - x^2 - x + C$를 만족시킬 때 $f(1)$의 값을 구하시오. (단, C는 적분상수)

4

부정적분의 결과 적분상수가 있어야 한다고 했는데, 이 식에서도 보일 것이다. 그런데 부정적분도 함수라서 미적분이 가능하다. 만약 이 문제처럼 $\int f(x)\,dx = g(x)$ 꼴이 나왔다면 양변을 x에 대해 미분해 $f(x) = g'(x)$로 만들 수 있다. 주어진 식의 양변을 x에 대해 미분하면,

$(x-1)f(x) = 3x^2 - 2x - 1$

$\Rightarrow (x-1)f(x) = (3x+1)(x-1)$

$\Rightarrow f(x) = 3x + 1$

$\Rightarrow f(1) = 4$

함수 $y = x^n$의 부정적분

- n이 음이 아닌 정수일 때 $\int x^n dx = \frac{1}{n+1} x^{n+1} + C$

- $n = 0$일 때 $\int 1\,dx = \int dx = x + C$

적분하면 지수에 1을 더해서 써주고 그 수의 역수를 계수에 곱해 주면 된다. 처음에는 이게 잘 안 될 것이다. 그러면 거꾸로 미분해서 원래 함수인지 다음처럼 확인해보자. $(\frac{1}{n+1} x^{n+1} + C)' = x^n$인 것을 확인할 수 있다.

Q 다음 중 옳은 것의 개수를 고르시오. (단, C는 적분상수)

① $\int dx = C$

② $\int 0\,dx = 0$

③ $\int x\,dx = \int y\,dy$

④ $f'(x) = g'(x)$이면 $\int f'(x)\,dx = \int g'(x)\,dx$다.

0개

$\int dx = \int 1\,dx = x + C$, $\int 0\,dx = 0 \times x + C = C$라서 ①과 ②는 틀렸다. 부정적분은 적분 변수가 서로 같아야 한다고 했다. ③은 $\int x\,dx = \int y\,dy$로 변수가 다르니 틀렸다.

①~③이 틀렸으니 자칫 ④는 옳다고 생각하기 쉽다. 게다가 양변을 적분했으니 더더욱 별다른 생각 없이 맞다고 할 것이다. 그러

나 수학 문제를 풀 때는 항상 마지막까지 모든 것을 의심해야 한다. $f'(x) = g'(x)$는 도함수가 같다는 뜻이고, $\int f'(x)dx = \int g'(x)dx$는 원시함수가 같다는 뜻이다. 그렇다면 도함수가 같으면 원시함수가 같을까? 적분상수가 다를 수 있기 때문에 틀렸다. 다음 문제를 풀어보자.

Q 함수 $f(x)$가 $f'(x) = 3x^2 + 4x - 5$, $f(0) = 2$를 만족시킬 때 $f(1)$의 값을 구하시오.

0

부정적분은 $f(x) = x^3 + 2x^2 - 5x + C$다. 적분상수를 구하라고 한 점이 주어졌다. $f(0) = 2$이니 $f(x) = x^3 + 2x^2 - 5x + 2$로, $f(1) = 0$이다. 그런데 도함수는 다음 문제처럼 '접선의 기울기'로 표현을 바꿔 출제될 수도 있다.

Q 연속함수 $f(x)$의 도함수가 $f'(x) = \begin{cases} 3x^2 & (x \leq 1) \\ 2x + 1 & (x > 1) \end{cases}$ 이고, $f(0) = 2$일 때, $f(2)$의 값을 구하시오.

7

도함수가 구간함수로 제시되었다고 해도 따로따로 적분하면 되니 전혀 겁먹을 필요가 없다. 다만 적분상수는 서로 다르기 때문에 다음과 같이 구분해주어야 한다.

$$f(x) = \begin{cases} x^3 + C_1 & (x \leq 1) \\ x^2 + x + C_2 & (x > 1) \end{cases}$$

문제에서 $f(x)$가 연속함수라고 했으니 $1 + C_1 = 2 + C_2$라는 식이 나온다. 또 $f(0) = 2$라는 조건이 주어졌는데 $x \leq 1$의 구간함수에 대입해야 하니 위 식 $x^3 + C_1$에 대입하면 $C_1 = 2$다.

다시 $C_1 = 2$를 $1 + C_1 = 2 + C_2$에 대입하면 $C_2 = 1$이다. 따라서,

$$f(x) = \begin{cases} x^3 + 2 \ (x \leq 1) \\ x^2 + x + 1 \ (x > 1) \end{cases}$$

문제에서 묻는 것은 $f(2)$의 값이다. 2는 $x > 1$의 구간이다. 그러므로 아래 식 $x^2 + x + 1$에 대입하면 $f(2) = 4 + 2 + 1 = 7$이다.

부정적분과 정적분의 차이

———

적분은 부정적분과 정적분으로 크게 구분되는데, 자칫 비슷하다고 생각할 수 있다. 하지만 둘은 별도의 진화 과정을 거쳐 만들어진 것이다. 그래서 여기에서는 이들의 통합 과정이 아니라 차이점을 살펴보려고 한다.

부정적분은 적분구간이 없지만 정적분은 적분구간이 정해져 있다.

부정적분 자체가 적분구간을 정하지 않는다. 적분구간이 정해지지 않았다는 것은 계산할 수 없음을 의미하며 부정적분이 함수와 같음을 의미한다. 적분구간이 정해져 있다는 것은 정적분의 결과가 실수의 값, 즉 상수가 된다는 뜻이다.

$\int_a^x f(x)dx$는 정적분에서도 다루지만 적분구간이 정해지지 않은 부정적분이다.

적분의 구간이 a에서 x까지로, x가 미지수이기 때문에 적분구간이 정해지지 않은 부정적분으로 봐야 한다. $\int_a^x f(x)dx$ 꼴에 대한 이해가 앞으로 부정적분과 정적분을 연결해주는 중요한 매개체가 될 것이다.

$\int f(x)dx \neq \int f(y)dy$이지만 $\int_a^b f(x)dx = \int_a^b f(y)dy$라는 차이점이 있다.

이 부분은 정적분의 이론을 공부할 때 자주 사용되니 반드시 정확하게 알고 있어야 한다. 부정적분에서 적분변수가 다르면 $\int f(x)dx \neq \int f(y)dy$처럼 서로 같다고 할 수 없다. 당연한 말이지만 같은 함수일지라도 x와 y가 있을 때 무조건 $x = y$라고 할 수 없다. 어떤 두 개가 있다면 서로 같을 수도 있고 다를 수도 있기 때문이다. x와 y도 마찬가지다.

그리고 부정적분 역시 함수이며, 다른 적분변수를 가지기 때문에 $\int f(x)dx \neq \int f(y)dy \neq \int f(t)dt$인 것이 당연하다. 부정적분에서 같으려면 적분변수를 서로 다르게 놓을 수 없다는 말이 된다. 그런데 만약 문제에서 $\int f(x)dx = \int g(x)dx$라고 제시되었다면 $f(x) = g(x)$일 수밖에 없다. 이것은 간단히 $\int f(x)dx = \int g(x)dx$의 양변에서 x에 대해 미분을 취하면 $f(x) = g(x)$임이 증명된다.

부정적분과 달리 정적분에서는 $\int_a^b f(x)dx = \int_a^b f(y)dy = \int_a^b f(t)dt$처럼 적분변수를 다른 것으로 치환해도 같다. 서로 달라도 결국 적분의 결과인 실수의 값이 같아서 같다고 할 수 있는 것이다. 지금 잘 이해되지 않아도 곧 정적분을 계산하면 이해될 것이다.

미적분의 기본 정리

서로 연관이 없다고 여겼던 미분과 적분이 '미적분의 기본 정리'를 통해 관련 있음이 밝혀졌다. 그로 인해 사람들은 지루한 구분구적법을 하지 않아도 괜찮아졌다. 이 책에서 구분구적법을 먼저 배운 아이들은 다른 아이들보다 '미적분의 기본 정리'를 흥미롭게 바라볼 수 있을 것이다. 쉽지 않은 내용이지만, 앞서 말했듯 적분의 마지막 고비다. 힘을 내서 배워보자.

정리1. 넓이의 미분은 선분이다

예를 들어, 넓이 함수 $S(x) = \int_a^x f(t)dt$라는 부정적분이 있다. 피적분함수 $f(t)$는 연속이고, $f(t) > 0$이며, $a < x < b$라고 하자. 그러면 $S(x)$는 a에서 x까지 곡선 $y = f(t)$와 t축 사이의 넓이라고 할 수 있다. 여기에서 궁금한 것은 x의 근방에서 넓이 $S(x)$의 순간변화율, 즉 $\frac{d}{dx}S(x)$다.

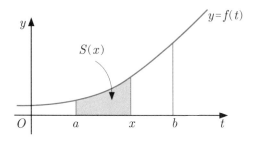

이때, x의 증분 $\Delta x(\Delta x > 0)$에 대한 $S(x)$의 증분을 ΔS라고 하면 $\Delta S = S(x+\Delta x) - S(x)$다.

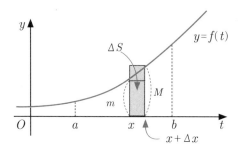

한편 x에서 $x+\Delta x$까지의 함수 $f(t)$는 연속이므로 반드시 최대 함숫값과 최소 함숫값을 갖는다. 이 최댓값과 최솟값을 각각 M, m이라 할 때, 증가함수라서 M, m의 위치가 그림과 같은 것이다. 만약 굴곡이 있었다면 달라질 것이다. $S(x)$의 증가율 ΔS는 작은 직사각형의 넓이 $m \times \Delta x$, 큰 직사각형의 넓이 $M \times \Delta x$ 사이에 있다. 즉 $m\Delta x \le \Delta S \le M\Delta x$다.

순간변화율을 구하기 위해서 우선 평균변화율을 구하면,

$$m \leq \frac{\Delta S}{\Delta x} \leq M$$

$\Delta x \to 0$이면,

$$\lim_{\Delta x \to 0} m \leq \lim_{\Delta x \to 0} \frac{\Delta S}{\Delta x} \leq \lim_{\Delta x \to 0} M$$

그런데 함수 $f(t)$는 연속이므로,

$$\lim_{\Delta x \to 0} m = \lim_{\Delta x \to 0} M = f(x)$$

$f(x) \leq \frac{dS}{dx} \leq f(x)$에서 $\frac{dS}{dx}$는 '양쪽 부등호 사이에 샌드위치처럼 끼여 있는 값은 어쩔 수 없이 그 값이 결정된다'는 샌드위치 정리에 의해 $f(x)$다. 따라서 $\frac{d}{dx}S(x) = f(x)$로, $\frac{d}{dx}\int_a^x f(t)dt = f(x)$가 성립한다.

정의에는 어긋나지만 $f(x)$는 함숫값이고 상수이며 선분이다. 결국 넓이의 미분 결과는 선분이다. 직관적으로 볼 때 선분이 움직여서 넓이를 만드니, 넓이 변화의 어떤 순간에도 미분의 결과는 항상 선분임을 기억해야 한다.

어려움을 덜 느끼도록 엄밀한 증명을 하지 않았는데도 어렵다고 느낄 것이다. 조금 더 쉽게 정리하면, $\int_a^x f(t)dt$는 넓이를 나타낸다. 이 것을 미분하면 $t = x$에서의 넓이의 순간변화율이 무엇인지 구할 수 있다. 그런데 $t = x$인 순간에서 $f(x)$라는 높이만 존재하게 되니 미분의 결과가 $f(x)$가 된다는 것이다. 여기까지가 '미적분의 기본 정리1' 이다. 이제 정적분의 계산 방식인 '미적분의 기본 정리2'를 알아보자.

정리2. 정적분의 계산 방식

$\int_a^b f(x)\,dx = [F(x)]_a^b = F(b) - F(a)$

증명해보자. 미적분의 기본 정리1을 통해 $S(x) = \int_a^x f(t)\,dt$를 양변 미분하면 $S'(x) = f(x)$임을 알았다. 여기서 $S(x)$가 $f(x)$의 부정적분이었다는 것을 알 수 있다. $f(x)$의 또 다른 부정적분을 $F(x) + C$라고 하면 $S(x) = \int_a^x f(t)\,dt = F(x) + C$라는 식을 얻을 수 있다.

그런데 $x = a$일 때 $\int_a^a f(t)\,dt = F(a) + C$가 되는데, $\int_a^a f(t)\,dt = 0$이므로 $0 = F(a) + C \implies C = -F(a)$다. $C = -F(a)$를 $\int_a^x f(t)\,dt = F(x) + C$에 대입해보면,

$\int_a^x f(t)\,dt = F(x) - F(a)$

다시 $x = b$를 대입하면,

$\int_a^b f(t)\,dt = F(b) - F(a)$

이제 적분변수 t를 x로 바꾸면 다음과 같이 '미적분의 기본 정리 2'가 만들어진다.

$\int_a^b f(x)\,dx = F(b) - F(a)$

그런데 필요에 따라 보통은 계산 과정의 중간에 $[F(x)]_a^b$를 추가한다.

$$\int_a^b f(x)dx = [F(x)]_a^b = F(b) - F(a)$$

원시함수가 $F(x) + C$이니 $[F(x) + C]_a^b$라고 해야 하지만 $(F(b) + C) - (F(a) + C)$를 하면 여전히 $F(b) - F(a)$가 나오므로 그냥 적분상수 C를 사용하지 않는 $[F(x)]_a^b$를 사용하는 것이다. 이것으로 적분의 어려운 고비를 모두 넘겼다.

어떤 함수를 미분하면 기울기인 도함수가 된다. 거꾸로 도함수를 적분하면, 즉 도함수의 넓이로 원시함수가 이루어진다. 함수 $y = x^2$과 도함수 $y' = 2x$로 확인해보자.

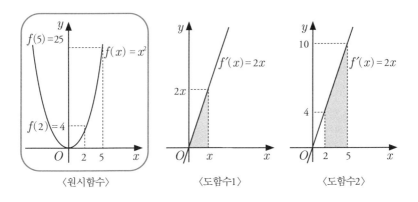

〈원시함수〉　　　〈도함수1〉　　　〈도함수2〉

함수 $f(x) = x^2$의 도함수 $f'(x) = 2x$에 대해 $\int_0^x (2x)dx$와 $\int_2^5 (2x)dx$를

알아보자.

〈도함수1〉의 0에서 x까지의 직선 $y' = 2x$와 x축 사이의 삼각형 넓이는 $x \times 2x \times \dfrac{1}{2} = x^2$으로 $\int_0^x (2x)dx = x^2 + C$와 같다. 기울기의 합이 적분이라는 것을 깨달아야 한다.

〈도함수2〉의 2에서 5까지의 직선 $y' = 2x$와 x축 사이의 사다리꼴 넓이는 $(4+10) \times 3 \times \dfrac{1}{2} = 21$로, $\int_2^5 (2x)dx = [x^2]_2^5 = 25 - 4 = f(5) - f(2)$와 같은 것을 확인할 수 있다. 이것은 도함수의 넓이를 원시함수의 함숫값들로도 구할 수 있다는 말이다.

개념을 정확히 알면, 더 알고 싶고 실력을 확인해보고 싶은 것이 수학이다. 정적분 연습을 해보자.

Q 다음 정적분의 값을 구하시오.

① $\int_1^2 (3x-1)^2 dx + \int_1^2 (4x+3)dx$

② $\int_0^1 \dfrac{x^3}{x+1} dx - \int_1^0 \dfrac{1}{t+1} dt$

③ $\int_{-1}^0 (3x^2 - 1)dx + \int_0^2 (3t^2 - 1)dt$

④ $\int_{-1}^0 (x^2 + 2x)dx + \int_0^1 (y^2 + 2y)dy + \int_1^2 (z^2 + 2z)dz$

① 22　② $\dfrac{5}{6}$　③ 6　④ 6

이 문제들을 분류하면 ①과 ②는 적분구간이 같은 경우, ③과 ④는 적분구간은 다르지만 피적분함수가 같은 경우다. 적분구간이 같은 경우 정적분도 시그마처럼 더해서 계산하다. ①의 답을 구해보자.

$\int_1^2 \{(9x^2 - 6x + 1) + (4x + 3)\}dx$

$= \int_1^2 (9x^2 - 2x + 4)dx$

$[3x^3 - x^2 + 4x]_1^2$를 계산하면 된다. 이때 계산은 정적분의 기본 정리에 따라서 $(24 - 4 + 8) - (3 - 1 + 4) = 22$다. 그런데 다음처럼 계산하면 시간과 오답율이 많이 줄어들 것이다.

$[ax^3 + bx^2 + cx]_p^q$

$= aq^3 + bq^2 + cq - (ap^3 + bp^2 + cp)$

$= aq^3 - ap^3 + bq^2 - bp^2 + cq - cp$

$= a(q^3 - p^3) + b(q^2 - p^2) + c(q - p)$

이 방식대로 하면, $3(2^3 - 1^2) - (2^2 - 1) + 4(2 - 1)$이다. 복잡하거나 계수가 분수일 때, 계산의 효과는 커진다.

②는 $\int_a^b = -\int_b^a$를 이용한다(318쪽 참조).

$\int_0^1 \dfrac{x^3}{x+1}dx + \int_0^1 \dfrac{1}{x+1}dx$

$\Rightarrow \int_0^1 \dfrac{x^3 + 1}{x+1}dx$

$\Rightarrow \int_0^1 \dfrac{(x+1)(x^2 - x + 1)}{x+1}dx$

$\Rightarrow \int_0^1 (x^2 - x + 1)dx$

$\Rightarrow [\dfrac{1}{3}x^3 - \dfrac{1}{2}x^2 + x]_0^1$

$= \dfrac{5}{6}$

③과 같이 피적분함수에서 앞 적분의 위 끝과 다음 아래 끝이 같으면 적분구간을 하나로 만들어 한꺼번에 적분해도 된다.

$$\int_{-1}^{2}(3x^2-1)dx$$
$$\Rightarrow [x^3-x]_{-1}^{2}$$
$$=\{2^3-(-1)^3\}-\{2-(-1)\}$$
$$=6$$

④는 적분구간을 하나로 만들면,

$$\int_{-1}^{2}(x^2+2x)dx$$
$$\Rightarrow [\frac{1}{3}x^3+x^2]_{-1}^{2}$$
$$=\frac{1}{3}(2^3-(-1)^3)+(2^2-(-1)^2)$$
$$=6$$

Q 삼차함수 $y=f(x)$의 그래프가 그림과 같을 때, 정적분 $\int_{a}^{\beta}|f'(x)|dx$를 구하시오.

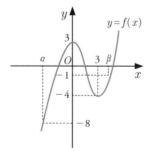

21

$f(x)$가 삼차함수이니 미분한 $f'(x)$는 이차함수다. 그런데 삼차함수의 극값을 갖는 x의 값이 0과 3이니 역으로 $f'(x) = ax(x-3)$ $(a>0)$이고, 결국 $\int_a^\beta |ax(x-3)| dx$를 구하라는 말이 된다. 먼저 $f'(x) = ax(x-3)$의 개형을 그려보자.

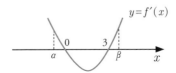

도함수의 그래프를 통해서 $f'(x)$의 양과 음의 범위를 알았으니 $\int_a^\beta |f'(x)| dx$에서 절댓값을 풀어줄 수 있게 된다.

$\int_a^\beta |f'(x)| dx$

$= \int_a^0 f'(x) dx + \int_0^3 \{-f'(x)\} + \int_3^\beta f'(x) dx$

이것을 다시 정적분의 기본 정리로 풀어주면,

$[f(x)]_a^0 - [f(x)]_0^3 + [f(x)]_3^\beta$

$= f(0) - f(a) - f(3) + f(0) + f(\beta) - f(3)$

$= 2f(0) - f(a) - 2f(3) + f(\beta)$

그래프에서 함숫값을 읽어내면 $f(0) = 3$, $f(a) = -8$, $f(3) = -4$, $f(\beta) = -1$이므로, 답은 $6 + 8 + 8 - 1 = 21$이다. 만약 절댓값 때문에 이 문제가 어렵다면, 정적분의 넓이를 먼저 푼 다음 다시 풀어보자.

좀 더 쉬워질 것이다.

> **Q** $f(x) = 3x^2 + a$에 대해 $\lim\limits_{n \to \infty} \sum\limits_{k=1}^{n} \dfrac{3}{n} f\left(\dfrac{2k}{n}\right) = 6$을 만족시키는 상수 a의 값
>
> 을 구하시오.

$$-2$$

무한급수를 정적분으로 바꿔서 계산해야 한다. $x = \dfrac{2k}{n}$라 하고, 아래 끝 $k = 1$을 대입하고 무한대로 보내면 0이다. 위 끝 $k = n$을 대입하고 무한대로 보내면 2다. 따라서 적분구간은 $\int_{0}^{2} f(x)$이고, k의 차이는 $\dfrac{2}{n}$이니 $\dfrac{2}{n} = dx$다.

하지만 $\dfrac{3}{n}$이 있으니 변형해야 한다. $\dfrac{3}{n} = \dfrac{2}{n} \times \dfrac{3}{2}$이니, 주어진 식은 $\dfrac{3}{2} \int_{0}^{2} f(x) dx = 6$이 된다. 이때 $f(x) = 3x^2 + a$이므로 $\dfrac{3}{2} \int_{0}^{2} (3x^2 + a) dx = 6$을 풀면 a의 값을 구할 수 있다. 따라서,

$$\frac{3}{2} [x^3 + ax]_{0}^{2} = 6$$
$$\Rightarrow \frac{3}{2}(8 + 2a) = 6$$
$$\Rightarrow a = -2$$

답은 나왔지만, 만약 $\dfrac{3}{n}$을 $\dfrac{2}{n} \times \dfrac{3}{2}$으로 변형하는 과정이 어려워서 피하고 싶다면 $x = \dfrac{k}{n}$로 치환하면 된다. $\dfrac{k}{n}$로 치환하면 구간은 항상 0에서 1까지이고 $\dfrac{1}{n} = \Delta x$라는 장점이 있다. 대신 피적분함수가 복잡해지는 단점이 있다. $3 \int_{0}^{1} f(2x) dx = 6$이니,

$$3\int_0^1 \{3(2x)^2 + a\}dx = 6$$

$$\Rightarrow \int_0^1 \{12x^2 + a\}dx = 2$$

$$\Rightarrow [4x^3 + ax]_0^1 = 2$$

$$\Rightarrow a = -2$$

직접 해보면 알겠지만 이 문제는 이 방법이 조금 더 빠르다.

정적분을 공부하면서 여러 가지 이론을 공부하는데 이해가 잘 안 되니 그냥 정적분 계산에만 치중하는 아이들이 있다. 그렇게 되면 낮은 수준의 실력을 갖추게 되어 난도가 높은 문제는 맞히기 어려워진다. 당연히 정적분 계산도 빠르고 정확하게 해야 하겠지만 보다 개념에 집중해 공부해야 한다. 정적분의 기본 정리는 수학사적으로 의미가 높아 시험 출제자들이 이를 물어볼 기회를 노리고 있다고 해도 과언이 아니다.

복잡해 보여도 변수는 하나다

부정적분은 함수이고 적분구간을 가지고 있는 정적분은 실수다. $\int_a^x$ $f(t)dt$의 꼴은 적분구간이 정해져 있지 않아서 부정적분이지만 고등학교에서는 편의를 위해 정적분에서 가르치고, '정적분으로 정의된 함수'라고 표현한다. 그런데 대학에서는 정의대로 부정적분에서 가르친다.

$\int_a^x f(t)dt$의 꼴은 미지수가 두 개라서 어려워 보일 것이다. 그럴수록 식에 대해 정확히 이해해야 한다. 특히 $\int_a^x f(t)dt$는 공부를 안 하면 더 어려워 보이고, 개념을 공부한 아이들도 머리를 써야 풀 수 있다. 한마디로 시험 출제자들이 선호하는 요소를 다 가지고 있다.

$\int_a^x f(t)\,dt$의 미분

$\int_a^x f(t)dt$는 미적분의 기본 정리를 증명할 때 사용한 바로 그 식이다.

미적분의 기본 정리를 이해하지 못하거나 아니면 너무 긴 과정에 질려서, '미분하면 피적분함수의 t 대신에 위 끝 x를 대입하기$(\frac{d}{dx}\int_a^x f(t) dt = f(x))$'라고 결과만을 외우는 학생이 많다. 그러면 문제를 조금만 비틀어도 못 풀거나 잘못된 식을 만들게 된다. $\int_a^x f(t)dt$는 세 가지 관점에서 봐야 한다.

첫째, 적분변수가 t인데 x에 대한 함수가 되는 중간 과정을 이해해야 한다. 둘째, 편법으로 하지 말고 직접 적분하고 나서 미분해야 한다. 결과를 수단으로 사용한다고 보여질 수 있으나 시험의 특성상 어쩔 수 없는 부분이다. 셋째, 위 끝인 x 대신에 a를 넣어주면 $\int_a^a f(t) dt = 0$이라는 것을 기억해야 한다.

직접 적분하고 미분하면,

$$\frac{d}{dx}\int_a^x f(t)\,dt$$
$$= \frac{d}{dx}[F(t)]_a^x$$
$$= \frac{d}{dx}\{F(x) - F(a)\} = f(x)$$

Q 함수 $F(x) = \int_0^x (t^3 - 1)dt$에 대해 $F'(2)$의 값을 구하시오.

7

직접 적분한 다음 미분하자.

$$F'(x) = \frac{d}{dx}\int_0^x (t^3 - 1)\,dt$$
$$\Rightarrow F'(x) = \frac{d}{dx}\left[\frac{1}{4}t^4 - t\right]_0^x$$

$$= \frac{d}{dx}\{\frac{1}{4}(x^4 - 0^4) - (x - 0)\}$$

$$= x^3 - 1$$

따라서 답은 $F'(2) = f(2) = 7$이다. 수능에 출제된 문제다.

$\int_a^{x+a} f(t)\,dt$의 미분

앞서 말한 대로 직접 적분하고 미분해보자.

$$\frac{d}{dx}\int_x^{x+a} f(t)\,dt$$

$$= \frac{d}{dx}\,[F(t)]_x^{x+a}$$

$$= \frac{d}{dx}\{F(x+a) - F(x)\}$$

$$= F'(x+a) - F'(x)$$

$$= f(x+a) - f(x)$$

Q 이차함수 $y = f(x)$의 그래프가 그림과 같을 때, 함수 $g(x)$를 $\int_x^{x+1} f(t)\,dt$ 라고 정의하자. $g(x)$의 최솟값이 -26일 때, $f(3)$의 값을 구하시오.

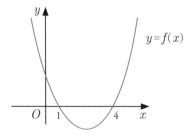

$$-24$$

조금 어려운 문제다. $f(x)$ 그래프가 $f(1)=0$과 $f(4)=0$이니, 이것을 반영해 식으로 나타낸다. $f(x)=a(x-1)(x-4)(a>0)$. 한편, $g(x)$의 함수구간이 정해져 있지 않으니 최솟값은 우선 극값을 고려해야 한다. 기울기인 $g'(x)$가 음수에서 양수로 전환되는 지점에서 극솟값을 갖는다.

$$g'(x)=\frac{d}{dx}\int_x^{x+1}f(t)dt$$
$$=\frac{d}{dx}\{F(x+1)-F(x)\}$$
$$=f(x+1)-f(x)$$

$$g'(x)=ax(x-3)-a(x-1)(x-4)$$
$$\Rightarrow g'(x)=ax^2-3ax-(ax^2-5ax+4a)=2ax-4a$$
$$\Rightarrow g'(x)=2a(x-2)(a>0)$$

기울기 $g'(x)$의 그래프는 $x<2$에서 $g'(x)<0$이고, $x>2$에서 $g'(x)>0$이다. 음수에서 양수로 전환되는 $g'(x)=0$, 즉 $x=2$일 때 극솟값이면서 이것이 유일하다. 따라서 $g(x)$의 그래프는 아래로 볼록한 그래프로 최솟값 $g(2)=-26$이다.

$$g(2)=\int_2^{2+1}f(t)dt=-26$$
$$\Rightarrow \int_2^3 a(t-1)(t-4)dt=-26$$
$$\Rightarrow a\int_2^3(t^2-5t+4)dt=-26$$
$$\Rightarrow a\left[\frac{1}{3}t^3-\frac{5}{2}t^2+4t\right]_2^3=-26$$

$$\Rightarrow a\{\frac{1}{3}(3^3-2^3)-\frac{5}{2}(3^2-2^2)+4(3-2)\}=-26$$

$$\Rightarrow a\{\frac{19}{3}-\frac{25}{2}+4\}=-26$$

$$\Rightarrow a\{38-75+24\}=-26\times 6$$

$$\Rightarrow -13a=-26\times 6$$

$$\Rightarrow a=12$$

중간 계산이 복잡하다. 무작정 꼼꼼히 하는 것이 능사는 아니다. 계산 실력을 쌓고 과정을 줄여야 비로소 오답도 준다. a를 $f(x)=a(x-1)(x-4)$에 대입하면 $f(x)=12(x-1)(x-4)$이니 $f(3)=-24$다.

$\int_a^x xf(t)\,dt$의 미분과 $\int_a^x(x-t)f(t)\,dt$의 미분

$\int_a^x xf(t)\,dt$에서 적분변수가 t이니 x는 상수라서 $x\int_a^x f(t)\,dt$라고 쓸 수 있다. 대신 x에 대해 미분할 때는 곱미분에 해당한다. 잊었을지 몰라 다시 말한다. 곱미분은 $(fg)'=f'g+fg'$다. 그러므로 $(x\int_a^x f(t)\,dt)'=\int_a^x f(t)\,dt+xf(x)$다. 미분을 하면 더 복잡해 보일 것이다. 그래서 출제자는 '$\int_a^x(x-t)f(t)\,dt$' 식을 더 선호한다.

변수와 상수를 구분해 정리하면,

$$\int_a^x(x-t)f(t)\,dt$$
$$=\int_a^x\{xf(t)-tf(t)\}\,dt$$
$$=\int_a^x xf(t)\,dt-\int_a^x tf(t)\,dt$$

그런데 $(x\int_a^x f(t)dt)' = \int_a^x f(t)dt + xf(x)$이고, $(-\int_a^x tf(t)dt)' = -xf(x)$이니, 결국 $\int_a^x f(t)dt$다. 간단해지기는 했지만 여전히 적분 기호를 가지고 있다. 그래서 이 꼴은 두 번 미분해야 $f(x)$가 된다.

Q 다항함수 $f(x)$가 모든 실수 x에 대해 $\int_0^x (x-t)f(t)dt = x^4 + 4x^3 - x - 1$을 만족시킬 때, $\sum_{n=1}^{18} \frac{24}{f(n)}$의 값을 구하시오.

$$\frac{531}{380}$$

$\int_0^x (x-t)f(t)dt = x^4 + 4x^3 - x - 1$을 한 번 미분하면,

$$\int_0^x f(t)dt = 4x^3 + 12x^2 - 1$$

한 번 더 미분하면,

$$f(x) = 12x^2 + 24x$$
$$\Rightarrow f(x) = 12x(x+2)$$

그런데 $\sum_{n=1}^{18} \frac{24}{f(n)}$ 꼴은 시그마에 분수이니 부분분수라고 예측할 것이다. $f(n) = 12n(n+2)$를 대입하면,

$$\sum_{n=1}^{18} \frac{24}{f(n)}$$
$$= \sum_{n=1}^{18} \frac{24}{12n(n+2)}$$
$$= \sum_{n=1}^{18} \frac{2}{n(n+2)}$$

$$= \sum_{n=1}^{18}\{\frac{1}{n}-\frac{1}{n+2}\}$$

$$= (\frac{1}{1}-\frac{1}{3})+(\frac{1}{2}-\frac{1}{4})+(\frac{1}{3}-\frac{1}{5})+\cdots+(\frac{1}{18}-\frac{1}{20})$$

$$= (\frac{1}{1}-\frac{1}{19})+(\frac{1}{2}-\frac{1}{20})$$

$$= \frac{18}{19}+\frac{9}{20}$$

$$= \frac{18\times20+19\times9}{380}$$

$$= \frac{531}{380}$$

$f(x)=g(x)+\int_a^b f(t)\,dt$ 꼴의 풀이

$\int_a^b f(t)\,dt = k(k$는 상수)라고 놓으면 $f(x)=g(x)+k$다. $\int_a^b f(t)\,dt=k(k$는 상수)에서 $f(t)=g(t)+k$이니 $f(t)$ 대신에 $g(t)+k$를 대입해 $k=\int_a^b \{g(t)+k\}dt$를 풀면 된다. 프랙털(임의의 한 부분이 항상 전체의 형태와 닮은 도형)과 유사한 구조다.

Q 다항함수 $f(x)$에 대해 $\int_0^x f(t)\,dt = x^3-2x^2-2x\int_0^1 f(t)\,dt$일 때, $f(0)=a$라고 하자. $60a$의 값을 구하시오.

40

$\int_0^1 f(t)\,dt$는 정적분으로 상수인 게 보이는가? $\int_0^1 f(t)\,dt=k$(상수)라고 하면, $\int_0^x f(t)\,dt=x^3-2x^2-2kx$다. 이제 양변을 미분하면,

$$f(x)=3x^2-4x-2k$$

이것을 $\int_0^1 f(t)dt = k$에 대입하면,

$\int_0^1 (3t^2 - 4t - 2k)dt = k$

$\int_0^1 (3t^2 - 4t - 2k)dt = [t^3 - 2t^2 - 2kt]_0^1 = k$

$\Rightarrow -1 - 2k = k$

$\Rightarrow k = -\dfrac{1}{3}$

$f(x) = 3x^2 - 4x - 2k$에 대입하면,

$f(x) = 3x^2 - 4x + \dfrac{2}{3}$

$f(0) = a = \dfrac{2}{3}$

$60a = 40$

미적분의 기본 정리를 잘 공부했다면 풀어볼 만했을 것이다. 그렇지 않았다면 많이 어려웠을 것이다. '정적분으로 정의된 함수'는 미적분의 기본 정리에 대한 이해를 묻는 것이다. 잘 공부했다면 그에 대한 보상을 충분히 받을 수 있다.

함수를 제대로 공부하면
확장은 언제나 쉽다

정적분을 공부하다 보면 평행이동, 주기, 대칭, 역함수 등을 활용하는 문제들이 나와서 난감해하는 고등학생들이 많다. 정적분이 아니라 평행이동, 대칭이동 등을 완전하게 공부하지 않고 이해하는 수준에서 그치고 넘어간 탓이다. 이 책을 읽는 초등학생, 중학생이라면 함수를 철저히 공부하고, 이 책에서 반드시 외우라고 하는 내용의 의미를 살려야 한다.

　여기에서는 다소 쉬운 평행과 주기만을 다룰 것이다. 그러니 역함수와 대칭함수는 실력을 키운 뒤에 튼튼히 하기 바란다.

정적분과 평행이동

함수 $y=f(x)$ 그래프를 x축의 방향으로 a만큼 평행이동을 시키면 함수 $y=f(x-a)$ 그래프가 된다. 이때, 함수 $f(x)$의 적분구간도 x축 방향으로 a만큼 평행이동 시킨다면 적분한 넓이는 변하지 않는다. 그래서 다음과 같은 식을 얻을 수 있다.

$$\int_a^b f(x)\,dx = \int_{a+a}^{b+a} f(x-a)\,dx$$

평행이동은 점의 이동과 도형의 이동이 다르다. 적분구간은 점의 이동과 같고, 피적분함수는 함수의 이동과 같다. 정적분을 계산할 때, 피적분함수가 단순할수록 또는 아래 끝, 위 끝의 수가 간단할수록 계산이 편하다.

예를 들어 $\int_{-1}^{4}(x+1)^3\,dx$가 있다면 x축의 방향으로 적분구간과 피적분함수를 모두 이동시켜서 $\int_{-1+1}^{4+1}\{(x+1)-1\}^3\,dx$를 $\int_0^5 x^3\,dx$로 바꾸면 그만큼 계산이 쉽다. x축으로의 이동을 다뤄봤으니 이제 y축도 다뤄보자.

Q 함수 $f(x)=x^3$의 그래프를 x축 방향으로 a만큼, y축 방향으로 b만큼 평행이동을 시켰더니 함수 $y=g(x)$의 그래프가 되었다. $g(0)=0$이고, $\int_a^{3a} g(x)\,dx - \int_0^{2a} f(x)\,dx = 32$일 때, a^4의 값을 구하시오.

16

평행이동을 시키면 $g(x)=(x-a)^3+b$다. 문제에서 주어진 식 $\int_a^{3a} g(x)\,dx - \int_0^{2a} f(x)\,dx = 32$에 $f(x)=x^3$과 $g(x)=(x-a)^3+b$를 대입해 풀 수도 있지만, 계산 과정이 길다. 그런데 평행이동은 모양이나 크기가 변하지 않는다는 사실을 기억하고 그래프를 그린다면 간단하다. 우선, 각각의 구간에서 $f(x) = x^3$과 $g(x) = (x-a)^3 + b$의 정적분을 대충 그래프로 나타내보자.

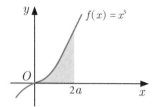 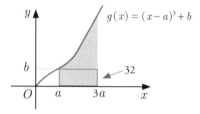

같은 간격에서 x축으로 이동했을 때 넓이의 변화가 없는 대신 y축으로 이동하면 넓이의 변화가 생긴다. 그리고 그 넓이의 변화는 그림에서처럼 직사각형이 된다. y축으로 이동하면 직사각형 $2ab$만큼의 변화가 생긴다. 직사각형의 넓이가 $2ab$이니,

$2ab = 32$
$\Rightarrow ab = 16$

미지수가 두 개이니 하나의 식이 더 필요하다. 이제 $g(0) = 0$을 사용하면,

$0 = (0-a)^3 + b$
$\Rightarrow b = a^3$

$ab = 16$에 대입하면 $a^4 = 16$이다.

주기함수의 정적분

주기함수는 '모든 x에 대해 $f(x) = f(x+p)$'로 표현되며, p가 최소의 양수일 때 주기를 p라고 한다. '모든 x에 대해 $\int_x^{x+a} f(t)dt$'가 된다고 한다면 주기함수에 정적분이라고 보면 된다.

그런데 이것을 보고 왜 적분변수에 t가 있냐고 묻는 아이들이 있을 수 있다. $\int_x^{x+a} f(x)dx$라고 표현할 수도 있지만, 적분구간의 변수와 적분구간이 같아서 혼동할 수 있어서다. 앞서 정적분은 상수라서 $\int_a^b f(x)dx = \int_a^b f(y)dy$이니 $\int_a^b f(x)dx$를 $\int_a^b f(t)dt$라고 표현해도 괜찮다. 모든 x에 대해 $\int_x^{x+p} f(t)dt = c$(c는 상수)라고 표현했을 때 이것이 의미하는 바를 그래프를 통해 이해해보자.

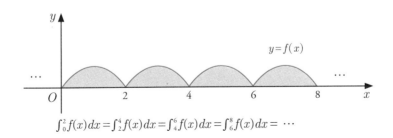

$$\int_0^2 f(x)dx = \int_2^4 f(x)dx = \int_4^6 f(x)dx = \int_6^8 f(x)dx = \cdots$$

한 주기에서 정적분의 값은 동일하다.

보통 여기까지만 이해하면 절반만 이해한 것이다. 이번에는 주기와 같은 간격, 주기의 배가 되는 간격끼리에서 넓이가 항상 동일하다는 것을 그래프를 통해 이해해보자.

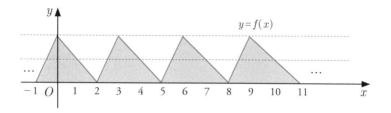

$\int_0^3 f(x)dx = \int_1^4 f(x)dx = \int_2^5 f(x)dx = \int_3^6 f(x)dx = \cdots$

그래프를 정확히 이해했다면 주기함수는 주기와 적분구간의 크기가 같을 때 어느 곳에서 적분해도 정적분의 계산값이 같다는 것을 알 수 있다. 즉, 주기함수라면 $\int_x^{x+p} f(t)dt = \int_0^p f(t)dt = \int_x^{x+p} f(t-q)dt$가 성립한다.

$\int_0^6 f(x)dx = \int_1^7 f(x)dx = \int_2^8 f(x)dx = \cdots$

주기함수 주기의 최소 주기가 p라면 $2p$, $3p$, $\cdots$도 주기가 된다. 따라서 $2p$를 주기로 보면, 적분구간의 크기가 $2p$일 때도 어느 곳에서 적분해도 적분의 값이 같게 된다.

주기가 3인 함수 $f(x)$에 대해 일반적으로 $\int_0^4 f(x)dx \neq \int_1^5 f(x)dx$

주기와 적분구간의 크기가 다르다면 일반적으로 다르다. 주기함수에서 적분구간의 크기가 4인 구간의 정적분을 구해보기 바란다.

Q 연속함수 $f(x)$는 임의의 실수 x에 대해 다음 두 조건을 만족시킨다. $\int_0^2$ $f(x)dx = 8$일 때, 정적분 $\int_{-4}^{12} f(x)dx$의 값을 구하시오.

Ⅰ. $f(-x) = f(x)$	Ⅱ. $f(x) = f(x+4)$

Ⅰ은 x 대신 $-x$를 대입해도 함숫값이 같다는 것이니 y축에 대해 대칭인 함수다(135쪽 참조). Ⅱ는 주기가 4인 주기함수다. 따라서 -2에서 2까지 정적분한 값, 즉 $\int_{-2}^{2} f(x)dx = 16$임을 알려주고 있다. 그런데 $\int_{-4}^{12} f(x)dx$는 적분구간이 16으로 이 사이에 네 번의 주기를 갖는다. 따라서 답은 $16 \times 4 = 64$다.

$\int_a^b f(x)dx = -\int_b^a f(x)dx$ 인 이유

정적분에서 위 끝과 아래 끝이 바뀌면 부호가 바뀌는 것을 아이들이 의아해하며, a에서 b까지 정적분한 것이나 b에서 a까지 정적분한 것이 같지 않냐고 질문한다. 이런 질문에 선생님들은 다음과 같이 증명해 준다.

$f(x)$의 한 부정적분을 $F(x)$라 하면
$$\int_a^b f(x)dx = F(b) - F(a) = -\{F(a) - F(b)\} = -\int_b^a f(x)dx$$

이 증명에는 정적분의 기본 정리가 사용된다. 그런데 이런 증명을 이해한다고 해도 여전히 아이들은 개운치 않아 할 것이다. 정적분을 곧 넓이라고 생각하기 때문이다.

초등학교부터 고등학교에 이르기까지 넓이를 구하는 과정에서는 단 한 번도 음수가 나온 적이 없다. 그래서 무의식적으로 구간의 방향성을 무시하는 것이다. 물론 이 때문에 정적분을 넓이라고 하지 말자고 하는 사람도 있다. 어느 정도 타당하지만, 초심자에게 넓이가 아닌 것으로 정적분을 설명하는 것은 오히려 더 모호하다.

헷갈릴수록 개념을 튼튼히 하는 것이 최선이다. 수직선은 오른쪽의 수가 크다고 했다. 따라서 앞으로 가면 변화량이 양수, 뒤로 가면 변화량이 음수다. 또한 '차'와 '차이'도 다르다. 수직선에서 '2에서 5까지'와 '5에서 2까지'의 차이는 같지만 차는 다르다. 이 개념을 기억하지 못한다면 반성해야 한다.

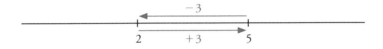

정적분에서는 음수가 나올 수 있다. 가로와 세로를 곱해서 넓이를 구한다고 할 때, 만약 가로나 세로 중에 하나만 음수라면 그 넓이는 음수가 나올 것이다.

밑변에 해당하는 a에서 b까지의 변화가 양수, 즉 $b-a>0$이고, 높이 $f(x)$가 음수라면 (양수)×(음수)이니 결국 넓이는 음수다. 또 가로의 길이에 해당하는 b에서 b보다 작은 a까지의 변화는 음수인 상황에서 높이인 $f(x)$가 양수라면 (음수)×(양수)이니, 넓이는 음수다.

정적분에서는 넓이가 양수도 음수도 나올 수 있다. 그러니 정적분을 단순히 넓이라고 정리하기보다는 '유향면적(방향이 있는 면적)'이라고 기억하는 게 좋다.

정적분: 유향면적

수능 문제에 $\int_0^{2013} f(x)\,dx = \int_3^{2013} f(x)\,dx$라는 식이 나온 적이 있다. 이 식을 연습 삼아 정리해보자.

$\int_0^{2013} f(x)\,dx - \int_3^{2013} f(x)\,dx = 0$ (∵이항하면)

$\Rightarrow \int_0^{2013} f(x)\,dx + \int_{2013}^3 f(x)\,dx = 0$ (∵$\int_a^b f(x)\,dx = -\int_b^a f(x)\,dx$)

$\Rightarrow \int_0^3 f(x)\,dx = 0$ (∵$\int_a^c f(x)\,dx + \int_c^b f(x)\,dx = \int_a^b f(x)\,dx$)

이번에는 정적분의 기본 정리를 이용해보자. $f(x)$의 원시함수 $F(x)$라고 하면,

$\int_0^{2013} f(x)\,dx = \int_3^{2013} f(x)\,dx$

$\Rightarrow F(2013) - F(0) = F(2013) - F(3)$

$\Rightarrow F(3) - F(0) = 0$

$\Rightarrow \int_0^3 f(x)\,dx = 0$

아직도 이런 식의 정리를 받아들이지 못한다면, $\int_0^{2013} f(x)\,dx + \int_{2013}^3 f(x)\,dx = 0$을 이해하기 위해 직접 $f(x)$를 그리고 구간의 면적을 생각해야 한다. 또한 적분구간의 방향성을 따져 양수와 음수를 구분해봐야 할 것이다.

3장

정적분의

활용

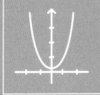

정적분의 활용1: 곡선과 x축 사이의 넓이

필자도 그렇고, 많은 사람이 적분은 한마디로 넓이라고 한다. 그러나 적분은 본질적으로 두 가지 특징이 있다. 하나는 넓이, 또 하나는 기울기의 총합이다.

이 책에서 넓이는 구분구적법에서 출발해 정적분으로 설명했다. 또 기울기의 총합은 도함수(기울기)를 적분하면 원함수, 정적분한 것을 미분하면 도함수의 함숫값이라는 선분이 나온다는 '미적분의 기본 성질'이라고 했다.

정적분을 활용하면 이 책에서 언급한 것뿐 아니라 다양한 함수에서의 응용, 매개 변수를 이용한 곡선의 길이, 입체도형의 부피 등 다양한 것을 할 수 있다. 이제 마지막으로 정적분의 활용에 대해 배워보자.

곡선과 x축 사이의 넓이

정적분을 단순히 넓이가 아니라 '유향면적(방향이 있는 면적)'이라고 기억하는 게 좋다고 말했다. 정적분의 값이 양수일 때는 그냥 넓이라고 봐도 되지만 음수의 값을 가지게 되면 음의 넓이라고 생각해야 한다. 정적분의 값이 양수일 수도 있고 음수일 수도 있으니, 넓이를 묻는 문제에서는 정적분의 값에 절댓값을 씌워야 한다.

다소 어이없을 수도 있지만 정적분과 넓이의 관계는 정적분이 음수이면 양수가 되도록 마이너스를 붙여야 넓이가 된다는 것이 전부다.

연속함수 $y = f(x)$와 x축 그리고 직선 $x = a$, $x = b$로 둘러싸인 부분의 넓이 S는

$f(x) \geq 0$일 때, (넓이) = (정적분)

$S = \int_a^b f(x)dx$

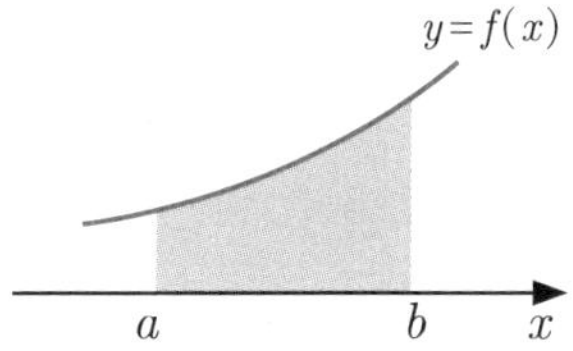

$f(x) \leq 0$일 때, (넓이) = − (정적분)

$S = -\int_a^b f(x)dx$

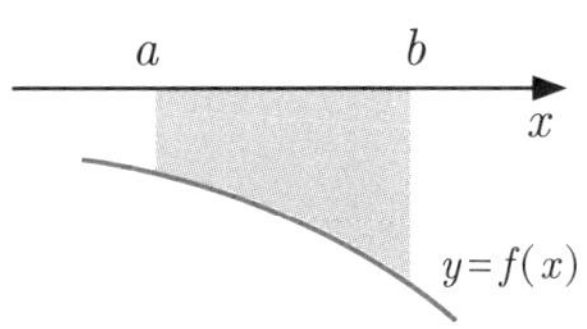

$f(x)$가 구간에서 다음 그림과 같이 양수 부분과 음수 부분을 동시에 가질 때

$S = \int_a^c f(x)dx - \int_c^b f(x)dx$

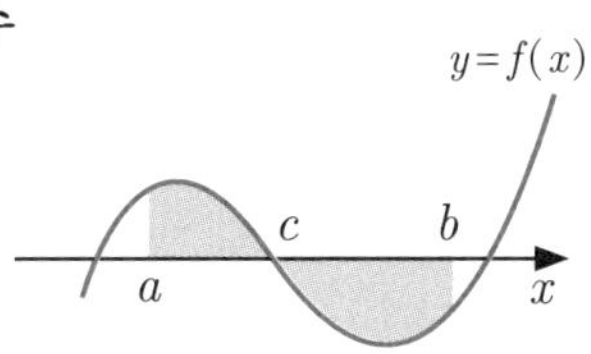

$$= \int_a^c |f(x)|\,dx + \int_c^b |f(x)|\,dx$$

$$= \int_a^b |f(x)|\,dx$$

$\int_a^c f(x)dx - \int_c^b f(x)dx$를 간단히 $\int_a^b |f(x)|dx$라고 나타낸 것이다. 실제로 풀 때는 역으로 $\int_a^b |f(x)|dx$에서 양음이 바뀌는 지점을 찾아서 $\int_a^c f(x)dx - \int_c^b f(x)dx$로 문제를 풀어야 한다.

절댓값 기호가 사용된 정적분

—

'절댓값 기호 안의 수를 양수로 만들라'는 명령 기호가 절댓값 기호의 정의다. 따라서 정적분의 값이 음수라면 양수로 만들라는 것이니 넓이가 된다.

그래서 $\int_a^b |f(x)|dx$와 같은 정적분을 하라고 한다면 우선 $f(x) = 0$의 x좌표를 찾고 그래프를 그려서 $f(x) > 0$과 $f(x) < 0$인 구간을 구분하고 각각 따로 계산해야 한다.

Q 곡선 $f(x) = x^2 - 2x - 3$에 대해 $\int_0^4 |f(x)|dx$의 값을 구하시오.

$$\frac{34}{3}$$

피적분함수가 절댓값으로 주어진다면 넓이를 의미한다고 봐도 무방하다. $f(x) \geq 0$과 $f(x) < 0$일 때의 x의 범위를 부등식으로 풀어도 되겠지만 그보다는 경곗값을 구해서 $f(x)$ 그래프를 그리고 음수 부분을

꺾어 올려서 |$f(x)$|를 그린 다음 구간에 따른 적분을 하라는 것이다.

$f(x) = 0$

$\Rightarrow x^2 - 2x - 3 = 0$

$\Rightarrow (x + 1)(x - 3) = 0$

$\Rightarrow x = -1, 3$

경곗값은 -1, 3으로, $f(x)$와 |$f(x)$|의 그래프를 그리면 다음과 같다.

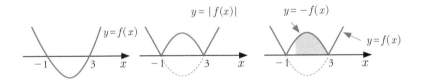

그리는 순서를 감안해 여러 개를 그린 것이다. 점차 가장 왼쪽의 그래프만 그리고도 문제를 풀 수 있을 것이다. 적분구간 0에서 4까지 중 0에서 3까지는 $-f(x)$를, 3에서 4까지는 $f(x)$를 피적분함수로 해, $\int_0^3 (-x^2 + 2x + 3)dx + \int_3^4 (x^2 - 2x - 3)dx$를 구하면 된다.

$[-\dfrac{1}{3}x^3 + x^2 + 3x]_0^3 + [\dfrac{1}{3}x^3 - x^2 - 3x]_3^4$

$= (-9 + 9 + 9) + \{\dfrac{1}{3}(4^3 - 3^3) - (4^2 - 3^2) - 3(4 - 3)\}$

$= 9 + (\dfrac{37}{3} - 10)$

$= \dfrac{34}{3}$

Q 곡선 $f(x) = x^2 - 2x - 3$에 대해 $\int_{-3}^{3} |f(|x|)| dx$의 값을 구하시오.

18

보다시피 앞 문제와 유사한 것은 $|f(x)|$와 $f(|x|)$를 구분할 수 있는지를 묻기 위해서다. 그런데 피적분함수 $|f(|x|)|$가 절댓값이 여러 개라서 당황스럽지 않은가? 안에서부터 차례로 $f(|x|)$ 그래프를 그리고, 음수 부분을 꺾어 올리면 된다. $f(|x|)$는 $x > 0$인 부분을 그리고 y축 대칭이동을 시키라는 것이다.

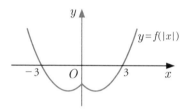

따라서 위 그래프처럼 그렸다면, 절댓값을 붙여서 x축 대칭이동을 시키는 것은 어차피 넓이를 구하는 것이 목적이다. 그러므로 그냥 정적분에 마이너스 부호를 붙여서 계산하는 게 더 간단하다. 그래프가 y축 대칭인 함수이니 좀 더 간단히 $-2\int_{0}^{3} f(x)dx$라고 쓸 수 있다. 답을 구하면,

$$-2\left[\frac{1}{3}x^3 - x^2 - 3x\right]_{0}^{3}$$
$$= -2(9 - 9 - 9)$$
$$= 18$$

정적분의 활용2: 두 곡선 사이의 넓이

두 곡선 사이의 넓이는 두 가지를 생각해야 한다.

하나는 정적분의 값이 양수인 부분과 음수인 부분을 각각 구해야 하는 것이다. 또 하나는 두 곡선이 만나는 지점을 구해야 하는 것이다. '두 곡선이 만나는 지점'이란 말에서 '두 함수의 교점의 x좌표'라는 방정식의 정의가 떠올라야 한다.

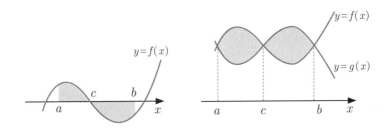

왼쪽 그림을 $y = f(x)$와 $y = 0$이라는 두 그래프로 본다면, 오른쪽 그래프와 같이 좀 더 확장된 생각으로 나아갈 수 있다. 우선 어디에서 만나는지를 알려면 $f(x) = 0$과 $f(x) = g(x)$라는 방정식을 풀어야

한다.

그다음 각 구간에서 $f(x) - g(x) > 0$인지 $f(x) - g(x) < 0$인지 알아야 한다. 두 곡선 사이의 넓이는 두 곡선 중에 어느 곡선이 위쪽에 있는지가 중요하며, $\int_p^q\{(위쪽) - (아래쪽)\}dx$를 해야 양수인 넓이가 된다.

이것을 한꺼번에 $\int_a^b|f(x) - g(x)|dx$라고 표현할 수 있지만, 문제에 이렇게 표현되어 있다고 해도 계산할 때는 직접 구간을 나누어 정적분해야 한다. 오른쪽 그림의 두 곡선 사이의 넓이는 $\int_a^c\{f(x) - g(x)\}dx + \int_c^b\{g(x) - f(x)\}dx$다.

Q 곡선 $y = x^3 - 4x^2 + 4x$와 직선 $y = x$로 둘러싸인 도형의 넓이를 구하시오.

$$\frac{37}{12}$$

$y = x^3 - 4x^2 + 4x$를 인수분해하면 $y = x(x - 2)^2$이다. 이해를 위해 $y = x$와 함께 먼저 그래프의 개형을 그려보자.

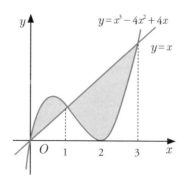

두 곡선의 교점의 x좌표는 방정식으로 푼다.

$x^3 - 4x^2 + 4x = x$

$\Rightarrow x^3 - 4x^2 + 3x = 0$

$\Rightarrow x(x-1)(x-3) = 0$

$\therefore x = 0, 1, 3$

구간 $[0, 1]$에서 $x^3 - 4x^2 + 4x \geq x$이고

구간 $[1, 3]$에서 $x^3 - 4x^2 + 4x \leq x$이므로 넓이는,

$\int_0^1 \{(x^3 - 4x^2 + 4x) - x\}dx + \int_1^3 \{x - (x^3 - 4x^2 + 4x)\}dx$

$= \int_0^1 (x^3 - 4x^2 + 3x)dx + \int_1^3 (-x^3 + 4x^2 - 3x)dx$

$= [\frac{1}{4}x^4 - \frac{4}{3}x^3 + \frac{3}{2}x^2]_0^1 + [-\frac{1}{4}x^4 + \frac{4}{3}x^3 - \frac{3}{2}x^2]_1^3$

$= (\frac{1}{4} - \frac{4}{3} + \frac{3}{2}) + \{-\frac{1}{4}(3^4 - 1^4) + \frac{4}{3}(3^3 - 1^3) - \frac{3}{2}(3^2 - 1^2)\}$

$= \frac{5}{12} + (-20 + 34\frac{2}{3} - 12)$

$= \frac{5}{12} + \frac{8}{3}$

$= \frac{37}{12}$

정식으로 풀었더니 쉬운 문제인데도 계산 과정이 길다. 계산 과정에서 하나라도 틀리면 안 되니, 연산은 초등학교 때부터 여러 개의 수를 암산할 수 있게 철저히 연습해야 한다.

정적분의 활용3:
곡선과 y축 사이의 넓이 그리고 등적

정적분에서 등적

먼저 등적부터 보자. 만약 다음 그래프처럼 두 넓이가 같으면서 하나는 음수 부분에, 다른 하나는 양수 부분에 있다면 a에서부터 b까지 정적분의 결과는 음수와 양수가 상쇄되어 0으로 나타난다.

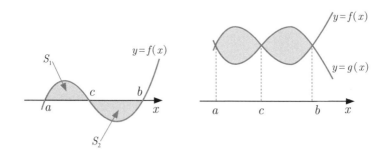

왼쪽 그래프에서 만약 $S_1 = S_2$라면 $\int_a^b f(x)dx = 0$이다. $\int_a^c f(x)dx = -\int_c^b f(x)dx \Rightarrow \int_a^c f(x)dx + \int_c^b f(x)dx = 0$이기 때문이다. 오른쪽 그래프에서

도 두 넓이가 같다면 $\int_a^b \{f(x) - g(x)\}dx = 0$이다.

Q 다음 그림과 같이 곡선 $y = 3x^2 - 6x$와 x축 사이에서 만들어지는 두 넓이가 같도록 k의 값을 정하시오.

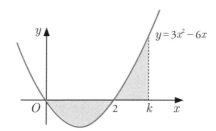

$y = 3x^2 - 6x$

3

절댓값은 같고 넓이의 방향이 다르다면 $\int_0^k f(x)dx = 0$이다.

$\int_0^k (3x^2 - 6x)dx = 0$

$\Rightarrow [x^3 - 3x^2]_0^k = k^2(k - 3) = 0$

$\Rightarrow k = 3 \, (\because k \ne 0)$

곡선과 y축 사이의 넓이

함수 $x = f(y)$가 구간 $[a, b]$에서 연속일 때, 곡선 $x = f(y)$와 y축 두 직선 $y = a, y = b$로 둘러싸인 부분의 넓이 S는 다음 그림과 같은 경우들이다.

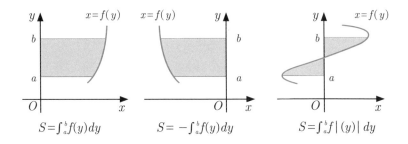

$$S = \int_a^b f(y)\,dy \qquad S = -\int_a^b f(y)\,dy \qquad S = \int_a^b f|(y)|\,dy$$

　　그냥 x축을 따라서 적분하면 x축과의 넓이, y축을 따라서 적분하면 y축과의 넓이라고 생각하면 된다. 대부분의 정적분은 x축과의 넓이지만, 간혹 $y^2 = ax + b$ 꼴의 y축과의 넓이도 있다.

Q 오른쪽 그림과 같이 곡선 $x = y^2 + k\,(k>0)$와 두 직선 $y = -1$, $y = 2$ 그리고 y축으로 둘러싸인 부분의 넓이가 12일 때, 상수 k의 값을 구하시오.

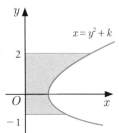

3

　　그래프 y축이 정의역이니 적분변수가 dy다. x축이 공역이라고 생각해보면, 함숫값이 x이니 $y^2 = ax + b$ 꼴이 나오면 $x = \dfrac{y^2 - b}{a}$처럼 x에 대해 정리한 다음 적분하면 된다. 그런데 여기에서는 $x = y^2 + k$로 이미 x에 대해 정리가 되어 있다. 그러니 그냥 $\int_{-1}^{2} (y^2 + k)\,dy = 12$를 계

334

산만 하면 된다. 따라서,

$$[\frac{1}{3}y^3 + ky]^2_{-1} = \frac{1}{3}\{2^3 - (-1)^3\} + k\{2 - (-1)\} = 12$$
$$\Rightarrow 3 + 3k = 12$$
$$\Rightarrow k = 3$$

미적분에서 아이들이 자주 하는 실수를 줄이려면

1. 상수를 미분하면 0이다. 상수로 정의되어 있는 a, b에 대해 $f(a)$도 정적분 $\int_a^b f(x)\,dx$도 모두 상수에 불과하다.

2. 다항함수 $f(x)$가 $(x-a)^2$으로 나누어 떨어진다면 $f(a)=0$, $f'(a)=0$이다.

3. $f(x)=x^3$ 그래프는 모든 구간에서 증가이지만 $f'(0)=0$이다. 그래도 증가의 정의에 따라 $f(x)=x^3$ 그래프는 증가함수다.

4. 삼차함수는 변곡점에서 점대칭을 이룬다는 것을 기억한다.

5. 사차함수도 크게 보면 두 종류일 뿐이니 문제의 조건에 따라 천천히 범위를 좁혀나간다.

6. 극점은 부드러운 곡선일 필요가 없다.

7. 최대, 최소 범위의 끝에서의 함숫값도 극값과 함께 고려한다.

8. 최대, 최소에서 변수가 두 개이면 문제에서 주어진 조건이나 피타고라스의 정리, 닮음비 등을 고려해 변수들의 관계를 찾는다.

9. 정적분으로 정의된 함수는 미분만 생각하는 게 아니라 넓이를 고

려한다.

10. 두 함수의 그래프가 $x = a$에서 접한다면 $f(a) = g(a)$, $f'(a) = g'(a)$ 다.

11. 두 함수의 그래프로 둘러싸인 함수의 넓이를 구하기 위해서는 보통 x축, y축, $x = a$ 따위로 둘러싸지 않는다. 이미 두 함수의 그래프가 330쪽의 그림처럼 서로를 둘러싸면서 만나고 있기 때문에 두 함수의 교점을 구하면 된다.

12. 보조선을 그어서 두 함수로 둘러싸인 함수의 넓이를 구하는 시중의 공식을 적극 활용한다. 예를 들어 $\int_a^\beta a(x-a)(x-\beta) dx = \dfrac{|a|}{6}(\beta - a)^3$ 등과 같은 공식으로, 고등학교 때 이것을 알려주는 수학 선생님이 많다.

13. 속력의 그래프는 속도의 그래프에 절댓값 기호를 씌운 것과 같다.

남들과 같은 방식으로 열심히 하면
잘해야 '중상위권'이다

옛날 필자가 어릴 적에는 요즘과 달리 어른들이 낯모르는 아이에게 말을 붙이곤 했다. 그리고 몇 마디를 주고받으면 "너는 나중에 크게 될 거야" 같은 말을 해주었다. 아이와 아이의 과거에 대해 하나도 모르면서 몇 마디 나누어본 것만으로 어떻게 아이의 미래를 예측할 수 있을까?

그런데 아이들을 30여 년간 가르쳐보니 필자도 그 옛날 어른들과 같은 행동을 한다. 아이들에게 수학 문제 몇 개를 풀게 하면서 실력, 태도를 잠깐 보고는 그 아이의 수학 이력을 맞추고 미래를 예측한다. 인풋과 아웃풋이 비교적 정확한 수학에서 갖춰야 할 것을 갖춘 아이는 수학을 무조건 잘했다.

과거의 어른들이나 지금의 필자는 어떻게 현재만을 보고 미래를 예측할까? 답은 기울기, 즉 순간변화율에 있다.

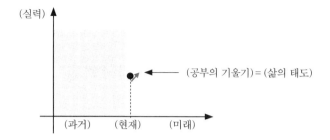

과거는 흐릿하고 미래는 알 수 없기에 현재의 기울기밖에 보이지 않는다. 현재는 점이지만 시간은 미래로 가는 연속이고 부드러워서 기울기는 미래 예측의 유일한 이정표가 된다.

아이들이 그날그날 매 순간 공부하는 것은 미분이고 기울기다. 매 순간의 공부량은 극히 적을 수밖에 없다. 그래서 '언제 이 많은 공부를 다할까?'라는 생각에 다소 힘이 빠질 수도 있다.

그러나 공부의 결과치는 누적되는 적분으로 나타난다. 중요한 것은 단순 누적이나 축적이 아니라 기울기가 쌓인다는 것이다. 그것도 현재의 실력 높이에 매 순간의 기울기가 모두 쌓인다. 나중에 자연상수를 배우면 알겠지만 실력과 동일한 기울기를 갖게 된다. 그러니 매 순간 보다 정확하게, 보다 열심히 공부하는지 그렇지 않은지의 결과는 시간이 가면서 극명하게 바뀐다.

만약 공부의 기울기가 음수이면 당분간은 무한급수처럼 실력이 쌓인다고 느껴질 것이다. 하지만 궁극적으로 실력이 수렴하거나 오히려 실력을 깎아 먹는 일이 벌어질 수도 있다. 그래서 공부는 양도 중요하지만, 질이 훨씬 더 중요하다.

요즘 공부에 관련해서 이런 논리가 기승한다.

"공부를 잘하려면 아이 머리가 좋거나 집안에 돈이 많거나 아이가 노력을 엄청나게 해야 한다. 셋 중 머리나 재력은 아이 본인의 의지와는 상관없으니 남는 것은 '노력'밖에 없다. 그런데 아무리 노력해도 안 되는 것은 개인 탓이 아니라 사회 탓이다. 그나마 노력으로 성공한 사람들도 많은 경우 운이 작용했다."

필자에게는 이 말이 이도 저도 안 되니 그냥 순응하자는 의미로 들린다. 노력해서 안 되는 사회라면 사회의 제도를 바꿔야 한다. 공부해도 실력이 안 올라가면 교육 제도를 바꿔야 한다.

필자는 지난 30여 년간 아이들에게 수학을 가르쳐왔다. 성적을 10점이든 20점이든 올리기 위해 공부를 하겠다고 찾아온 아이들은 모두 예외 없이 실력이 비약적으로 향상되었다. 그러니 노력해도 안 된다는 말에 동의할 수 없다.

많은 아이가 다짜고짜 수학 문제를 풀어 유형과 기술을 외우면서 수학을 공부했다고 착각한다. 그런 식으로 문제를 잔뜩 풀면서 소위 노력이라는 것을 하면 잘해야 중상 정도의 레벨밖에 안 된다.

수학은 수포자가 80퍼센트다. 수학을 배운 사람들의 90퍼센트는 수학을 잘한 적이 없으니 중상 정도의 레벨도 결국 수포자의 영역에 속한다. '남들과 같은 방법으로 더 열심히 하면 되겠지' 하는 막연한 생각으로 노력하지 마라. 설령 지금 수포자의 반열에 있더라도 생각만큼은 평범한 수준을 벗어나야 한다.

공부를 하다 보면 남들이 권위로 주입하는 생각과 내 나름의 생각 사이에 틈이 생긴다. 그 틈새에서 질문이 나온다. 그 질문이 공부의 동력이고, 공부의 기울기를 좌우한다. 실력 향상은 자연스럽게 이뤄지는 게 아니다. 준비와 기회가 되면 기울기의 방향을 위쪽으로 놓고 온 동력을 쏟아부었을 때 간신히 이뤄지는 것이다. 그렇지 않으면 평생 오지 않을, 수학 실력 향상의 날을 마냥 기다리게 된다.

남들과 같은 방법으로 죽어라 노력할 것인가, 아니면 주입당하는 생각과 나의 생각 사이에서 질문을 찾고, 그것을 동력으로 공부의 기울기를 상향시킬 것인가. 선택은 여러분의 몫이다.

미적분, 초등도 풀 만큼 쉽게 가르쳐주마

1판 1쇄 발행 2024년 3월 10일
1판 3쇄 발행 2024년 5월 25일

지은이 조안호

발행인 김태웅
책임편집 정상미
디자인 표지 studio Ain, **내지** 곰곰사무소
마케팅 총괄 김철영
마케팅 서재욱, 오승수
온라인 마케팅 김도연
인터넷 관리 김상규
제 작 현대순
총 무 윤선미, 안서현, 지이슬
관 리 김훈희, 이국희, 김승훈, 최국호

발행처 (주)동양북스
등 록 제2014-000055호
주 소 서울시 마포구 동교로22길 14 (04030)
구입 문의 전화 (02)337-1737 팩스 (02)334-6624
내용 문의 전화 (02)337-1739 이메일 dymg98@naver.com
네이버포스트 post.naver.com/dymg98
인스타그램 @shelter_dybook

ISBN 979-11-7210-012-4 03370